21世纪高职高专精品教材·报关与国际货运专业

外贸跟单实务

Foreign Trade Documentary Practice

廖纯洁 李 贺 主 编
冯晓玲 李 晨 副主编

东北财经大学出版社
Dongbei University of Finance & Economics Press
大 连

图书在版编目（CIP）数据

外贸跟单实务 / 廖纯洁，李贺主编. —大连 ：东北财经大学出版社，2012.9
（21 世纪高职高专精品教材·报关与国际货运专业）
ISBN 978-7-5654-0816-8

Ⅰ. 外… Ⅱ. ①廖… ②李… Ⅲ. 对外贸易-市场营销学-高等职业教育-教材 Ⅳ. F740.4

中国版本图书馆 CIP 数据核字（2012）第 103809 号

东北财经大学出版社出版
（大连市黑石礁尖山街 217 号 邮政编码 116025）
教学支持：（0411）84710309
营 销 部：（0411）84710711
总 编 室：（0411）84710523
网 址：http：//www.dufep.cn
读者信箱：dufep @ dufe.edu.cn

大连美跃彩色印刷有限公司印刷 东北财经大学出版社发行

幅面尺寸：185mm×260mm 字数：344 千字 印张：15
2012 年 9 月第 1 版 2012 年 9 月第 1 次印刷

责任编辑：张晓鹏 韩敌非 责任校对：纳 新
封面设计：张智波 版式设计：钟福建

ISBN 978-7-5654-0816-8
定价：26.00 元

前 言

我国自加入 WTO 以来，对外贸易加速发展，已成为世界主要贸易大国，在世界贸易中发挥着举足轻重的作用。外贸行业分工更加细化，外贸跟单作为一种新的岗位应运而生，外贸跟单岗位的出现充分调动了企业外贸跟单人员的积极性和创造性。外贸跟单工作已成为外贸业务中重要的组成部分。

从我国当前的经济发展形势来看，一方面，外贸业务中需要专业的外贸跟单人员；另一方面，我国还缺乏外贸“技能型”人才。对此，我们组织了长期从事教学和外贸工作、具有丰富理论知识和实践经验的双师型教师编写了本书。

本书在介绍外贸跟单理论的同时，重点注重跟单操作，使学生能够更多地了解外贸跟单业务实际应用技能，进而突出了以培养学生实践应用能力为主线的高职高专教育的特色，体现了教材内容和形式的创新。

本书在每章章首明确了“学习目标”的要求，从而强化了高职高专教育课程教学的针对性和实用性。本书的特点是突出岗位性、操作性、职业性，因此在每章的学习内容中添加了“小思考”、“职场指南”、“相关链接”等栏目，真正做到了理论与实践的结合，并在每一章的章后设置了“本章小结”、“基础训练”、“实操演练”等栏目，目的在于配合各章学习目标的全面落实。

本书由廖纯洁、李贺担任主编，李晨、冯晓玲担任副主编。具体编写分工如下：廖纯洁编写第 1 章；李贺编写第 2、3、6 章；李晨编写第 4、7 章；冯晓玲编写第 5 章。全书最后由李贺总纂并定稿，李晨对全书的语言进行了加工并对文字作了校正。

本书在编写的过程中得到了东北财经大学出版社及张晓鹏编辑的大力支持和直接指导，同时我们也参考了国内外专家、学者的相关著作，在这里一并表示衷心的感谢。

由于我们水平有限，书中难免会出现不妥及错误之处，恳请广大高职高专院校的师生以及国际经济与贸易、报关与国际货运、国际商务专业的从业人员、读者朋友提出宝贵意见。

编 者

2012 年 2 月

目　录

第1章

外贸跟单与外贸跟单员

【学习目标】

通过本章的学习，了解外贸跟单与外贸跟单员的概念；熟悉外贸跟单的工作范围及特点；掌握外贸跟单的分类及外贸跟单员的知识构成、工作界定及其定位、外贸跟单员跟单工作流程。

1.1 外贸跟单岗位认知

自中国加入 WTO 以来，对外贸易加速发展，外贸行业内分工趋向细化，外贸跟单作为一种新的岗位应运而生。在国际贸易中，外贸企业作为国际化市场运作的实体，要实现企业经营目标，必须要拥有现代化的经营理念，懂得国际贸易惯例与规则，既熟悉进出口流程，又懂得产品生产流程，能够保证合同顺利履行的高素质的业务人员，这就是外贸跟单员。

在外贸企业里，国际贸易业务员是首位。在出口业务中，国际贸易业务员负责寻找国外客户、洽谈业务、签订合同及全程履约；跟单员和单证员从属于业务员，相当于业务员在履行合同过程中的左膀右臂。业务员签订完合同后，跟单员负责联系生产厂商（这种情况下，该外贸企业应该属于流通型的贸易公司）、组织货源；单证员负责缮制相关单据，向银行办理结汇。外贸业务中的各种专业岗位关系如图 1—1 所示。

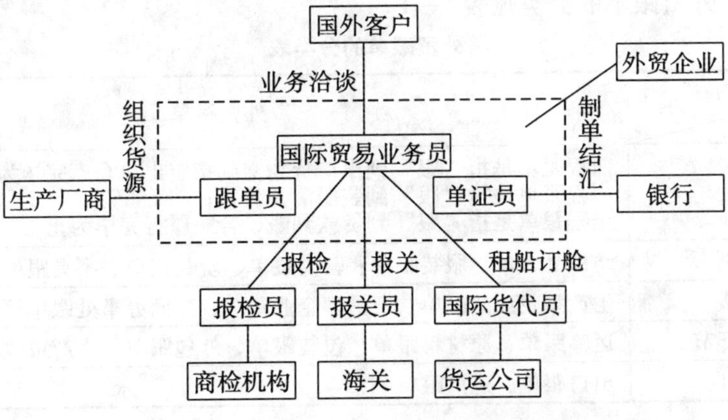

图 1—1 外贸业务中的各种专业岗位关系

外贸跟单岗位的出现既是外贸企业内部管理结构、管理水平和经营效率有效调整和提高的需要，也是外贸企业避免业务操作失误、防范贸易风险的需要，更是当今贸易管理规范化和科学化的表现。

从系统论的角度看：系统是由若干相互关联的基本要素构成的，系统中各个要素不是孤立存在的，要素之间相互关联，外贸业务中的各个分工也不是孤立的，是一个有方向性的动态过程。例如：在生产性跟单中，原料的采购、工艺流程与技术、生产进度与质量监控等环节；在外贸性跟单中，“货、证、船、款”的平衡，装运、保险、报关、结汇的操作与监控等环节，都涉及系统的层次性和有机性。从控制论的角度看：控制论通过对系统运动规律的认识，能动地运用有关的信息并施加控制作用以影响系统运行行为。为达到预定目标，外贸跟单员的任务就是对落实合同或信用证条款、安排生产、组织货源、质量管理、报关报验、装运结汇等过程进行全程监控。无论是前程跟单、中程跟单还是全程跟单，任何一个环节的问题处理不当均可酿成风险或损失。所以，跟单员要规避业务进程中的各种风险，积极主动地解决可能产生的问题。

由此可见，外贸跟单岗位的作用是有效防止业务基础环节的失误与漏洞，其直接关系到企业风险防范机制的正常运行，对维护客户关系、市场声誉和企业可持续发展具有重要意义。

小思考 1—1

外贸跟单岗位与其他外贸岗位的关系

精析：在工作重点方面，外销员主要负责业务操作全过程；跟单员主要负责外销员交办的涉及业务操作全过程的相关事务，侧重于获取订单后对订单的执行跟踪和操作；由于跟单员所在企业及其工作熟练程度的不同，其所涉及的工作内容也是不同的；单证员主要负责商检、运输、保险、报关、结汇等环节的单证事务；报关员主要负责货物、运输工具、物品进出境时向海关办理进出口报关纳税等海关事务；报检员主要负责办理货物、运输工具、物品进出境时的商检事务；货运代理员主要负责办理货物进出境运输事务。

1.1.1 外贸跟单的含义及分类

（1）含义。外贸跟单[①]是外贸公司各部门之间、外贸公司与生产企业之间、外贸公司与客户之间、生产企业与客户之间联系与沟通的桥梁，是外贸行业中的一个细分的从业岗位。

（2）分类。外贸跟单的分类见表 1—1。

表 1—1 **外贸跟单的分类表**

内容 分类	外贸跟单
按业务进程	前程跟单是指“跟”到出口货物交到指定出口仓库完毕为止； 中程跟单是指“跟”到装船清关为止； 全程跟单是指“跟”到货款到账，合同履行完毕为止
按商品类别	纺织品跟单、服装跟单、鞋类跟单、玩具跟单、家具跟单等
按企业性质	生产型企业的跟单、贸易型企业跟单、外商办事处跟单等
按具体业务环节	运输跟单、原材料跟单、包装跟单、外包跟单、生产跟单、样品跟单等
按货物的流向	出口跟单、进口跟单

① “跟单”中的“跟”是指跟进、跟随，跟单中的“单”是指合同项下的订单（指合同或信用证项下的货物贸易订单）。而外贸跟单中的“单”，则是指企业中的涉外合同或信用证项下的订单。

1.1.2 生产企业跟单与外贸公司跟单

生产企业跟单和外贸公司跟单既有相同之处，又有不同之处，见表 1—2。

表 1—2 生产企业跟单与外贸公司跟单异同

相同之处	不同之处
(1) 跟单目标相同：都是以外贸订单为中心，进行生产进度、产品的质量和数量的跟踪，以保证订单的货物能够按时、按质、按量达到信用证的要求 (2) 跟单人员的知识构成相同：不仅需要外贸知识、海关知识、商检知识、运输知识、检验知识、商品知识及外语和语言沟通能力，还需要具备使用计算机应用软件的能力 (3) 跟单范围相同：一名合格的外贸跟单员要具备某项商品的专业知识，精通该商品的生产操作要领，能分析和解决生产过程中出现的问题，协调各方（部门）的利益，妥善处理商品的质量问题，满足和达到工艺单和客户的要求	(1) 跟单工作侧重不同。生产企业外贸跟单员的跟单工作大部分侧重于生产跟单，即以生产过程的商品质量和数量的跟踪为主。因此对生产企业外贸跟单员的素质要求，偏重于产品知识、工艺质量、一般的外语沟通能力以及计算机应用软件等方面。由于生产企业从事外贸活动的能力不及专业的外贸公司，外贸跟单员往往要兼顾几个岗位的工作，外贸跟单员需要能够胜任全程跟单工作 (2) 所处企业不同。外贸公司外贸跟单员工作所涉及产品品种、结算方式等比生产企业外贸跟单员要更多样，接触的业务对象也更广，跟单的主要内容与生产企业外贸跟单员有一定的差异

1.2 外贸跟单员

1.2.1 外贸跟单员的含义

外贸跟单员是指在进出口业务中，在贸易合同签订后，依据相关合同或单证对货物生产加工、装运、保险、报检、报关、结汇等部分或全部环节进行跟踪或操作，协助履行贸易合同的外贸从业人员。

职场指南 1—1

外贸企业招聘中常用的跟单员英文表示

(1) Order Production Coordinator; (2) Order Supervisor; (3) Order Tracker; (4) Documentary Handler; (5) Merchandiser; (6) Order Follower; (7) Quality Controller。

其中“Quality Controller”常见于报纸杂志的招聘启事，简称“QC”。

相关链接 1—1

外贸跟单员的工作内容及知识技能要求

跟单员的工作内容主要有：外贸业务跟单、物料采购跟单、生产过程跟单、货物运输跟单及客户联络跟踪。

(1) 外贸业务跟单（外贸业务跟进）要求了解基本外贸知识：谈判、报价、接单、签合同等等以及基础外语和函电往来。

(2) 物料采购跟单（业务跟进）要求懂营销，懂产品（物料、性能、使用、保养）。

(3) 生产过程跟单（生产进度跟进）要求懂生产、懂管理、懂沟通。

(4) 货物运输跟单（出货跟进）要求货物运输知识（运输工具、方法、配柜）及了解报关知识。

（5）客户联络跟踪（客户接待）要求了解对客户的管理，懂国际礼仪知识。

1.2.2 外贸跟单员的基本素质

跟单员的工作性质与特点决定了对从业人员的素质要求：

（1）分析能力。分析出客户的特点及产品的价格构成，以利于报价。

（2）预测能力。能预测出客户的需求，企业的生产能力及物料的供应情况，便于接单、生产及交货的安排。

（3）表达能力。善于用文字和语言与客户沟通。

（4）专业知识。对所跟单的产品要熟悉，了解产品的原材料特点、来源及成分、产品的特点、款式、质量，便于和客户及生产人员沟通。

（5）与人共事的能力。与各部门的人员打成一片，使其自觉完成客户订单。

（6）人际关系处理的能力。处理好与客户、上级、同事、外单位人员的关系，通过他们来完成自己想要做的事。

（7）法律知识。了解合同法、票据法、经济法等与跟单工作有关的法律知识，做到知法、守法、懂法、用法。

（8）谈判能力。有口才，有技巧。

（9）管理与推销能力。对外推销高手，对内管理行家。

（10）物流知识。了解运输、装卸搬运、保管、配送、报关等知识。

1.2.3 外贸跟单员的知识构成

（1）外贸跟单员的外贸基础知识。外贸业务中涉及的基础知识包括国际商务基础理论、运输与保险、商检与报关、国际贸易的规则及政策、金融外汇与银行结算等。

（2）外贸跟单员的工厂生产与管理知识。为了能很好地完成订单项下的生产任务，保质、保量地把货物送交客户，顺利安全收回货款，外贸跟单员应该了解和熟悉有关工厂管理方面的知识，主要包括制订生产计划、原材料采购管理、仓库管理、生产管理、品质管理、客户管理等。

（3）外贸跟单员的商品知识。外贸跟单员的跟单工作内容之一是控制商品的质量，因此，外贸跟单员还应该具备相应的商品知识，只有把握商品的特性，才能更好地推行生产工艺和生产技术，达到客户对质量的要求，完成跟单业务工作。具体而言，外贸跟单员在跟单过程中，应根据合同或信用证中的相关条款，仔细研究商品的特性与品质、商品包装及包装标志、商品计量单位、商品的检验标准和客户的特殊要求、进口国的民俗等，圆满完成外贸跟单任务。

1.2.4 外贸跟单员的工作范围和特点

（1）外贸跟单员的工作范围：①企业（外贸公司和生产企业）生产过程和产品质量控制；②与其他外贸业务相关部门（如海关、检验检疫机构、货物运输公司等）的业务处理；③协助外贸业务员进行磋商谈判（报价、打样）、理赔索赔、争端解决、仲裁诉讼等业务的处理等。

（2）外贸跟单员的工作特点是复杂、全方位。外贸跟单员的工作几乎涉及企业的每一个环节，从销售、生产、物料、财务、人事到总务都会有跟单员的身影出现。

其一，责任重大。跟单员的工作是建立在订单与客户上的，订单是企业的生命，客户是企业的上帝，失去订单与客户将危及到企业的生存，因此做好订单与客户的工作责任重大。

其二，沟通协调能力特别重要。跟单工作涉及众多部门。跟单员要与客户、计划部门、生产部门等多方通过沟通协调，共同完成订单。

其三，做好客户的参谋。跟单员掌握着大量的客户资料，对他们的需求比较熟悉，同时也了解工厂的生产情况，因此可以对客户的订单提出意见，以利于客户订货。

其四，工作节奏多变、快速。客户来自世界各地，他们的工作方式、作息时间和工作节奏各不相同，因此，跟单员的工作节奏也随之多变。另外，客户的需求是多样的。有时客户的订单是小批量的，但却要及时出货，这就要求跟单员的工作高效。

其五，综合性工作。跟单员工作涉及企业所有部门，由此决定了其工作的综合性：对外执行的是销售人员的职责；对内执行的是生产管理协调。所以跟单员必须熟悉进出口贸易的实务和工厂的生产运作流程。

1.2.5　外贸跟单员的工作界定

外贸跟单员广泛存在于订单型生产企业和进出口外贸企业中，跟单员的工作性质与特点随企业的规模与性质的不同而有所区别，但跟单员的工作总的来说分为业务跟单与生产跟单两种。

（1）业务跟单：是指对客户进行跟进，尤其是对已对本公司产品有兴趣、有购买意向的人进行跟进，以缔结业务、签订合同为目标的一系列活动。业务跟单员对外叫业务员或业务助理。

（2）生产跟单：对已签订的订单进行生产安排，对生产进度进行跟踪，按期将货物送到客户手中。生产跟单员对内叫业务经理或生产主管或总经理助理。

不管是外贸公司的跟单员，还是工厂企业里的跟单员，他们基本职责都是由“业务跟单”和“生产跟单”两部分构成。

1.2.6　外贸跟单员的工作定位

跟单员是业务员，他的工作不是被动的接受订单，而是要主动的进行业务开拓，对准客户实施推销跟进，以达成订单为目标，即进行业务跟单。因此，跟单员要做到以下几点：

（1）寻找客户：通过各种途径寻找新客户，跟踪老客户。

（2）设定目标：针对主要客户和待开发的客户设计工作重点并分配工作时间。

（3）传播信息：将企业产品的信息传播出去。

（4）推销产品：主动与客户接洽，展示产品，以获取订单为目的。

（5）提供服务：提供产品的售后服务，及对客户的服务。

（6）收集信息：收集市场信息，进行市场考察。

（7）分配产品：产品短缺时先分配给主要客户。

跟单员是业务助理：跟单员在许多时候要扮演业务经理助理的角色，他们协助业务经理接待、管理、跟进客户。因此跟单员要做以下几点：函电的回复、计算报价单、验签订单、填对账表、寄送与登记目录及样品、客户档案的管理、客户来访接待、主管交办事项的处理、与相关部门的业务联系 。

跟单员是协调员：跟单员对客户所订产品的交货进行跟踪，即进行生产跟踪，跟踪的要点是生产进度、货物报关、装运等。因此，在小企业中，跟单员身兼数职，既是内勤员，又是生产计划员、物控员，还可能是采购员。在大企业中，跟单员则代表企业的业务部门向生产制造部门催单要货，跟踪出货。

1.2.7 外贸跟单员跟单工作流程

(1) 外贸公司跟单工作流程。在进出口贸易合同签订后，依据合同或信用证的要求，进入合同履行阶段，外贸公司跟单工作包括选择生产企业、签订收购合同、筹备货物、进程跟踪、商检（客检）、订舱装船、制单结汇等几个步骤。

(2) 生产企业跟单工作流程。具备对外进出口经营权的生产企业是我国外贸进出口的主体之一，随着我国加入 WTO 和外贸法的实施，具有外贸经营权的生产企业越来越多，许多国际买家也热衷于直接从这些生产企业采购商品。

工厂跟单实质上就是生产企业的内部跟单。其一般流程包括：推销公司产品、签订外销合同、筹备货物、商检（客检）、订舱装船、制单结汇等几个步骤。

职场指南 1—2

外贸跟单流程

(1) 当业务员和客户在网上进行沟通，确定初步意向后，客户通过快递把样品和加工的细节数据传过来。业务员将样品和相关的加工制作的要求通过打样申请单反映出来。经过业务部经理签字后，将样品和打样单（打样单要复印一份，正本留自己保存）给打样室打样。

(2) 样品出来后通过快递寄给客户，注意及时向快递询问 UPS 号。

(3) 客户确认样品并将样品寄回，同时下单。

(4) 根据回传样品制作简单的订货单给技术部。订货单要由业务员和部门经理签字确认。技术部根据订货单和样品制作工艺流程书。

(5) 将合同传给财务部签字和老总签字。结合工艺流程书和样品下正式的订货单。订货单要根据合同来做，把品质要求、包装要求、备注事项和交货日期写清楚。订货单复印 5 份，分别传生产—品管—财务—物控—出货，并在正本上签字，自己保留正本订货单。工艺流程书复印 5 份，传财务—技术—物控—生产—品管。正本由技术部保留，副本自己保留。

(6) 合同复印 2 份，正本自己归档，副本分别传老总办公室和财务负责人。

(7) 及时反映工厂在生产过程中出现的问题，并和客户沟通。经业务员和客户沟通并达成协议后，将结果通过工作联系单将变更要求传达到生产车间。业务员保留工作联系单正本，副本传达车间。

(8) 快出货时，联系货代。制作报关单据，并提前寄交货代。若生产有问题，导致不能按时出货要提前通知货代，以便其另做船期安排。

(9) 若能够按时出货，则提前两天将货代传来的进仓单或相关单据交给出货部门。并将出货通知单复印 3 份，传生产—品管—出货部，正本自己保留。

(10) 及时做好议付单据连同货代送来的提单进行议付。在 T/T 方式下，先传副本给对方，要求其付款。在 L/C 方式下，则交由财务部到银行进行相关事项。

(11) 核销单等相关单据回来后，将单据交由财务部进行结汇，办理核销退税手续。

◆ 本章小结

本章主要介绍了外贸跟单员的概念及分类、工作范围和特点；外贸跟单员的基本素质及知识构成、工作界定及工作定位，重点掌握外贸跟单员跟单流程以适应实际工作中外贸跟单的要求。

◆ 基础训练

一、选择题

1. 外贸跟单员的知识构成包括(　　)。

A. 外贸基础知识

B. 工厂生产与管理知识

C. 商品知识

D. 车间机器的维修

2. 外贸跟单按企业性质可分为(　　)。

A. 生产型企业的跟单　　B. 贸易型企业的跟单

C. 出口跟单　　D. 进口跟单

3. 以下英文中适用于“跟单员”的是(　　)。

A. ORDER SUPERVISOR　　B. QUALITY CONTROLLER

C. ORDER FOLLOWER　　D. PURCHASE ORDER

二、判断题

1. 审核信用证是单证员的工作，因此，跟单员不需要了解信用证的内容。(　　)

2. “工厂跟单”实质上就是生产型企业的内部跟单。其一般流程包括：推销公司产品、签订外销合同、筹备货物、商检（客检)、订舱装船、制单结汇等几个步骤。(　　)

3. 全程跟单是指跟到货款到账，合同履行完毕为止。(　　)

三、名词解释

1. 外贸跟单

2. 外贸跟单员

四、简答题

1. 简述外贸跟单员的工作特点。

2. 简述外贸跟单的分类及其具体内容。

3. 简述外贸跟单员在签订对外合同阶段的主要工作。

◆ 实操演练

【背景资料】

大连虹贸外贸公司与日本某公司签订一份运动服出口合同。该合同要求纸箱包装，该公司外贸跟单员张天蔚，在大连鑫鑫纸箱厂订做纸箱，他根据该合同和信用证的要求印刷唛头如下：

OSK

S/C NO.：12345

C/NO：1-UP

NO.：

MADE IN H.K.

【实操要求】

根据业务背景资料，回答以下两个问题：

1. 请用已学过的知识分析，如果按此唛头出口报关会产生什么后果？为什么？

2. 如果你是外贸跟单员，该如何处理此项业务？

【模拟时间】

完成本业务操练时间以不超过15分钟为准。

第2章

出口贸易业务跟单

【学习目标】

通过本章的学习，了解如何选择合理的生产企业和供应商；熟悉出口跟单业务流程；掌握样品、合同、订单、原材料、生产进度、出口产品包装、质量、外包、国际货物运输单及 GB 2828“逐批检查计数抽样程序及抽样表”在出口贸易跟单中的应用。

2.1 出口贸易一般工作流程

2.1.1 贸易企业选择供应商或生产企业

在选择供应商或生产企业时，需注重考察生产企业的资信，是否具有生产能力，能否保证质量、保证按期交货，产品是否有对外贸易竞争力等。

2.1.2 生产企业推销本企业产品

在这一过程中，跟单员的主要工作内容有：

（1）了解目标市场的需求特点和客户采购偏好；

（2）了解并掌握公司产品的主要性能、工艺、质量标准、原材料构成、生产周期等；

（3）了解并掌握公司产品的包装材料和包装方法；

（4）了解并掌握公司产品的装箱率、集装箱可装数量；

（5）掌握公司产品的价格和相关原材料价格；

（6）了解近期本币对外币的兑换价格及变化趋势，即汇率和变化趋势。

2.1.3 建立对外业务关系，确定出口贸易对象

可以通过信函、电子商务、电子邮件、传真、参加国内外各种交易会和展览会、我驻外的使领馆、商会、企业名录、报纸杂志上的广告等途径搜寻或结识国外客户，进而建立业务关系。

2.1.4 洽谈业务

洽谈业务是指买卖双方就某一种商品进行洽谈，内容包括价格及价格条件、货物的技术规格、包装、货款的支付方式和时间、运输方式、争议的解决方式和地点、货物数量、交货时间、保险、货物的检验标准和地点等。洽谈业务可以采用与客户见面洽谈的方式，也可以通过信件、传真、电子邮件等不见面的洽谈方式。在洽谈业务前必须事前作好充分准备。

2.1.5 签订对外合同

跟单员在这个阶段通常要辅助外贸业务员做好以下主要工作：

（1）整理双方达成的事项内容；

（2）将客户的工艺单和要求转换为本公司的制造工艺单；

（3）在生产企业（车间）落实制造工艺单，并完成确认样品；

（4）检查确认样品，将符合客户或工艺单要求的样品寄送客户，等待确认消息；

（5）根据客户的确认意见，改进确认样品，直至客户认可确认样品；

（6）做好合同项下订单生产前的一切准备工作等。

2.1.6 买方开立信用证

外贸合同中若确定是以信用证方式结算货款，卖方（出口方）在签订外贸合同后，应及时将“开证资料”（内容包括出口方的开户银行名称、地址、SWIFT 号码等资料）通知买方（进口方），买方应严格按照合同的各项约定按时开立信用证，这也是买方履约的前提。卖方在收到买方开立信用证后，首先要根据合同审核信用证。在确认信用证中没有不可接受的条款后，开始投料生产；另外，卖方也可以在收到客户支付部分货款（通常是合同金额的20% ~30%）订金后再投料生产。

2.1.7 签订内贸收购合同

在确定生产企业后，需要对产品的生产规格、价格、数量、质量、交货期、付款时间等做出具体的约定，并以书面形式记载，由生产企业（供货方）和收购方的法人代表或法人授权代表在合同上签字盖公章，以示合同生效。

2.1.8 履行合同

这一期间跟单员需要做的主要工作有：测算企业实际生产能力、原材料采购、生产进度跟踪、产品包装、生产质量检验等。

2.1.9 商检（客检）与报关

当货物生产完成时，对于法定商检的货物，在备妥货物后，跟单员应在报关前提前向产地商检局预约安排商检，只有取得经商检局签发的检验合格证书（一般是纸质的“出境货物通关单”和通过商检网络传输的“出境货物换证凭条”），海关才放行；凡检验不合格的货物，经返修后仍不合格的，均不得出口。

除了国家商检外，有的客户还要到生产企业进行检验（简称客检）。对于合同约定由客户检验的，要提前联系客户，确定具体的检验日期。一般而言，经“客检”合格的商品，买方会出具“客检证”。不论是国家商检，还是“客检”都是在生产完成并包装入箱后进行的。

2.1.10 安排运输与保险

跟单员在这个阶段，必须做好以下主要工作：

（1）物流运输的跟踪。在订单完成后，经过检验、报关等环节，货物按预定的舱位装船起运。由于货物运输多数是依靠集装箱运输的，跟单员必须了解集装箱尺寸，合理估算集装箱内货物装载量。

（2）如果是全程跟单，则需向货运代理或船务代理办理租（配）船订舱，并在运输工具启运前完成保险事宜。在货船离港后，需向货运代理或承运人取得符合要求的运输单据。

（3）报告最终可出口产品数量（包括外箱等包装数量）、体积、重量等数据，配合其他部门（如单证部、储运部）办理租（配）船订舱工作和保险事宜。

2.1.11 制单结汇

在这一阶段中，跟单员必须了解交单议付所需单证的种类，从哪里能得到这些单证；有了单证之后，还需要对单证进行整理，为正确及时制作结汇单证创造条件。

2.1.12　外汇核销与出口退税

按照国家的有关外汇管理规定，出口企业在货物出口和收汇后，必须办理出口收汇核销手续。出口退税是指一个国家或地区对已报送离境的出口货物，由税务机关将其在出口前的生产和流通的各环节已经缴纳的国内税金（增值税、消费税等间接税）退还给出口企业的一项税收制度。

出口退税的主要单证有：出口报关单（出口退税专用联）、出口收汇核销单、增值税发票、出口销售发票。各种单证的内容（如商品品名、数量、计量单位等）要相互一致，不矛盾，并在规定的时间内向税务机关（国税）办理退税手续。

综上所述，出口业务的基本流程如图 2—1 所示。

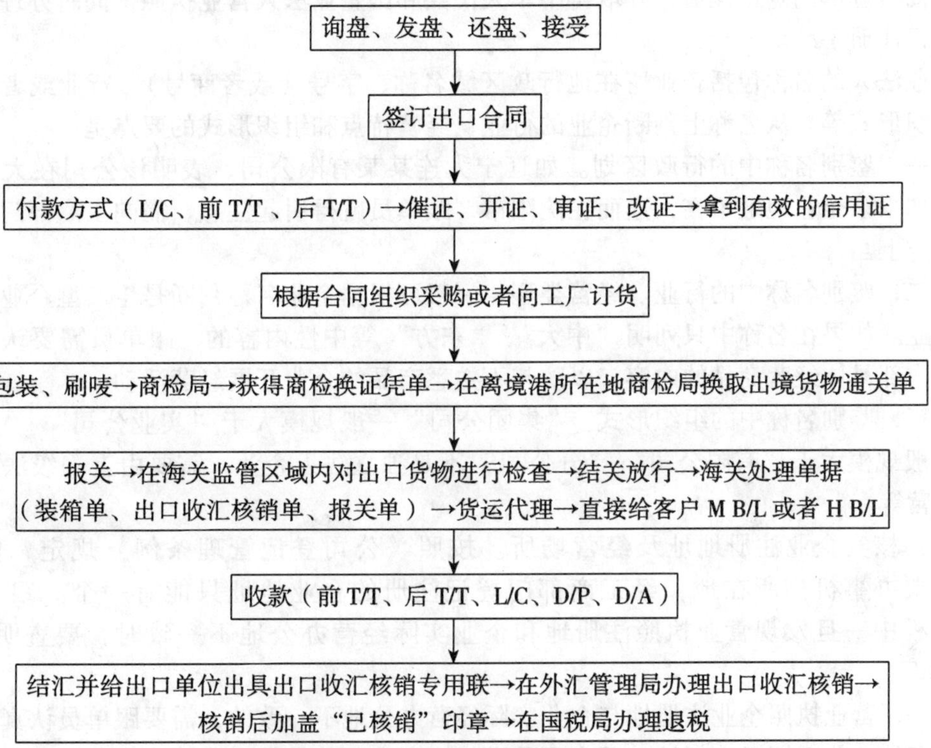

注：1. 核销提供的单证：（1）银行出具的出口收汇核销专用联
（2）外汇管理局出口收汇核销单
（3）出口收回报关单证明联
（4）商业发票
（5）核销报告表
2. 退税提交的单证：（1）报关单（出口退税证明联）
（2）出口销售发票
（3）结汇水单或收汇通知书（银行出具的出口收汇核销专用）
（4）产品征税证明（缴款书）
（5）出口收汇已核销证明（出口收汇核销单退税专用联）
（6）进货增值税发票抵扣联
（7）与出口退税有关的其他材料

图 2—1　出口业务的基本流程图

2.2 选择合理生产企业和供应商

2.2.1 核实企业法人登记注册情况

任何个人或组织都能到当地工商注册管理部门查询核实企业法人登记注册情况。跟单员十分重视这项基础工作，掌握被调查企业特别是初次打交道企业的工商注册登记情况，这对于了解初次打交道的企业真实现状、核定业务规模、降低经营风险是非常必要的。

（1）核实营业执照及企业法人名称。按照我国法律规定，企业开业前，必须向所在地的工商管理部门登记注册，并取得中华人民共和国企业法人营业执照，同时办理其他相应的登记注册手续。

企业法人的名称包括企业所在地行政区域名称、字号（或者商号）、行业或者经营特点、组织形式等。从名称上判断企业的行业、经营特点和组织形式的要点是：

其一，鉴别名称中的行政区划。如辽宁大连某某有限公司，表明该公司在大连市注册，但如果该企业地址不在大连而在沈阳市，跟单员就得引起注意，需向工商部门了解真伪，以防上当。

其二，鉴别名称中的行业、经营类型。一般可根据企业名称判断是生产型企业还是贸易型企业。如果在名称中只列明“中大”、“东方”等中性内容的，跟单员需要认真了解该企业内部具体经营商品的内容，以防与不熟悉产品的企业开展经营活动。

其三，鉴别名称中的组织形式。“集团公司”一般规模大于“实业公司”；“实业公司”一般规模大于“有限公司”；“分公司”不是独立法人企业，需要由上一级法人企业授权经营等。

（2）核实企业注册地址及经营场所。按照《公司登记管理条例》规定，住所是企业主要办事机构所在地，经工商部门登记注册的企业地址只能有一个。跟单员在核实过程中一旦发现营业执照注册地和企业实际经营办公地不一致时，要查明原因，具体如下：

第一，营业执照企业注册地与企业实际经营办公地不一致的，需要跟单员认真查明原因。如有的企业近期搬入新址，还来不及进行工商变更；有的企业违法经营，有意搬离注册地等。因此需要跟单员认真核实。

第二，对企业改变场地规模的要查明原因，主要把握四个方面：①企业规模变大，条件改善。这说明企业经营较好，想加快发展。②企业规模缩小。这表明企业前一时期经营情况不好，企业正在进行收缩。③企业场地大规模扩大。跟单员不能被大规模投资的表面繁荣所迷惑，应认真评估该企业搬入新址的资金投入对企业正常经营带来的资金压力。④要重视到工商管理部门查询变更的原因。

（3）核实法定代表人、授权委托人。跟单员核实合同、订单等重要经营性文件的法定代表人或被委托人的签字时须做到：

第一，企业重要的经营性文件需要法定代表人签字及盖公章。不是法定代表人签字的，要由法定代表人的授权委托人签字并加盖公章。

第二，对合同、订单等重要经营性文件的对方法定代表人或被委托人的签字笔迹真实性进行审查。对于同一次提交的文件、证件上的同一签字人签字不一致；同一份文件中几个人的签字笔体都一样；同一姓名的不同文件上的签字不一致等情况，需要认真与印鉴留底核对，查清原因，以避免因此产生问题。

第三，对业务中首次出现的合作企业法定代表人的有效签字印鉴，须做好复印、留底、备查工作。如果重要文件中签字不一致，可能会对本企业造成不可挽回的损失，因此需要跟单员特别注意。在以后业务中，每次业务往来都需核对印鉴，以防风险。

第四，法定代表人变更时，要注意变更前后任法定代表人的有效签字权限及授权委托人签字权限，防止出现各种问题。

第五，可直接与需要签字人员取得联系，询问当事人是否亲自签署了某某文件，确认是否为亲笔所签。

(4) 核实经济性质（注册类型）。核实供应商或生产企业注册类型是很重要的，因为与不同注册类型的企业合作，出现经营等问题时，所采取的措施将是不同的。企业性质不同决定其对债务等承担责任的程度不同。如股份有限公司，每个股东以其所认缴的出资额对公司承担有限责任，公司以其全部资产对其债务承担责任；而私营独资企业投资者一般情况下对企业债务承担无限责任。

(5) 核实经营范围。跟单员需要关注合作企业经营范围涉及的项目内容，如果该企业没有经有关部门“许可经营项目”批准，或超出一般经营项目范围开展业务，就不能与该企业从事未经许可经营项目和超出一般经营项目范围的业务。

(6) 核实注册资本、注册资金。注册资金是企业实有资产的总和，注册资本是出资人实缴的出资额的总和。注册资金随实有资金的增减而增减，注册资本反映的是公司法人财产权，所有的股东投入的资本一律不得抽回，由公司行使财产权。在核实注册资本时跟单员需要注意以下几点：严格核实注册资本；严格核查虚假出资企业；分析判断能否与其开展业务。

(7) 核实成立时间。通常企业注册成立的年限越长，积累的经营经验越值得信赖。

(8) 核实经营期限。对于企业经营范围属“许可经营项目”的，有关批准部门有经营期限限制，跟单员要核实是否在期限之内。

(9) 核实营业执照。每年工商管理部门要对营业执照进行年检年审，加贴年检标签。如果跟单员在查看营业执照时发现没有工商部门的年检标签，应当查明原因。

(10) 核实联系方式。联系方式包括长途区号、电话号码、分机号码、手机号码、传真号码、邮政编码、电子信箱和网站地址等。跟单员在核实时要注意以下几点：

第一，查找企业在网上披露的所有信息。在网站上搜索到的企业信息相对集中和单一，表明这家企业相对稳定。因为每家企业需要宣传推广本企业产品时，大都会采用网上低成本发布信息这一手段。如果网上查询没有这家企业的任何信息或记录，原则上不宜与其开展业务。不诚信的企业或想做非法事情的企业，一般也会在网上留下蛛丝马迹，只要跟单员用心、细心，都会查到有用的信息。

第二，核实企业联系方式是否过去被其他单位或个人使用过，以查询了解企业成立或变更情况。

第三，利用互联网搜索查询功能，直接输入“企业名称”或“区号加电话号码（如0411-12345678）”或“区号加传真号码（如0411-87654321）”或“企业地址”等分别搜寻网页相关内容，并逐条进行仔细查看，认真寻找疑点。需要注意的是，采用多个网上搜索系统查询，有时会出现不同的结果。

（11）核实企业集团下属公司情况。与企业集团开展经营往来时，跟单员要核实集团公司下设的独资、控股、参股、联营等企业的数量，核实调查的内容与上文基本类似。其目的是根据其有效资产，确定业务经营规模，同时也为以后可能出现的经营风险提前做好准备。

2.2.2 解读供应商、生产企业财务审计报告

1）企业审计报告的作用

跟单员需要确认企业所提供的财务会计报告是否真实，从而了解企业真实的财务状况和经营状况。有时因本企业规模小，或业务涉及金额小等，合作企业不愿提供财务审计报告副本或复印件，跟单员需要坚持立场，也可妥协不提供审计报告复印件，但跟单员本人必须看审计报告，抄录主要审计报告数据，以便回公司整理和向上级汇报。

（1）审计报告。它是注册会计师对被审计单位年度会计报表发表审计意见的书面文件，具有法定证明力。审计报告的三个作用是：①鉴证作用。审计报告以客观公正的角度，对被审计单位做出评价。②保护作用。随着所有权和经营权的进一步分离，有很多投资者不直接参与企业的经营活动。通过注册会计师进行审计的方式，告诉他们企业年度会计报表的可信度。所以审计报告对于保护投资者利益而言具有十分重要的作用。③证明作用。审计报告证明了注册会计师履行职责的情况，明确企业与注册会计师双方的责任。

（2）审计报告的基本内容。以“干净”的审计报告为例介绍一下审计报告的基本内容。“干净”的审计报告就是注册会计师赞美企业时所写的审计报告，是标准的无保留意见的审计报告。其他报告都是在这一报告的基础上发展起来的。其内容通常包括两段：范围段和意见段。

第一，范围段。它的基本内容包括：已审报表的名称、日期或期间；会计责任与审计责任；审计的依据；已实施的审计程序。

第二，意见段。它是注册会计师通过审计发表的审计意见和对被审计单位财务会计报表的看法。其具有以下特点：

（1）合法性。合法性是指企业所编制的财务会计报告是否符合企业会计准则和会计制度的基本规定。企业会计准则和会计制度是所有企业都应该遵守的，但不同的行业目前所执行的会计制度是有所差别，因此应该写清楚企业执行的是哪种会计制度。

（2）公允性。公允性是指被大家公认的会计准则。

（3）一贯性。一贯性是指会计方法一经选定就不得随意变更，如果确实需要变更，应该将变更的情况、变更的原因以及对财务状况的影响在财务报告附注中做出说明。

2）审计报告的四种类型

注册会计师出具的审计报告一般为简式审计报告，有标准格式，分四种类型：①无保留意见审计报告。这表明公司报表的可靠性较高。②保留意见审计报告。注册会计师经过审计之后，承认已审计单位会计报表从整体来说是公允的，但在个别的重要会计事项持保留意见。③否定意见审计报告。这说明公司的报表无法被接受，其报表已失去其价值。

④拒绝表示意见审计报告。注册会计师在审计过程中，由于受到种种限制，不能实施必要的审计程序，无法对会计报表整体反映发表审计意见。拒绝表示意见的审计报告说明公司经营中已出现重大问题，报表基本不能用。

3）解读会计报表附注和财务情况说明书

（1）会计报表附注及基本内容。一份完整的财务会计报告由三部分组成。第一部分是会计报表；第二部分是会计报表附注；第三部分是财务情况说明书。

（2）会计报表附注的基本内容。

其一，公司的基本情况。

其二，主要会计政策及变更情况的说明。会计政策主要指会计核算时所使用的方法及计算的基本原则，对会计政策做出的说明包括以下内容：①会计制度；②会计年度；③坏账准备；④短期投资期末计价；⑤固定资产的折旧问题；⑥存货。

（3）主要会计报表项目注释。会计报表中有三张主表，分别是资产负债表、利润表和现金流量表。主要项目注释就是对报表的项目内容做出具体解释，主要包括：①货币资金；②应收账款；③或有事项说明；④资产负债表日后事项中的非调整事项；⑤其他需要说明的事项等。

（4）判断供应商、生产企业经营风险的方法。企业财务危机或失败不仅使企业本身陷入困境，而且会给各债权方、采购商带来损失。因此需要用企业经营风险财务预警方法对供应商、生产企业的经营风险进行量化判断。企业经营风险的财务预警，即企业财务失败预警，是指通过对企业日常财务运行情况进行连续有效的监测，来防范供应商的财务恶化给债权人和采购商造成损失。

第一，财务预警的功能：①预知供应商、生产企业财务危机征兆；②预防供应商、生产企业的财务危机发生或控制其进一步扩大；③避免选择有潜在财务危机的供应商、生产企业。

第二，财务预警的方法：单变量模型，是指适用单一财务变量对企业失败风险进行预测的模型；多变量模型，是指适用多个变量组成的鉴别函数来预测企业财务失败的模型。

2.2.3　了解企业生产、经营能力及经营条件

在商务情报有限的情况下，如何正确判断一个企业的真实经营情况，从而落实好订单，保证按时、按质交货，对跟单员来讲尤其重要。

1）跟单员分析判断基本方法

跟单员虽然可以从被调查企业的营业执照、财务审计报告、损益表、资产负债表等财务报表中定量分析企业生产经营能力及经营条件，但仍不能就此作出企业生产经营能力及经营条件状况好坏的结论，仍然需要作更精确的分析和判断。跟单员应深入被调查企业，进行望、闻、问、切工作。

（1）望。望主要是跟单员应特别注意供应商、生产企业的经营背景和风险。

（2）闻。闻主要是了解供应商、生产企业实力。跟单员可以通过当地新闻、广播、报纸、互联网等媒体及周边企业了解这家企业的经营状况。

（3）问。问主要是调查供应商、生产企业的发展目标（战略目标），了解企业制定的发展目标是否符合国家的产业政策、是否符合企业的实际情况；还要问企业的投资策略，看企业投资业务是否过于分散、投资业务比重是否过大、是否过度大规模扩

张等。

（4）切。切主要是掌握供应商、生产企业现金流。现金流是企业的血液。现金流直接反映企业经营状况和资金链。如果企业资金链绷得太紧，企业就有面临停产的经营危机或破产的风险，所以需要重点关注企业的现金流。

2）了解企业全年生产经营情况

了解供应商的全年生产经营能力，对于选择相对稳定可行的供应商，保证对外出口产品按时、按质交货，降低经营风险等具有积极作用。对工业企业生产经营能力指标的调查可以帮助跟单员基本了解企业的总体生产经营情况。对于以下指标的取得应以企业年度财务报表和经会计事务所年检的审计报告为准。

（1）批发和零售业企业经营能力指标。①商品销售总额。它指销售给本企业以外的单位和个人的商品金额（含增值税）。②批发额。它指批发零售企业单位向境内外的生产经营企业单位批量销售商品的金额。③零售额。它指销售给城乡居民和行政事业单位、社会团体、军队和武警及企业管理机构作为生活消费和公共消费的商品金额。④全年营业收入。它指企业在全年生产经营活动中通过销售商品、产品或提供劳务等取得的收入。⑤主营业务收入。它是指企业经常性的、主要业务所产生的基本收入。

（2）工业企业生产、经营能力指标。其主要有：

● 工业总产值。它指生产企业在报告期内生产的以货币形式表现的工业最终产品和提供工业劳务活动的总价值量。工业总产值的内容包括三部分：本期生产成品价值、对外加工费收入、自制半成品在制品期末期初差额价值。

● 工业销售产值（当年价格）。它是以货币形式表现的，生产企业在报告期内销售的本企业生产的工业产品或提供工业性劳务价值的总价值量。其内容包括：销售成品价值、对外加工费收入。

● 出口交货值。它指生产企业交给外贸部门或自营（委托）出口（包括销往香港特别行政区、澳门特别行政区和台湾地区），用外汇价格结算的在国内批量销售或在边境批量出口的产品价值，以及外商来样、来料加工、来件装配和补偿贸易等生产的产品价值。

● 本年生产量。它指生产企业在一定时期内生产的并符合产品质量要求的实物数量，包括商品量和自用量两部分。

● 本年销售量。它指报告期内生产企业实际销售的由本企业生产（包括上期生产和本期生产）的工业产品的实物数量，不包括用订货者来料加工生产的成品（半成品）的实物量。

● 出口交货量。它指生产企业在报告期内交给外贸部门或自营（委托）出口（包括销往香港特别行政区、澳门特别行政区和台湾地区），用外汇价格结算的批量销售，在国内或在边境批量出口等的产品数量；还包括外商来样加工、来料加工、来件装配和补偿贸易等生产的产品数量。

● 本企业自用量。它又称企业自产自用量，指生产企业在报告期内生产的、已作本企业产量统计的、又作为本企业生产另一种产品的原材料使用的产品的数量。如钢铁企业生产的生铁，已作企业生铁产量统计，又用于本企业炼钢，这部分生铁应作为企业自用量统计。但是，由本企业验收合格后，作为商品出售给本企业生活用、在建工程用或行政部门用的产品数量，不能作为自用量统计，而作为销售量统计。如钢铁企业将本企业生产的钢材用于本企业房屋维修的数量，应作为销售量而不是自用量统计。

● 本年销售额。它指产品的销售额，即企业在报告期内按各种价格销售同一种产品所得到的销售总金额，与销售量的口径是一致的，凡是计算了销售量的产品都应该计算其销售额。这里需要注意两点：第一，产品销售额是按不含增值税（销项税额）的价格计算的，这是为了与现行财税制度对财务会计核算的要求和规定保持一致；第二，用订货者来料加工生产的成品（半成品）的销售额按加工费计算。

● 年末生产能力。它一般指产品的综合生产能力，但有时也指其主要设备的生产能力，分为两种情况：①产品年末生产能力；②设备能力，即一般所称的设备效率或设备生产率。

● 产品库存量。它指在某一时点上，存在企业产成品仓库中暂未售出的产品的实物数量。

3）核实企业生产经营条件

（1）核实企业生产设备。各类生产设备数量，生产用工模、夹具、机架数量，运输装卸工具数量，使用及保养记录等。

（2）核实经营场地。经营场地主要包括：总面积、建筑面积、生产厂房面积、仓库面积、其他辅助用房面积等。

（3）核实交通、水电气热供应情况。其包括：①交通运输条件。距航空港、铁路、公路、水运等距离多少，运输成本如何。②电力供应条件。电力供应能否保证企业用电需求；电力不足的问题能否得到解决；不能保证时，有无自备发电机。③供水、供气、供热情况。是否能保证供水；供水量是否会因季节不同而变化；供水是否符合标准；供气是否保证工厂满负荷工作；供热不足的问题是否能得到解决；水电气等供应是否需要追加投资。

（4）核实从业人员情况。它指在本企业工作并取得劳动报酬的年末实有人员数。其包括：①生产员工人数，其中半熟练员工多少，熟练工人多少，技术工人多少，学历构成等。②工人工资待遇。

（5）了解环保、安全情况。其包括：①环保设施是否符合要求；②生产、排污过程中环保是否符合要求；③厂区附近是否有干扰型企业，如食品厂附近有无化工厂、农药厂等；④有无消防安全制度；⑤消防设施是否齐备有效；⑥疏散通道是否畅通；⑦生产车间发生意外（如起火）时职工能否安全逃生。

（6）核实质量管理情况。其包括：①有无质量检验部门；②有无质检总监，能否对产品质量独立行使职权；③有无独立行使职权的质量控制（Quality Controller，QC）人员，质量控制人员人数占全部工人人数比例；④有无计量证书及实验室环境记录；⑤有无ISO证书及其他认证证书（如UL认证证书等）；⑥有无产品产前测试报告及成品批验测试报告；⑦质检程序文件是否完善，是否包括生产设备管理、供应商评估、采购控制、物料进出控制、客供物料控制、仓库物料管理、设计控制、来料/半成品/成品品质控制、不合格品控制、质量记录控制、质量手册及年度评审记录等。

（7）了解技术能力情况、企业内部经营管理能力，主要有以下内容：①物料采购单及供应商来料质量、数量、交货期历史记录；②仓库物料收发货记录、出入账本、物料定期盘点记录及客供物料记录；③生产总计划、各工序生产计划、生产日报、生产周报及生产周会记录；④产品设计会议、设计、设计评审、设计确认及设计更改记录；⑤产品生产流程图、生产指导书、试产后（产前）评审记录及生产绩效记录；⑥来料检验指引及报告、来料放行及成品仓定期巡查记录；⑦不合格品记录或检验报告、停产记录及不合格品处理记录、纠正及预防措施记录。

在进行了上述一系列的考评后，考察人员汇总考评记录并填写“验厂报告”。

2.2.4 测算企业实际生产能力

企业生产能力是指单一企业的生产设备在一定时间内所能生产的产品的数量。跟单员应学会分析计算企业的生产能力，检查企业生产能否按期保质保量交货。

（1）理想产能计算。假定所有的机器设备完好，每周工作 7 天，每天工作 3 班，每班工作 8 小时，期间没有任何停机时间，这是生产设备最理想的生产能力。

（2）计划产能计算。根据企业每周实际工作天数、排定的班次及每班次员工工作时间来计算确定计划产能。

（3）有效产能计算。有效产能是以计划产能为基础，减去因停机和产品不合格率所造成的标准工时损失。产品不合格的工时损失，包括可避免和不可避免的报废品的直接工时。

（4）对企业生产能力不足的对策。当发现企业生产能力不足，不能保证订单按时交货时，为了保证交货期，跟单员须要求企业生产部门采取以下措施：①延长工作时间，由一班制改为两班制、三班制，或延长每班工作时间；②增加机器设备台数，延长开机时间；③增加生产车间，或将部分生产任务拨给其他车间承担；④调整生产计划，将部分生产向后推；⑤部分产品进行外包生产；⑥增加临时用工；⑦产能长期不足时，应增加人员和机器设备。

2.2.5 核实用印及签字

（1）企业印章。其包括：公司法人、财务、合同和部门专用章。公司宣传、企业管理、对外业务、公司决策、行政事务等有关文书（包括各类合同）需加盖公司法人公章或合同专用章；公司财务专用章主要用于公司对外开具的票据和与公司相关的金融事务以及财务报表；公司内部生产、管理使用部门专用章，部门专用章不直接对外使用，对外不具有法律效力，只用于本部门对外的一般业务宣传或代表本部门向公司书面汇报情况或提议之用。

（2）对合作企业的印章核实及监控。跟单员在核实双方有关经营类文件时，需认真审查对方所使用的印章是否合法有效。主要有：①核实对方企业公章名称与营业执照企业名称是否一致。②合同、订单等印章是否符合用印有效性规定。③双方经济合同用印是否合理、完整。④跟单员对业务中首次出现的合作企业的印章印鉴样，须做好复印、留底、备查工作。如果重要文件中印章不一致，可能会对本企业造成不可挽回的损失，需跟单员特别注意。

（3）企业印章的使用范围。其包括：①凡属以企业名义对外发文、开具介绍信、报送报表等文件一律需要加盖公司法人公章；②凡属企业内部行文、通知等文件使用公司内部印章；③凡属部门与公司、部门与部门业务范围内的工作文件加盖部门印章；④凡属经营类的合同、协议等文件一般使用企业合同专用章或企业法人公章；⑤凡属财务会计业务的文件用财务专用章。

2.3 样品、合同、订单跟单

2.3.1 样品

样品（Sample）是能够代表商品品质的少量实物。它或者是从整批商品中抽取出来作为对外展示模型和产品质量检测所需；或者在大批量生产前根据商品设计而先行由生产者制作、加工而成，并将生产出的样品标准作为买卖交易中商品的交付标准。

1）样品的重要性

第一，样品是产品品质的代表。一个样品能体现企业经营的产品是低档还是高档，是超市产品还是地摊货。

第二，样品是一个企业的形象代表。样品直接反映一个企业的经营推广能力、生产制造能力和售后服务能力。

第三，样品是生产的代表。订单往往是根据经确认后的样品生产出来的，确认样品的难度、工艺要求、结构直接关系到生产的难度、时间和进程。

第四，样品是验货和索赔的依据。验货和索赔都是根据确认样品进行验证和进行的。

第五，样品是价格的代表。同样的产品在不同的生产企业其价格有较大的差异，只有看到样品，才能确定产品的定价。

2）样品的主要种类

样品的种类很多，一般常用的有：推销样品、参考样品、测试样品、修改样品、确认样品、成交样品、产前样品、生产样品、出货样品等。在不同的行业还有针对本行业的样品分类。

（1）推销样品（Sales Sample）。它是指企业用于参展的实物，以实物形态向公众反映出商品品质全貌，一般是从一批商品中抽取出来的，或是由生产部门设计加工出来的能代表今后交货质量的实物。

（2）参考样品（Reference Sample）。它是指卖方向买方提供的仅作为双方谈判参考用的样品。参考样品与成交样品的性质不同，不作为正式的检验依据。样品只做品质、样式、结构、工艺等方面的参考，为产品的某一方面达成共识创造条件。

（3）测试样品（Test Sample）。它是卖方交由买方通过某种测试检验卖方产品品质的样品。如果样品测试结果不能达到买方的要求，买方可能不会下单订货。

（4）修改样品（Amend Sample）。它是指买方对样品的某个方面提出修改，修改后卖方又重新交给买方进行确认的样品。

（5）确认样品（Approval Sample）。它是指买卖双方认可、最后经买方确认的样品。在完成确认样品后，必须由技术检验部门评估，只有经技术检验部门评估合格的样品才可发送给客户。重点评估以下几个方面：①所选的材料是否与买方要求完全一致；②样品各个部位的尺寸是否与买方的图纸完全一致；③样品的颜色和包装是否与买方的要求完全一致；④样品的数量是否与买方的要求完全一致；⑤本企业是否有留样。留样至少要保留一件以上，以作为日后生产大货订单的实物依据，在留样上要做好编号。

（6）成交样品（Final Sample）。它是指卖方交付的标的物与买方保留的样品具有同一质量标准的样品。凭成交样品买卖的商品不多，一般限于不能完全使用科学方法和文字数据来表示品质的一些商品才采用。例如皮鞋、服装、土特产品、少数轻工产品以及工艺美术品等。凭样品买卖属于特殊买卖的一种，其与一般买卖的区别在于，凭样品买卖在订立合同时就存在样品，并且当事人在合同中明确约定“标的物的质量必须与样品的质量保持一致”或“按样品买卖”等字样。如果当事人未在合同中明确规定，即使卖方已向买方提供了样品，也不能算做凭样品买卖。在采取凭成交样品买卖时，由于某种商品的特点，事实上难以做到“货”与“样”完全一致的，外贸企业在成交时应争取以我方提供的样品为依据，或者在合同中订明“品质与样品大致相同”的条款，以争取主动。为了判断卖方交付的标的物是否与订立合同时的样品保持同一质量，《合同法》第168条规定，凭样品买卖的当事人应当封存样品，并且可以对样品质量予以说明。

成交样品的确认有以下几种方式：①由卖方或买方提出，经过双方确认；②由买方提供样品，经卖方复制样品（又称回样）再寄买方确认；③由买卖双方会同签封；④申请出入境检验检疫机构签封，一般以相同的样品一式三份，经审核后签封，买卖双方各执一份，另一份由出入境检验检疫机构留存，供今后检验时对照。

跟单员对出口商品的成交样品要慎重把握，成交样必须具有代表性，应当能够代表今后交货的实际质量，不能偏高或偏低。

（7）产前样品（Pre-production Sample）。它是指生产之前需寄买方确认的样品。一般是买方为了在大货生产前确认颜色、工艺等是否正确，向卖方提出的基本要求之一。

（8）生产样品（Production Sample）。它是大货生产中的样品。是在随机抽取的前提下，反映大货生产时品质等情况。买方可能会根据生产样做出一些新的改进指示。

（9）出货样品（Bulk Production Sample）。它也称“大货样”，是产品已经做好准备出货之前的样品。有些买方就根据这个样品来决定这批货的品质。

此外，在不同的行业中，还有与该行业对应的其他样品种类。例如纺织服装中的款式样品（Pattern Sample）、广告样品（Salesman Sample）、齐色齐码样品（Size/Color Set Sample）、水洗样品（Washed Sample）、船样品（Production Sample/Shipping Sample）、色样品（Lap Dip）、绣（印）花样品（Embroidery/Printed Sample）、辅料样品（Accessory Material Sample）等。

3）样品管理工作

（1）样品制作费的处理。样品制作会产生费用，主要包括开模具费、原材料费、加工费等。样品费用一般由客户或生产企业或外贸出口企业承担，或通过商谈由多家共同分担。常见的承担方式有：

其一，国外客户支付模具费用，外贸出口企业承担原材料费，生产企业承担加工费。这种方式是待收到国外客户的模具费用后，将客户提供的样品和工艺要求、完成时间等资料信息交生产企业或生产车间，由其在规定的时间内完成样品制作，原材料费由外贸出口企业承担，加工费由生产企业承担。

其二，模具费和加工费、原材料费均由生产企业承担。这种方式是外贸出口企业在收到国外客户提供样品后，选定某一生产企业制作样品并承担一切相关的费用。此时生产企业为了维护自身的利益，一般会提出由外贸出口企业先全额垫付样品制作费，待达到一定生产约定量后，生产企业退还垫付的样品制作费。

其三，国外客户支付模具费用，生产企业承担原材料费和加工费。这种方式是外贸出口企业收到国外客户的模具费用后，将国外客户的样品和工艺要求一并交生产企业，生产企业承担原材料费和加工费，并在规定的时间内完成样品制作。

其四，外贸出口企业承担原材料费、模具费和加工费。这种方式的特点是国外客户和生产企业均不承担所有费用，而是由外贸出口企业承担。外贸出口企业为了维护自身的利益，往往要求生产厂家妥善保管样品。需要指出的是，样品的制作不仅涉及制作费用，而且还涉及知识产权和所有权。因此，一般应该在事先进行约定。

（2）寄送样品的运费处理。在国际贸易中，样品一般通过快递公司寄送。从事国际快递业务的公司主要有EMS、FedEx、DHL、TNT、UPS、OCS等。这些快递公司邮寄费用一般采用寄件方预付、收货方支付（到付）和第三方支付的方法。

第一，预付（Freight Prepaid）：寄件方缴付所需邮寄费用。这种支付方式多用于寄送费用低、客户信誉好或老客户、成交希望大的情况。

第二，到付（Freight Collect）：收件人交付所需邮寄费用。此支付方式多用于寄送费用高、客户信誉差或新客户、成交希望无法确定的情况下。但需注意，有时收件人会拒付，最后快递公司仍需寄件方支付费用。因此，一般要求收件人必须提供某一快递公司的到付账号，如DHL的全球到付账号是以96开头的，例96×××××××。

第三，第三方支付（Pay by the Third Party）：是指邮寄费用实际上由寄件方或收件人以外的第三方支付。在实际的操作中，发件人虽然选择到付付款方式或第三方付款方式，收件人或第三方拒付运费的风险仍然是由发件人承担。

（3）样品的寄送。在完成样品的制作后，要考虑以何种方式寄送。目前，寄送的途径主要有邮政和国际特快专递两种。在各地通过邮政寄送的主要有航空包裹、空运水陆路包裹、水陆路包裹三种方式。特快专递按区域分为国际特快专递和国内特快专递。国际特快专递的费用高、速度快、时间少。

（4）样品通知。其包括：①将邮件或快递底单第一时间通知客户，发样信息包括样品跟踪号码何时发送，大约何时到达等信息。②送交形式发票。形式发票除了是客户清关的必需单据外，也是出口商样品管理的重要记录。③请客户收到样品后确认。

（5）样品跟踪情况。其包括：①询问样品是否顺利到达。体现了对客户的重视程度和外贸服务技能，避免被客户忘记。②以质量检测报告跟进客户端的样品进展情况。③跟踪客户反馈意见，请客户给出具体满意或不满意的说明。

职场指南2—1

样品管理程序

目的：对样品的运输、交接、处置、保护、存储、保留和清理等各个环节实施有效控制，保证样品的完整性和可识别性。

适用范围：监测人员现场采集的样品和客户委托样品。

职责：现场采样人员负责样品的采集至送检前的管理，包括现场标识、保存和运输。样品管理人员负责样品的交接、实验室标识、保存和检毕样品的清理及质量监控样品的编制。分析人员负责分析过程中样品的管理。

工作程序：现场采样人员对采集的样品及时进行标识、加贴标志。加贴标志上应包括采样地点、分析项目及样品编号等信息。

根据采样规范的要求，妥善保存和安全运输样品，需要添加固定剂的，应现场添加固定剂，需要低温或避光保存的，应立即进行低温或避光保存（包括运输过程中），防止运输过程中的玷污、变质和损坏。

现场采样人员将样品交给样品管理人员，双方在《样品交接记录》上签字确认。客户委托的样品由综合技术室将样品交给监测分析室管理人员，双方在《样品交接记录》上签字确认。样品管理人员接收到样品后，先检查样品的状况，填写《样品交接记录》，注明样品的编号、数量、特征和状态是否有异常情况，再对接收的样品加实验室编号，及时将样品转交分析人员，并说明是否留样。实验室编号按序排列加注在采样编号之后，实验室编号每年更新一次。

分析人员应及时在样品标识上将分析完的项目加“X”号，等完成全部样品的分析测试后，对无需留样的样品，由分析人员按“三废处理规定”进行处置。对于监督性监测和仲裁性监测样品和客户要求留样的样品，检毕由样品管理人员统一收集，在保存有效期内按样品的保存要求妥善保存。“样品交接记录”由样品管理员保管归档，按“档案管理程序”执行。

2.3.2 合同、订单的形式

在对外贸易中，跟单员接到的订单形式没有特定的限制，常见的有以下几种形式：

（1）合同。出口合同根据草拟人的不同，有销货合同（Sales Contract）和购货合同（Purchase Contract），前者由卖方草拟，后者由买方草拟。合同的结构分为三部分：第一部分是合同约首部分，包括序言、合同名称、编号、缔约日期、缔约地点、双方的地址等；第二部分是合同的主体部分，规定双方的权利和义务、商品的名称、规格、包装、单价、装运港、目的港、交货期、付款方式、索赔、不可抗力、仲裁等条款；第三部分是合同的约尾部分，包括对合同使用的文字、份数、效力的说明和买卖双方签字。

（2）确认书。确认书（Confirmation）是合同的简化形式，异议、索赔、仲裁、不可抗力等一般条款都不会列入，使用第一人称。根据草拟方的不同，分别命名为售货确认书（Sales Confirmation）和购货确认书（Purchase Confirmation）。这种形式的合同，适用于成交金额不大、批次较多的轻工日用品、小土特产品，或已有包销、代理等长期协议的交易。

（3）协议书。“协议书”或“协议”在法律上是“合同”的同义词。除非是“初步协议”（Preliminary Agreement）或“原则性协议”（Agreement in General），且协议内订明：“本协议为初步协议，正式合同有待进一步洽商后签订”（This agreement is of preliminary nature, a formal contract will be signed after further negotiation）或作出其他类似意义的声明，以明确该协议不是正式有效的合同。

（4）备忘录。备忘录也可作为书面合同的形式之一，但在跟单中较少使用。它在法律上对双方不具有约束力。

（5）意向书。意向书只是双方当事人为了达成某项协议所作出的一种意愿的表示（Expression of Intentions），它不是法律文件，对双方没有约束力。

（6）订单和委托订购单。订单（Order）是指由进口商或实际客户拟制的货物订购单。委托订购单（Indent）是指由代理商或佣金商拟制的代客购买货物的订购单。

2.3.3 审查合同、订单

审查合同（包括合同初稿）的内容主要包括审查货物的名称、质量、数量、单价、交货期限、交货方式、付款方式及包装等要求。

1）审查货物名称

国际货物买卖合同中的品名条款并无统一的格式规定，可由交易双方酌情商定。合同中的品名条款一般比较简单，通常都是在“商品名称”或“品名”（Name of Commodity）的标题下，列明交易双方成交商品的名称。有时为了省略起见，也可不加标题，只在合同的开头部分列明交易双方同意买卖某种商品的文句。

品名条款的格式还取决于成交商品的品种和特点。就一般商品来说，有时只要列明商品的名称即可，但有的商品具有不同的品种、等级和型号。因此，为了明确起见，也要把具体品种、等级或型号的概况性描述包括进去，作进一步限定。此外，还可以把商品的品质规格也包括进去，在这种情况下，它就不单是品名条款，而是品名条款与品质条款的合并。

跟单员在审查货物的品名条款时，应注意下列事项：①内容必须明确、具体，避免空泛、笼统的规定；②条款中规定的品名，必须是卖方能够供应而买方所需要的商品，凡做不到或不必要的描述性的词句，都不应列入；③尽可能使用国际上通用的名称，若使用地方性的名称，交易双方应事先就含义取得共识，对于某些新商品的定名及译名应力求准确、易懂，并符合国际上的习惯称呼；④注意选用合适的品名，以利于减低关税，方便进出口和节省运费开支。

2）审查货物质量要求

货物质量的表示方法主要有以下几种：

(1) 凭规格。规格是指用以反映货物质量的若干主要指标，如成分、含量、纯度、大小、长短、粗细等。用规格来确定货物的质量进行买卖，即“凭规格买卖”。凭规格买卖比较方便、准确，在国际货物买卖中应用最广。

(2) 凭等级。等级是指同一类的货物，根据长期生产和贸易实践，按其品质差异、重量、成分、外观或效能等的不同，用文字、数字或符号所作的分类。凭等级买卖只需说明其级别，即可明确买卖货物的质量。

(3) 凭标准。标准是指经政府机关或工商业团体统一制定和公布的规格。我国标准根据《标准化法》规定，分为国家标准、行业标准、地方标准和企业标准四种：国家标准由国务院标准化行政主管部门制定；对没有国家标准又需要在全国某行业范围内统一的技术要求，可以制定行业标准；对没有国家标准和行业标准的可以制定地方标准或企业标准。此外，在凭标准买卖时，应明确规定所援用标准的版本年份。因为不同年份的版本，其品质标准内容往往不同。

在国际市场上买卖农副产品时，还有一种常见的标准，即“良好平均品质”（Fair Average Quality，FAQ）。“良好平均品质”是指一定时期内某地出口货物的平均品质水平。这种“标准”含意笼统，实际上并不代表固定确切的品质规格。目前，我国出口某些农副产品，也有使用FAQ来表示品质的，实际上是指“大路货”，其品质标准一般是以我国产区当年生产的该项农副产品的平均品质为依据而确定的。在使用时，除在合同内注明FAQ字样外，通常还订明该货物的主要规格。例如，中国桐油良好平均品质，游离脂肪酸不超过4%。

假如在合同中只写明“FAQ”，而不列明具体规格，那么这只是为了简化品质条款的做法，这只能适用于交易双方事先已有约定，或对买卖货物的品质有习惯的认识的交易。这种简化做法很容易引起纠纷，在一般情况下应避免使用。

（4）凭牌号或商标。在国际市场上信誉良好、品质稳定，并为买方所熟悉的货物，可凭牌号或商标来标明该货物的品质。

牌号（Brand）和商标（Trade Mark）与货物的品质规格有密切关系。货物的品质是牌号和商标的物质基础。一定的牌号或商标代表一定货物的品质。牌号和商标是区分和识别货物的标志。所以，在凭牌号或商标的买卖中，即使在合同中不具体规定规格，卖方在交货时仍必须按该牌号或商标所通常具有的品质规格交付货物，否则，不仅构成违约，而且会“砸牌子”。我国企业在出口业务中，不仅要“创名牌”，还要“保名牌”。

（5）凭产地名称。有些商品，特别是农副土特产品，受产地自然条件和传统加工技术的影响较大，其产品质量优异，独具特色，因此以产地名称命名，也成为代表该货物质量的标志。例如金华火腿、龙口粉丝等，这些货物冠以产地名称，与工业品采用牌号和商标一样，同样可起到明确货物质量的作用。卖方凭产地名称销售某种农副土特产品，就必须交付具有为国内外消费者所周知的特定质量的产品，否则，买方可拒收货物并提出索赔。

（6）凭说明书和图样。有些商品，如机械、电器、仪表等，由于结构复杂，型号繁多，性能各异，难以用几项指标来表示其品质，也不能用简短的文字说明其使用方法。在销售这类货物时，需凭说明书和图样来表示商品的质量。

（7）用样品表示。有些货物的质量难以用文字说明来表示，如部分工艺品、服装、土特产品、轻工产品等，则可用样品表示。凭样买卖有凭卖方样品买卖和凭买方样品买卖两种。

第一，凭卖方样品买卖。凭卖方提供的样品磋商交易和成立合同，并以卖方样品作为交货质量的依据，这种交易方式称为“凭卖方样品买卖”，在向国外客户寄送代表性样品时，应留存一份或数份同样的样品，以备日后交货或处理争议时核对之用，这种样品称为“复样”。寄发样品和留存复样，都应编上相同的号码和注明提供（寄送）日期和对象，以便日后联系时引用并便于查核。某些货物，由于其特点和交易的需要，在必要时可采取封样。封样可由第三者（如商品检验局）将从整批货物中抽取出来的样品分成若干份，在每份样品包裹捆扎后用火漆铅封，除第三者留下若干份外，其余封样交卖方使用。封样有时也可由提供样品一方自封，或由买卖双方会同加封。

第二，凭买方样品买卖。凭买方提供的样品磋商交易和订立合同，并以买方样品作为交货质量的依据，这种交易方式称为“凭买方样品买卖”，凭买方样品买卖，在我国也称“来样成交”。

在出口业务中，如果卖方认为按买方样品供货没有把握时，卖方可根据买方的来样仿制或从现在货物中选择品质相近的样品提交买方。这样的样品称“对等样品”或“回样”。如买方同意凭对等样品洽谈交易，那么一旦成交，此项交易实际上是由“凭买方样品买卖”转变为“凭卖方样品买卖”，使卖方处于较为有利的地位。

3）审查货物数量

由于各国度量衡制度不同，所使用的计量单位也各异。因此，了解和熟悉相互之间的折算方法是很重要的。目前国际贸易中通常使用的有米制、英制和美制三种。此外，还有在米制基础上发展起来的国际单位制（International System of Units，SI）。根据我国《计量法》第三条规定："国际单位制计量单位和国家选定的其他计量单位，为国家法定计量单位。"在对外贸易中，出口货物除合同规定需采用米制、英制或美制计量单位者外，还应使用法定计量单位。我国一般不进口非法定计量单位的仪器设备，如有特殊需要，须经有关省、市、自治区以上的计量管理机构批准。

货物计量单位的采用，应视货物的性质和市场习惯而定。在国际贸易中，通常采用的计量单位有下列几种：①重量（Weight）：有克、千克、盎司、磅、公吨、长吨、短吨等。②个数（Numbers）：有只、件、套、打、罗、令等。③长度（Length）：有米、英尺、码等。④面积（Area）：有平方米、平方英尺、平方码等。⑤体积（Capacity）：有立方米、立方英尺、立方码等。⑥容积（Volume）：有升、加仑、蒲式耳等。

在国际贸易中，有很多货物是按重量计算的，其计算方法主要有以下几种：

第一，按毛重计算。毛重是指货物本身的重量加上皮重，即加上包装物的重量。有些单位价值不高的货物，可采用按毛重计量的方法，也就是按毛重作为计算价格的基础。这种计量和计价的方法，在国际贸易中称作"以毛作净"（Gross for Net）或"以毛作净价"。

第二，按净重计算。净重是指货物的本身重量，即不包括皮重的货物实际重量。如在合同中未明确规定用毛重还是净重计量、计价的，按惯例应以净重计价。

第三，按公量（Conditioned Weight）计算。公量是指用科学方法抽出商品所含水分，再另加标准水分求得的重量。其计算公式为：

公量=实际重量×（1+标准回潮率）/（1+实际回潮率）

回潮率是水分与干量之比，与水分含量有一定的区别。

第四，按理论重量（Theoretical Weight）计算。理论重量适用于有固定规格和固定尺寸的商品，只要尺寸符合，规格一致，其重量大致相等。如马口铁和钢板，都有一定规格，只要根据张数即可算出其重量。

第五，按法定质量计算。法定重量是指商品加上内包装的重量，净净重指扣除内包装的重量。

此外，在合同数量前加"约"字，可使具体交货数量作适当机动变化，即可多交或少交一定百分比的数量，但国际上对"约"字的含义解释不一，《跟单信用证统一惯例》（国际商会第600号出版物）则认为：a. 凡"约"、"大概"、"大约"或类似的词语用于信用证金额、货物、数量和单价时，应解释为有关金额、数量或单价不超过10%的增减幅度。b. 除非信用证规定货物的指定数量不得有增减外，在所支付的款项不超过信用证金额的条件下，货物数量准许有5%的增减幅度。但是，当信用证上规定的数量是以包装单位或个数计数时，此项增减幅度则不适用。c. 除非禁止分批装运的信用证上另有规定或除非已适用本条（b）款者，当信用证对货物的数量有规定，且货物已全数装运，以及当信用证对单价有规定，而此单价又未降低的条件下，允许支取的金额有5%的减幅。如信用证已利用本条（a）款提到的词语，则本规定不适用。

4）审查包装

货物的包装一般可分为运输包装和销售包装。

运输包装又称外包装、大包装，它的作用主要在于保护商品、便于运输、减少运费、便于储存、节省仓租、便于计数等。运输包装的方式主要有箱、包、桶、袋等，此外还有篓、筐、坛、罐等。

销售包装又称内包装、小包装或直接包装，它除了保护商品外，还具有美化商品、宣传推广、便于销售和使用等作用。由于国际市场上竞争激烈以及超级市场的发展，出口货物的销售包装显得日益重要，它的好坏直接关系到售价和销路。此外，衬垫物也是包装的重要组成部分，不容忽视。它的作用是防震、防碎、防潮、防锈等。衬垫物一般有纸屑、纸条、防潮纸和各种塑料衬垫物。应该注意的是，我国出口包装不准用报纸之类作衬垫物；有些进口国家不准用稻草、干草、棉絮等作为衬垫物。

随着国际上电子扫描自动化售货设备的使用日益广泛，“条形码”成为销售包装上不可或缺的标记。它是由一组规则排列的条、空及相应字符组成的标记，表示特定信息，专供机器识读的一种特殊符号。在所有发达国家和许多发展中国家，条形码广泛用做商品标志，大大促进了这些国家的经济发展；尤其在推动对外贸易方面，条形码发挥了重要作用。条形码是商品能够流通于国际市场的一种通用的国际语言，是商品身份证的国际统一编号，是商品进入商店的先决条件。随着国际物品编码（EAN）和美国统一编码委员会（UPC）会员在全世界范围的迅速发展和商店的迅猛增加，许多生产经营出口商品的企业如不采用条形码，面临无法外销的危险。在不久的将来，没有条形码的商品不仅会在国际市场上失去立足之地；而且随着国内商业自动化的实现，也将失去在国内市场的竞争力。

国家技术监督局于1988年成立了中国物品编码中心。1991年4月18日，中国物品编码中心代表我国正式加入国际物品编码协会（EAN），并自同年7月1日起正式履行该会员的权利和义务。该中心目前在各省、市、自治区设立了40多个分支机构，在未设分支机构地区，编码中心指定和委托省级和计划单列市的标准化机构，负责本地区的条形码工作。生产和经营出口商品的企业需要使用条形码，可向上述物品编码机构提出申请，由编码中心统一向国际条形码组织申请办理注册手续。条形码字符的头3位数字代表生产国别（地区）。目前，国际物品编码协会分别给我国的国别号为“690”、“691”、“692”，凡标有“690”、“691”、“692”为首的条形码的商品，即表示是中国生产的商品。为了在运输过程中便于识别货物和计数，在商品外包装上要刷制一定的包装标志。包装标志主要有运输标志和指示性、警告性标志两种。

（1）运输标志（Shipping Mark）。其习惯上称为“唛头”或“唛”（如图2—2所示），通常由四部分组成：①收货人及/或发货人名称的英文缩写（代号）或简称；②参考号（如合同号、订票号、发票号码、信用证号码等）；③目的港（地）名称；④件号，一般每件货物上应刷顺序件号，通常是既刷顺序件号又刷总件号；在国际贸易业务中，有的仅刷统号（如NOs. 1-100，每件包装上均刷此统号）。

ABC.，LTD	收、发货人名称
S/C：1234	合同号码（或信用证号码）
Singapore	目的港
NO. 6—80	件号（顺序号和总件数）

图2—2 运输标志

此外，运输标志还包括原产地、合同号、许可证号和体积与重量等内容。运输标志由买卖双方根据商品特点和具体要求商定。在国际贸易中，大多是采用凭单付款的方式。而结算的主要单据如发票、装箱单、提单、保险单等，都必须显示运输标志。

运输标志的涂刷位置，应该在包装箱（外箱）的两个对称面上，这也称为“正唛”（也叫主唛，Mina Mark)，而另外两个对称面则涂刷了包装的体积、毛重/净重（有时也列明产地）等内容，这便是“侧唛”（Side Mark)，如图2—3所示。

G. W. 35 KGS
N. W. 29 KGS
MENS：58×45×387CM
MADE IN CHINA

图2—3 侧唛（1）

G. W. 35 KGS
N. W. 29 KGS
MENS：58×45×387CM

图2—3 侧唛（2）

一般而言，在合同或信用证中没有写明具体的运输标志，则是由出口商（卖方）决定，运输标志（主唛）往往是由出口商在生产大货时通知进口商的。出口商可以自行设计侧唛。需要注意的是，在发票、装箱单、提单（运单)、许可证、产地证、保险单等单据中显示的是主唛而不是侧唛。

（2）指示性、警告性标志。在外包装上，除唛头外还往往根据商品的性质刷上一些指示性和警告性标志。目的是促使搬运人员及开箱拆包人员注意，以保障货物和操作人员的安全。这种标志有时使用文字，如关于货物性质方面的标志有：有毒物质（Poison)、爆炸物（Explosive)、易燃物品（Inflammable）等。关于操作方面的标志有：小心轻放（Handle with Care)、请勿用钩（Use no Hook)、此端向上（This Side Up)、保持干燥（Keep Dry）等。为了避免由于各国文字不同而造成的识别文字标志的困难，在国际贸易的长期实践过程中，形成了一种各国普遍采用的指示、警告符号，即用简单、醒目、易懂的图样以弥补文字标志的不足。

我国出口商品无论外包装或内包装一般都必须注明“中华人民共和国制造”（Made in the People's Republic of China）或“中国制造”（Made in China）或“中国生产”（China Produce)。

定牌和中性包装，是国际贸易中的通常做法。我国企业在出口业务中，有时也可应客户的要求采用这些做法。定牌是指买方要求在我出口商品和/或包装上使用买方指定的商标或牌名的做法。我们同意采用定牌，是为了利用买主（包括生产厂家、大百货公司、超级市场和专业商店）的经营能力和他们的企业商誉或名牌商誉，以提高商品售价和扩大销售数量。但是应特别注意有的外商利用向我订购定牌商品来排挤使用我方商标货物的销售，从而影响我国产品在国际市场树立名牌。采用定牌时，一般应标明“中国制造”字样。

中性包装（Neutral Packing）是指在商品上和内外包装上均不注明生产国别的包装，中性包装有定牌中性和无牌中性之分。定牌中性是指在商品和/或包装上使用买方指定的商标、牌名，但不注明生产国别。无牌中性是指在商品和包装上均不使用任何商标和牌名，也不注明生产国别。所以，“中性”是指不注明生产国别，与有无商标牌号无直接关系。采用中性包装，是为了适应国外市场的特殊需要，如转口销售等，有利于扩大贸易。

但需注意，近年来中性包装的做法受到种种限制，因此，在采用时必须谨慎从事。

小思考 2—1

自行车中性包装业务

国外某公司与我国某自行车厂洽谈进口业务，打算从我国进口“凤凰”牌自行车 1 000辆，但要求我方改用“虎”牌，并在包装上不得注明“Made in China”字样。我方是否可以接受？在处理此项业务时，应注意什么问题？

精析：这是一笔中性包装交易，外方要求采用定牌中性包装，我方一般可以接受。但在处理该业务时应注意：首先，要注意对方所用商标在国外是否有第三者已经注册，若有则不能接受。如果一时无法判明，则应在合同中写明“若发生工业产权争议应由买方负责”。其次，要考虑我方品牌产品在对方市场的销售情况，若我方产品已在对方市场树立良好声誉，则不宜接受，否则会影响我方产品地位，甚至造成市场混乱。

5）审查货物价格

在国际贸易中，不同的贸易术语表示的价格构成因素不同，即包括不同的从属费用。例如，FOB 术语中不包括从装运港至目的港的运费和保险费；CFR 术语则包括从装运港至目的港的通常运费；CIF 术语中既包括从装运港至目的港的通常运费，又包括保险费。在对外洽商交易过程中，有时一方按某种贸易术语报价，而对方要求改报其他术语所表示的价格，如一方按 FOB 报价，对方要求改报 CFR 或 CIF 价，这就涉及价格的换算问题。了解贸易术语的价格构成及其换算方法，是从事国际贸易人员必须掌握的基本知识和技能。现将最常用的 FOB、CFR 和 CIF 几种价格间的换算方法及公式介绍如下：

（1）已知 FOB 价格换算为其他价格。

CFR 价＝FOB 价+运费

CIF 价＝（FOB 价+运费）／［1-保险费率×（1+投保加成率）］

（2）已知 CFR 价格换算为其他价格。

FOB 价＝CFR 价-运费

CIF 价＝CFR 价／［1-保险费率×（1+投保加成率）］

（3）已知 CIF 价格换算为其他价格。

FOB 价＝CIF 价×［1-保险费率×（1+投保加成率）］-运费

CFR 价＝CIF 价×［1-保险费率×（1+投保加成率）］

6）审查付款方式

支付这一项主要涉及两个问题，一是支付工具，二是支付方式。支付工具一般分三种：汇票、支票和本票。其中汇票是主要使用的支付工具。支付方式一般分为三类：汇付、托收和信用证。

7）审查运输方式

国际货物运输按照运输工具的不同，可分为江海运输、公路运输、铁路运输、航空运输、邮政运输和国际多式联运等。江海运输分为海洋运输和内河运输两类，由于海洋运输运量大、运价低，是国际贸易中主要的运输方式。跟单员必须依据信用证或合同的要求选择适当的运输方式，否则被视为“违约”。

2.3.4 合同、订单的生效条件

跟单员审核校对订单后，如果没有发现任何问题，经业务员请示领导批准后，跟单员

就可按双方确定的内容与客户办理订单相关手续，即签订合同。

1）签署合同、订单的作用

第一，合同成立的证据。通过口头谈判达成的交易，签署一份书面合同是必不可少的。

第二，合同成立的条件。买卖双方为达成交易而交换的信件、电报或电传等，也可构成书面合同。但是，在磋商交易时，如果买卖双方的一方曾声明并经另一方同意："合同的成立以双方签订正式书面合同或确认书为准"，那么，即使双方已对交易条件全部取得一致意见，在正式书面合同或确认书签订之前，合同不算成立。在此情况下，正式书面合同或确认书就成为合同成立的不可缺少的条件。

第三，合同履行的依据。买卖双方不论通过口头还是书面磋商，在达成交易后将商定的交易条件，全面清楚地列明在一个书面文件上。这对进一步明确双方的权利和义务，以及为合同的正确履行提供依据，都具有重要意义。

2）合同成立的时间

《联合国国际货物销售合同公约》规定，合同送达发盘人时生效，接受生效的时间，实际上就是合同成立的时间，合同一经订立，买卖双方即存在合同关系，彼此就应受合同的约束。在实际业务中，有时双方当事人在洽商交易时约定，合同成立的时间以签约时合同上所列明的日期为准，或以收到对方确认合同的日期为准，在这两种情况下，双方的合同关系即在签订正式书面合同时成立。此外，我国法律和行政法规规定应当由国家有关部门批准的合同，在获得批准时方成立。

3）订单生效条件

根据各国合同法规定，一项有法律约束力的合同要成为有效合同，除买卖双方就交易条件通过发盘和接受达成协议外，还需具备下列有效条件：

（1）当事人必须具备签订合同的行为能力。签订买卖合同的当事人主要有自然人或法人。根据我国法律规定，除对未成年人、精神病人签订合同的能力加以限制外，对某些合同的签订主体还作了一定的限定，例如：规定只有取得对外贸易经营权的企业或其他经济组织，才能签订对外贸易合同；没有取得对外贸易经营权的企业或经济组织，如签订对外贸易合同，必须委托有对外贸易经营权的企业代理进行。

（2）合同必须有对价或约因。所谓对价（Consideration），即指当事人为了取得合同利益所付出的代价，这是英美法的概念。所谓约因（Cause），即指当事人签订合同所追求的直接目的，这是法国法的概念。按照英美法和法国法的规定，合同只有在有对价或约因时，才是法律上有效的合同，无对价或无约因的合同，是得不到法律保障的。

（3）合同的内容必须合法。

（4）合同必须符合法律规定的形式。当事人约定采用书面形式的，应当采用书面形式。

（5）合同当事人的意思表示必须真实。各国法律都认为，合同当事人的意思表示必须是真实的，该合同才能成为一项有约束力的合同，否则，这种合同无效或可以撤销。

4）电子商务合同的签订

1996 年 6 月 14 日联合国国际贸易法委员会第 29 届年会上通过了《电子商业示范

法》。该示范法允许贸易双方通过电子手段传递信息、签订买卖合同和进行货物所有权的转让。我国《合同法》第 11 条规定：合同的书面形式是指合同书、信件和数据电文（包括电报、电传、传真、电子数据交换和电子邮件）等可以有形地表现可载内容的形式。

2.4 原材料跟单

2.4.1 原材料采购跟单含义

采购通常主要指组织或企业的一种有选择的购买行为，其购买的对象主要是生产资料。它包含两层基本意思：一层为“采”，即选择，从许多对象中选择若干个之意；另一层为“购”即购买，通过商品交易把所选对象从对方手中转移到自己手中的一种活动。其具体包含以下一些基本的含义：①所有采购都是从市场获取资源的过程；②采购既是一个商流过程，也是一个物流过程；③采购是一种经济活动。

小思考 2—2

小王是2011 年刚毕业的大学生，他于八月受聘于大连佳宏贸易公司做跟单员，负责一批纯棉布订单的跟单工作，在跟供应商企业协调时告诉供应商只要在订单完成时就可以不必通知立即送货。你认为小王的送货安排是否合理，为什么？

精析：小王的送货安排不合理，送货时间需要跟单员与供应商沟通协调确定。因为企业仓库每天要进出大量的原材料、零部件、成品和半成品，其过程有卸货、验收、入库信息操作、搬运、库房空间调配等。对于大数量、大体积的原材料，可能因为库房没有接收计划（主要是存储空间不够）而临时拒绝接收。因此在供应商送货前，跟单员一定要同仓库部门协调好接收工作，否则会出现供应商送货人员及运输车辆需要等待较长时间的情况，甚至会出现货物被拉回供应商处的情况。

相关链接 2—1

原材料采购的主要原因

(1) 生产企业因生产交货需要，在接单备货生产前，为控制制造成本，需进行原材料等采购备料。

(2) 生产企业因产品（如成套设备）配套生产需要，需向外企业采购相应零部件、组件、辅料。

(3) 外贸公司等因来料加工、供料加工需要，需采购原材料、零部件、辅料提供给生产企业生产加工，有利降低出口成本。

(4) 外贸公司等因成套出口需要，需采购原材料、设备、零部件等，供生产企业配套，有利降低出口成本。

(5) 外贸公司在原材料价格上涨行情中，为锁定内外销合同成本，确保对外合同的签订及签订后的正常履行，需进行原材料、零部件、辅料采购，向生产企业直接提供材料。其目的是提高原材料价格大幅上涨期的对外接单能力，锁定外销成本，避免出现外销合同签订后，国内生产厂家受原材料价格大幅上涨因素影响，提高产品价格，造成外贸公司对外履约经营损失。

为保证原材料等按时供应，跟单员要做大量艰苦细致的工作。在原材料等采购跟单工作中，跟单员要事先预计到可能发生的问题，其关键环节主要在原材料供应商、采购方企业等控制方面。原材料供应商可能由于管理、生产、技术等多方原因而出现未能按期提供原材料。采购方企业也有可能由于供应商选择不当或自己工作不到位等原因使供应商未能及时提供原材料。

2.4.2 原材料采购中出现问题的原因

1）采购方企业方面的原因

（1）跟单员经验不足，由于确保货期意识不强导致未能掌握供应商产能的变动，对进度掌握与督促不够。

（2）采购方对原材料供应商的生产能力或技术能力调查不深入，出现原材料供应商选定失误。

（3）采购方提供材料、零部件给生产方加工的供应延迟，造成生产方下道工序加工耽误。

（4）采购方对供应商生产工艺等技术指导、图纸接洽、变更说明等不到位，质量要求不明确，造成产品不符合要求。

（5）采购方与供应商沟通存在问题，导致采购单或指示联络事项阐述不清，指示联络不切实际，单方面指定交货期，业务手续不全造成工作耽误。

（6）信用危机导致的采购方与其他商户的贸易纠纷，将直接影响供应商对采购商订单的执行力度。

2）供应商方面的原因

（1）管理能力方面：生产交货时间计算错误；生产、采购进程管理不健全；质量管理不到位；对再转包管理不严；交货期责任意识不强。

（2）技术能力方面：超过技术工艺标准接单；对新下单产品不熟悉；机器设备故障率高。

（3）生产能力方面：超过产能接单；临时急单插入；小批量订单需合起来生产；需调度的材料、零配件采购延迟，生产量掌握不正确；不合格品产生较多。

（4）其他方面：员工工资低造成工作不努力；春节期间员工流动性大，节后招工不足；企业经营业绩不佳，经营者考虑调整经营方向等。

2.4.3 原材料采购跟单要求

原材料采购跟单的基本要求是：适当的交货时间，适当的交货质量，适当的交货地点，适当的交货数量及适当的交货价格。

（1）适当的交货时间。这是跟单员进行原材料采购跟单的中心任务。原材料交货时间过早或过晚都不利于采购企业的经营运作，跟单员的任务就是使所采购的原材料在规定的时间获得有效的供应。

（2）适当的交货质量。它是指供应商所交的原材料可以满足企业使用要求。过低的质量要求是不容许的，但过高的质量会导致成本提高，削弱产品的竞争力，这同样不可取。原材料质量达不到企业使用要求的后果是严重的，具体情况如下：

第一，会导致企业内部相关人员花费大量的时间与精力去处理，增加大量的管理费用；

第二，会导致企业在重检、挑选上花费额外的时间与精力，造成检验费用增加；

第三，会导致生产线返工增多，降低生产效率；

第四，会导致生产计划推迟，有可能不能按承诺的时间向客户交货，会降低客户对企业的信任度；

第五，会引起客户退货，导致企业蒙受严重损失，严重的会丢失客户。

（3）适当的交货地点。为了减少企业的运输与装卸费用，跟单员在进行原材料跟单时应要求供应商在适当的地点交货，因此跟单员应重点选择那些离企业近、交通方便的供应商。交货地点不当，会增加原材料的运输、装卸和保管成本。

（4）适当的交货数量。适当的交货数量是指每次交来的原材料企业刚好够用，不产生更多的库存。虽然交货数量越多，价格越便宜，跟单员的工作越轻松，但是交货数量并不是越多越好，企业资金占用、仓库储存、运输、资金周转等成本都将直接影响企业采购成本。

（5）适当的交货价格。一个合适的价格，要经过以下几个环节的努力才能获得：多渠道获得商品报价、比价、议价、定价。跟单员一般对每个产品，需保留三个以上供应商的报价。

2.4.4　原材料采购跟单的流程

原材料采购跟单的流程为：制作采购单、内部报批、采购单跟踪、原材料检验与原材料进仓。

1）制作“采购原材料辅料申请单”（见表2—1）

表2—1　　**采购原材料辅料申请单**

采购部门		采购日期	年月日			需要时间	年 月 日	
制造单号		采购编号				承办人		
序号	商品名称	商品代号	型号规格	数量	单价	入库时间	总价	使用时间
预算金额			元	总价合计				

1. 采购原因简述：＿＿＿＿＿＿＿＿
2. 供货厂家名称、地址或电话：（1）＿＿＿＿＿（2）＿＿＿＿＿（3）＿＿＿＿＿
3. 以前曾经类似的采购？□否 □是（请写采购编号＿＿＿＿＿＿＿）
4. 是否需要指定品牌？□否 □是（理由如下：＿＿＿＿＿＿＿）
5. 是否需要维修服务？□否 □是
6. 交货地点：＿＿＿＿＿＿＿＿＿＿
7. 质量要求：＿＿＿＿＿＿＿＿＿＿
8. 验收时间须超过7天以上？□否 □是
9. 资金准备：□有 □无 □不足，缺少＿＿＿＿元

续表

10. 审核批准签字			
申请部门领导签字		复核人签字	
财务部负责人签字		批准人签字	

跟单员在制作采购单时应注意以下要点：

（1）审查“采购原材料辅料申请单”。跟单员在审查“采购原材料辅料申请单”时应着重以下内容：①适当的采购人。需要采购的内容，只有需用部门的业务员最为清楚，由业务员提出采购，最能表达各项原材料采购的要求。②以书面方式提出原材料的采购。③确定原材料要求的内容，包括原材料的成分、尺寸、形状、强度、精密度、耗损率、合格率、色泽、操作方式、维护等以及售后服务的速度、次数、地点等。④以型号规格表明采购的标准。

（2）熟悉采购的原材料。跟单员可能从来没有进行过原材料的采购工作，对采购环境不一定熟悉，必须花费时间去了解原材料采购技术等。所以，应首先熟悉“采购原材料辅料申请单”。

（3）价格确认。跟单员应对采购原材料的最终价格负责，跟单员有权利向其他供应商了解并寻找最佳供应商，以维护企业最大利益。

（4）确认质量标准。原材料的质量直接影响生产产品的质量，必须认真检查采购的原材料的质量，使原材料符合对外合同的要求。

（5）确认原材料采购量。对需求部门的原材料采购量进行复核，如发现错误，跟单员应及时提出并进行弥补工作。

（6）制定采购单。采购单（见表 2—2）主要内容有：原材料名称、确认的价格及付款条件、确认的质量标准、确认的采购量、确认的交货地点等，另附有必要的图纸、技术规范、标准等。另外在采购单的背面，多会有附加条款的规定，亦构成采购单的一部分，其主要内容包括：交货方式、验收方式、处罚条款、履约保证、品质保证、仲裁或诉讼、其他。

（7）发出采购单。采购单是原材料采购跟单的主要依据之一，是双方交货、验收、付款的依据。

2）采购单跟踪

采购单跟踪是跟单员花费精力最多的环节，对于那些长期合作的、信誉良好的供应商，可以不进行采购单跟踪。但对一些重要或紧急的原材料的采购单，跟单员则应全力跟踪。

（1）跟踪原材料供应商的生产加工工艺。这是进行生产加工的第一步。

（2）跟踪原材料。跟单员必须提醒供应商及时准备原材料，不能存在马虎心理，特别是对一些信誉较差的供应商要提高警惕。

（3）跟踪加工过程。不同原材料的生产加工过程是有区别的，为了保证货期、质量，跟单员需要对加工过程进行监控。

（4）跟踪组装检测，跟单员有时需向产品零部件生产厂家采购成批零部件，有的零部件需要组装，因此必须进行组装检测。

表2—2

采购单

采购单编号：________

年　月　日

供应商：__________　公司：__________

请供应以下产品：

型号	品名、规格	单位	数量	单价	金额	备注
合计	万　仟　佰　拾　元　角　分					

注：1. 交货日期：□____年____月____日以前一次交清。

□分批交货，交货时间______________，数量要求________。

2. 交货地点：______________________。

3. 包装条件：______________________。

4. 付款方式：货到交货地，经我公司验收合格后，立即付款。

5. 不合格产品处理：全部或一部分不合格时，应由卖方取回调换或退款。

6. 如因交货误期、规格不符、质量不符合要求造成本公司的损失，卖方负赔偿责任。

7. 如卖方未能按期交货，逾期____天时，本公司有权自行取消采购单或卖方罚款____元/天。卖方必须赔偿本公司因此蒙受的一切损失。

8. 其他：__________________

9. 开户行：______________；账号________________

地址：______________；联系电话：______________；传真：______________

联系人：__________________

采购单位：盖章

供应商：签字并盖公章

时间：年　月　日

（5）跟踪包装入库，对重要的原材料、零部件跟单员应去供应商的仓库查看。

3）原材料检验

（1）确定检验日期。跟单员应与供应商商定检验日期及地点，以保证较高的检验效率。

（2）通知检验人员。跟单员应主动联系质量检验专业人员一同前往检验地点进行原材料、零部件的检验。安排检验要注意企业对原材料、零部件需求的轻重缓急，对紧急原材料、零部件要优先检验。

（3）进行原材料检验。对一般原材料，采用正常的检验程序；对重要原材料，或供应商在此原材料供应上存在质量不稳定问题的，则要严加检验；对不重要的原材料，或者供应商在此原材料供应上质量稳定性一直保持较好的，则可放宽检验。原材料检验的结果分为两种情况：合格材料、不合格材料。不合格材料的缺陷种类有：致命缺陷、严重缺陷、轻微缺陷。检验的结果应以数据检测以及相关记录描述为准。

（4）处理质量检验问题，针对原材料缺陷程度的不同，跟单员可以采取相应的措施，如要求供应商换货，以及扣款、质量整改、降级使用、取消供应商资格等。

4）原材料进仓

（1）协调送货。送货时间需要跟单员与供应商沟通协调确定，如果供应商在没有得到采购方许可的情况下送货，就会引起混乱。

（2）协调接收。在供应商送货前，跟单员一定要同仓库部门协调好接收工作，否则可能导致供应商送货人员及运输车辆长时间等待，甚至会出现原材料被拉回供应商处的情况。

（3）通知进货。跟单员在完成上述两项工作后，即可通知供应商送货，供应商在得到送货通知后，应立即组织人员将原材料送至指定仓库。

（4）原材料入库。原材料的库房接收过程有：①检查即将送达的货物清单信息是否完整（包括原材料的采购单、型号、数量等）；②接收原材料，对应采购单进行核查；③检查送货单据及装箱单据；④检查包装与外观，检验合格后才能卸货；⑤卸货；⑥清点原材料；⑦搬运入库；⑧填写“原材料入库单据”，原材料检验合格后填写原材料入库单；⑨将原材料入库信息录入存储信息系统中。

（5）处理原材料接收中出现的问题。由于供应商或者跟单员方面原因，原材料在接收环节上可能会出现以下问题：原材料型号与采购单中的要求不一致；未按照采购单中指定的原材料数量送货；交货日期不对；原材料的包装质量不符合要求等。此类问题跟单员需与有关部门一同协调解决。

2.4.5　催单

跟单员需要在预定的交货期到期前数天提醒供应商，一方面给供应商适当的压力，另一方面可以及时掌握供应商能否按期交货或能否交够所需数量等情况，从而采取相应措施。

1）催单的方法

催单的方法主要有按采购单跟催和定期跟催两种。

（1）按采购单跟催是指按采购单预定的进料日期提前一定时间进行跟催。通常采用以下方法：

其一，联单法。将采购单按日期顺序排列好，提前一定时间进行跟催。

其二，统计法。将采购单统计成报表，提前一定时间进行跟催。

其三，跟催箱法。制作一个 30 个格子的跟催箱，将采购单依照日期顺序放入跟催箱中，每天跟催相应采购单。以上方法的目的是保证跟单员不因工作繁忙而遗漏重要事项。

其四，计算机提醒法。利用微软 OUTLOOK 系统中的日历安排计划功能，将每月需要办理的催单事项，输入日历，每天上班开机，打开 OUTLOOK 系统，它会自动提醒跟单员当天需要办理的事项。

（2）定期跟催是指于每周固定时间，将要跟催的采购单整理好，打印成报表定期统一跟催。

2）催单的规划

（1）一般监控。倘若采购的原材料为一般性、非重要的商品，则仅作一般的监控即可，通常需注意是否能在规定的期限内收到检验报表，有时可用电话查询实际进度。

（2）预定进度管理时间。对于较重大的业务，跟单员可在采购单或采购合同中明确规定，要求供应商编制预定进程表。

（3）生产企业实地考察。对于重要原材料（零部件）的采购，除要求供应商按期递送进度表外，跟单员还可以实地前往供应商生产企业进行实地考察。此项考察，应在采购单内明确约定，必要时可派专人驻厂监督。

3）催单的工作要点

跟单员要进行有效的催单，必须要做好交货管理的事前规划、事中执行与事后考核。具体如下：

第一，事前规划。其具体包括：确定交货日期及数量；了解供应商生产设备利用率；供应商提供生产计划表或交货日程表；提高供应商的原材料及生产管理水平；准备替代来源。

第二，事中执行。其具体包括：了解供应商备料情况；企业提供必要的材料、模具或技术支援；了解供应商的生产效率；加强交货前的催单工作；交货期及数量有变更时及时通知；企业尽量减少规格变更。

第三，事后考核。其具体包括：对交货迟延的原因进行分析并做好对策准备；分析是否需要更换供应商；执行对供应商的奖惩办法；完成采购单后对余料、模具、图纸等收回及处理。

2.5 生产进度跟单

2.5.1 生产进度跟单的基本要求

生产进度跟单的基本要求是使生产企业能按订单及时交货。及时交货就必须使生产进度与订单交货期相吻合，尽量做到不提前交货，也不延迟交货。生产进度跟单的流程是：下达生产通知单、制订生产计划、跟踪生产进度。

1）生产企业不能及时交货的主要原因

（1）企业内部管理不当。如有紧急订单插入，生产安排仓促，导致料件供应混乱，延误生产交货。

（2）计划安排不合理或漏排。

（3）产品设计与工艺变化过多。

（4）产品质量控制不好。不合格产品增多，成品合格率下降，影响成品交货数量。

（5）生产设备跟不上。

（6）产能不足。

2）按时交货跟单要点

（1）加强与生产管理人员的联系，明确生产、交货的权责。

（2）减少或消除临时、随意的变更，规范设计、技术变更要求。

（3）掌握生产进度，督促生产企业按进度生产。

（4）加强产品质量、不合格产品、外协产品的管理。

（5）妥善处理生产异常事务等。

2.5.2　下达生产通知单

（1）落实生产通知单内各项内容。跟单员接到订单后，应将其转化为企业下达生产任务的生产通知单（见表2—3），在转化时应明确客户所订产品的名称、规格型号、数量、包装、出货时间等要求。跟单员需与生产企业或本企业有关负责人对订单内容逐一进行分解，将其转化为生产通知单的内容。

表2—3　**生产通知单**

<table>
<tr><td>生产部门</td><td colspan="8"></td></tr>
<tr><td>订单编号</td><td colspan="2"></td><td colspan="2">订货客户</td><td></td><td>通知日期</td><td colspan="2"></td></tr>
<tr><td>产品名称</td><td colspan="2"></td><td colspan="2">交货方式</td><td></td><td>生产日期</td><td colspan="2"></td></tr>
<tr><td>规格型号</td><td colspan="2"></td><td colspan="2">交货期限</td><td></td><td>完工日期</td><td colspan="2"></td></tr>
<tr><td>生产数量</td><td colspan="2"></td><td colspan="2">特别规定事项</td><td colspan="4"></td></tr>
<tr><td>工艺要求</td><td colspan="8"></td></tr>
<tr><td>质检要求</td><td colspan="8"></td></tr>
<tr><td>包装要求</td><td colspan="8"></td></tr>
<tr><td></td><td colspan="8">使用材料</td></tr>
<tr><td>序　号</td><td>料　号</td><td>品　名</td><td>规　格</td><td>单　位</td><td>单机用量</td><td>标准用量</td><td>损耗率</td><td>备　注</td></tr>
<tr><td></td><td></td><td></td><td></td><td></td><td></td><td></td><td></td><td></td></tr>
<tr><td></td><td></td><td></td><td></td><td></td><td></td><td></td><td></td><td></td></tr>
<tr><td>生产方式</td><td colspan="8"></td></tr>
<tr><td>附　件</td><td colspan="8"></td></tr>
</table>

经理（厂长）：　　　　审核：　　　　制表：

（2）做好生产通知后的意外事件处理。如遇意外事件导致订单无法按时按质完成，跟单员需要反复核实，并做好多种应急处理准备工作，或及时调整生产通知单个别内容，或及时更换生产厂家另行下达生产通知。

（3）协调生产通知单遇到的问题。生产有时会受到生产车间具体生产操作上的技术、原材料供应等的限制。跟单员必须及时了解生产通知单下达到车间后，在生产执行时遇到的困难。对于生产车间不能解决的技术问题或生产出来的产品无法达到客户要求的情况，跟单员应及时与有关部门协商，在技术问题得到解决前，不能进行生产。

2.5.3　制订生产计划

跟单员应协助生产管理人员将订单及时转化为生产计划，以便产品能够顺利制造。

（1）生产计划的制订。生产计划主要是依据订单要求、前期生产记录、计划调度以及产能分析而制订的。其计划内容主要有各月份、各规格及销售类别的生产数量，并且每月应进行修订一次。

（2）月度生产计划的制订。计划的内容包括当月生产的产品批号、产品名称、生产数量、生产日期、生产单位的产量等。

（3）一周生产计划的制订。一周生产计划是由月份生产计划或紧急订单转换而制订的，它是具体生产安排及物料控制的依据。

2.5.4 跟踪生产进度

（1）生产进度控制工作程序

第一，跟单员通过生产管理部门每日统计的“生产日报表”，调查每天的成品数量及累计完成数量，以了解生产进度并加以跟踪控制，确保能按订单要求准时交货。

第二，跟单员可利用每日实际生产的数字同预定生产数字加以比较，看是否有差异，以追踪记录每日的生产量。

第三，跟单员发现实际进度与计划进度产生差异时，应及时查找原因。如属进度发生延误导致影响交货期，除追究责任外，应要求企业尽快采取各种补救措施，如外包或加班等。

第四，企业采取补救措施后，跟单员应调查其结果是否有效，如效果不佳，跟单员应要求企业再采取其他补救措施，直到问题得到解决。

第五，补救措施无效，无法如期交货时，跟单员应及时联络境外客户并争取得到谅解，同时要求延迟交货日期。

（2）生产进度控制重点

生产进度控制重点包括：计划落实执行情况、机器设备运行情况、原材料供应保障、不合格率和报废率、临时任务或特急订单插入情况、各道工序进程、员工工作情绪等。

（3）生产异常的处理

各种生产异常的影响最终体现在导致生产进度无法按计划进行。跟单员在生产过程中要掌握生产异常情况，及时进行处理。

2.6 出口产品包装跟单

2.6.1 出口产品包装类型

产品包装是为了在流通过程中保护产品、方便储运、促进销售，按一定的技术方法采用的容器。

1）出口产品包装分类

（1）按包装材料分类。根据包装所用的主要材料，产品包装分为：纸包装、塑料包装、金属包装、玻璃包装、陶瓷包装、木包装、纤维织品包装、复合材料包装和其他天然材料包装等。

（2）按包装容器分类。

按包装容器的造型结构分为便携式、悬挂式、透明式、开窗式等；

按包装容器的结构特点分为固定式、可拆卸式、折叠式等；

按包装容器的质量水平分为高档、中档、低档等；

按包装容器的刚性分为软包装、硬包装、半硬包装等；

按包装容器的结构形态分为盒类包装、瓶类包装、管类包装、桶类包装等。

(3) 按包装应用分类。

按包装件所处空间位置分为内包装、外包装、中包装；

按包装适用对象分为专用包装和通用包装；

按包装适用社会群体分为民用包装、公用包装、军用包装；

按包装适用次数分为一次用包装和多次用包装。

(4) 按照包装材料技术分类。

按包装技术保护目的分为防潮、防水、防虫、保鲜、防锈包装等；

按包装技术分为透气、真空、充气、冷冻、施药包装等。

2) 出口包装的主要材料

在选用出口包装材料时，我们遵循“绿色包装”，即可回收利用又要兼顾经济实用。“绿色包装材料”是指在生产、使用、报废及回收处理再利用过程中，能节约资源和能源，废弃后能迅速自然降解或再利用，不会破坏生态平衡，而且来源广泛、耗能低、易回收且再生循环利用率高的材料或材料制品。能用作出口包装材料的品种很多，如木材、纸、塑料、金属等。

(1) 木材包装材料。为了保证木质包装箱内不含有任何有害昆虫，木质包装箱必须经过加热和烟熏处理。主要的包装用木材有：红松、马尾松、白松、杉木、桦木、椴木、毛白杨。出口包装用人造板材的种类有很多，主要有：胶合板、纤维板、刨花板等。除胶合板外，所使用的原料均系木材采伐过程中的剩余物，如木屑。出口常用的木制品包装有木箱、木桶、夹板等。较为笨重的五金、机械和怕压、怕摔的仪器、仪表以及纸张等商品大都使用这类包装。

(2) 纸质包装材料包括纸、纸板及其制品，它们在包装材料中占据着主导地位。

①出口包装用纸。包装用纸大体上可分为食品包装用纸与工业品包装用纸两大类，有些包装纸既可作为食品包装用，也可作为工业品包装用。出口包装用纸主要包括纸袋纸、牛皮纸、鸡皮纸、玻璃纸、瓦楞原纸、仿羊皮纸。其他用纸包括邮封纸、糖果包装纸、茶叶袋滤纸、感光防护纸。

②出口包装用纸板。

牛皮箱纸板。它具有物理强度高、防潮性能好、外观质量好等特点，可用于电视机、电冰箱、大型收录机、缝纫机、自行车、摩托车、五金工具、小型电机等商品的运输包装，也可用于包装出口冷冻食品。

箱纸板。箱纸板质量低于牛皮箱纸板，以其为材料制作的中、低包装纸箱，用于一般百货包装。国产箱纸板按部颁标准分为一号（强韧箱纸板）、二号（普通箱纸板）和三号（轻载箱纸板）三种。

瓦楞纸板。它是由瓦楞纸与两面箱板纸融合制成的纸板。典型的瓦楞纸板至少是由两面层纸板加中层瓦楞芯纸，用黏剂粘接而成的复合加工纸板。瓦楞纸板的类别主要是依据构成瓦楞板的瓦楞规格、瓦楞形状和用纸层数三个方面的情况来区分的。

其一，瓦楞规格。瓦楞规格指的是用不同的瓦楞型号轧制的瓦楞纸板（见表2—4）。不同的瓦楞型号具有不同的瓦楞高度（楞谷与楞峰之间的高度），不同的瓦楞数（楞与楞之间的疏密程度）和不同的瓦楞收缩率。瓦楞规格的型号分别以瓦楞轮廓的大小粗细程度为序依次列为K、A、C、B、D、E、F等七种型号，其中A、C、B、E四种型号比较普遍使用。目前世界各国对瓦楞型号种类的代号称谓比较统一，但对每一种瓦楞型号种类的技术要求并不完全一致。

表 2—4 **瓦楞规格型号种类**

型号	瓦楞高度（毫米）				瓦楞数（楞/330 毫米）				收缩率（理论值）
	中国	美国	日本	欧洲	中国	美国	日本	欧洲	
K		6.5		6.6～7					
A	4.5～5	4.8	4.5～5	4.7	34±2	34±3	34±2	35	1.53
C	3.5～4	3.6	3.5～4	3.6	38±2	38±2	40±2	42	1.46
B	2.5～3	2.4	2.5～3	2.5	50±2	46±2	50±2	50	1.36
D		1.8		1.8～2		68		68	1.31
E	1.1～2	1.2	1	1.2	96±4	96±4	96	95	1.25
F		0.8		0.9		110		105	1.22

其二，瓦楞形状。瓦楞形状包括三种即：U 型、V 型、UV 型（见表 2—5）。U 型的楞峰、楞谷圆弧半径较大；V 型较小；UV 型处于中间形态。

表 2—5 **不同楞型的性能特点**

瓦楞形状	平面抗压力	缓冲弹性	受压后回复能力	黏合剂耗用	瓦楞粘结线	瓦楞辊磨损
U 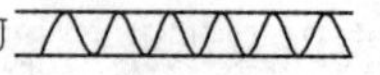	弱	好	强	多	宽	慢
UV 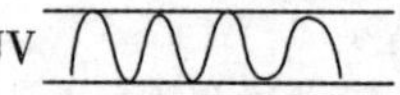	较强	较好	较强	较少	适中	较慢
V 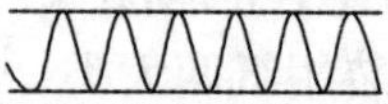	强	差	弱	少	窄	快

UV 形瓦楞在世界各国都比较广泛地得到采用。当然，有些需要特别强调缓冲性能和减震作用的包装，或者对于某些要求硬度和挺力特别高的瓦楞包装容器，则应选用在这些方面具有某种特殊效果的 U 形和 V 形瓦楞来满足那些特定的内容物的特殊包装要求。

其三，用纸层数。它指的是用以被制成瓦楞纸板的厚纸层数。

黄纸板。黄纸板又称草纸板，是一种低级包装纸板。它主要用于作衬垫及将印刷好的胶版印刷纸等糊在表面，制作各种中、小型匣盒做包装食品、糖果、皮鞋等用。

白纸板。白纸板是销售包装的重要包装材料，其主要用途是经彩色套印后制成纸盒，供商品包装用，起着保护商品、装潢商品、美化商品和宣传商品的作用。

（3）塑料包装材料。

①塑料。塑料是可塑性高分子材料的简称，具有质轻、美观、耐腐蚀、机械性能高、可塑性强、易于加工和着色等特点。它根据用途分为通用塑料、工程塑料、特种塑料等。

其一，通用塑料。一般指产量大、用途广、成型性好、价格低廉的塑料，如聚乙烯、聚丙烯、聚氯乙烯、聚苯乙烯、酚醛塑料、ABS 塑料、有机玻璃、赛璐珞等。

其二，工程塑料。一般指机械强度较高、刚性大、常用于取代钢铁和有色金属材料以制造机械零件和工程结构受力件的塑料，如聚甲醛、聚酸胺、聚碳酸醋、氯化聚醚、聚砜等。

其三，特种塑料。一般是指具有特种功能，可用于航空、航天等特殊应用领域的塑料。如含氟塑料和有机硅具有突出的耐高温、自润滑等特殊功用，增强塑料和泡沫塑料具有高强度、高缓冲性等特殊性能，这些塑料都属于特种塑料的范畴。

②塑料薄膜。无色透明、表面有漂亮的光泽、光滑且较挺实的薄膜是拉伸聚丙烯、聚苯乙烯、聚碳酸醋。手感柔软的薄膜是聚乙烯酸、软质氯乙烯。透明薄膜经过揉搓后变成乳白色的是聚乙烯、聚丙烯。振动时发出金属清脆声的薄膜是聚碳酸醋、聚苯乙烯等。

（4）金属包装材料。金属是四种主要包装材料之一，广泛被应用于食品、饮料、化工、医药、建材、家电等行业，是食品罐头、饮料、糖果、饼干、茶叶、油墨、油漆、染料、化妆品、医药和日用品等的包装容器。金属包装材料中产量和消耗量最多的是镀锡薄钢板；其次是铝合金薄板；镀铬薄钢板位居第三。

①镀锡薄钢板。镀锡薄钢板简称镀锡板，俗称马口铁，是两面镀有纯锡的低碳薄钢板。镀锡板对空气、水、水蒸气等有很好的耐蚀性，且无毒，具有易变形性和可焊性，表面光亮、美观，罐头罐就是用镀锡板制作的。

镀锡板虽有较高的耐蚀性，但若长期存放，锡也会缓慢氧化而变黄，在潮湿空气或工业性气氛中也会生锈而失去光泽。因此，镀锡薄钢板需库内存放，存放期一般不要超过6～12个月。

②镀铬薄钢板。镀锡薄钢板又称铬系无锡钢板（TFS—CT），简称镀铬板，是为节约用锡而发展的一种镀锡板代用材料。镀铬板目前广泛应用于罐头和其他制罐工业，罐头工业应用最多的是啤酒和饮料罐及一般食品罐罐盖等。

③镀锌薄钢板。镀锡薄钢板简称镀锌板，俗称白铁皮，是低碳薄钢板镀上一层厚0.02毫米以上的锌作为保护层。防腐蚀能力强。包装工业上采用热镀锌板制造各种容量的桶和特殊用途的容器，耐腐蚀性和密封性良好，用于包装粉状、浆状和液状产品。

④低碳薄钢板。它是指含碳量不大于0.25%的薄钢板。可直接制造金属包装容器，如各种规格的钢桶等。低碳薄钢板分为普通碳素结构薄钢板和优良碳素结构薄钢板二种，其主要的区别在于对碳含量、性能范围要求及对硫、磷等有害元素含量的限制。

⑤铝系金属包装材料。包装用铝材主要有铝板、铝箔和镀铝薄膜三种形式。铝板主要用于制作铝质包装容器，如罐、盆、瓶及软管等。铝箔多用于制作多层复合包装材料的阻隔层，制成的铝箔复合薄膜用于食品包装（主要为软包装）、香烟包装和药品、洗涤剂、化妆品等方面的包装。镀铝薄膜是一种新型复合软包装材料，它是用特殊工艺在包装塑料薄膜或纸张表面（单面或双面）镀上一层极薄的金属铝，即成为镀铝薄膜。这种镀铝薄膜复合材料主要用作食品，如快餐、点心、肉类、农产品等的真空包装，以及香烟、药品、酒类、化妆品等的包装及装潢、商标材料。

（5）包装用辅助材料。包装货物除了常用包装容器外，还需一些包装用辅助材料。常见的辅助材料有粘合剂、粘合带、捆扎材料、衬垫材料、填充材料等。

2.6.2 出口产品包装纸盒跟单

纸盒是产品销售的包装容器，是直接和消费者见面的中小型包装。好的纸盒包装不仅是帮助推销商品的工具，而且是无声的推销员。

纸盒包装虽然在防冲撞、颠震、挤压和防潮等方面没有运输包装那样严格的要求，然而其结构要根据不同商品的特点和要求，采用适当的尺寸、适当的材料（瓦楞纸板、硬纸板、白纸板等）和美观的造型，从而保护商品、美化商品、方便使用、促进销售。

2.6.3 出口包装纸箱跟单

欧洲瓦楞纸箱制造商协会（FEFCO 制定的《国际瓦楞纸箱法规》），对瓦楞纸箱的各种基本箱型结构作了比较科学而且详尽的分类，它根据瓦楞纸箱（包括纸箱的附件）的不同结构式样、工艺特点和使用功能将其归纳为以下七个基本类型。

（1）开槽型纸箱，代号 02 型。开槽型纸箱是一种最常用的外包装纸箱，它是由一片瓦楞纸板组成的，通过钉合或糊合或者用胶带粘合等方法将箱坯接合制成箱体，箱体顶部和底部的折翼（通常称上、下摇盖）可以很方便地构成箱底和箱盖。纸箱制成成品后在运输储放时可以折叠展平，使用时将箱底箱盖封合即可。列为代号 2 字头的开槽型纸箱有 20 种式样，其中 0201 型开槽式瓦楞纸箱是目前应用最广泛的箱型，通常被称之为标准型的外包装瓦楞纸箱结构箱型。

（2）套合型纸箱，代号 03 型。它一般由两至三片瓦楞纸板组合而成，其特点是箱盖与箱底分开，使用时才套接起来构成箱的整体，这种箱型一般比较适用于堆叠负载强度要求高的包装。

（3）折叠型纸箱，代号 04 型。折叠型纸箱通常只需用一片瓦楞纸板便可折叠组成整个箱体的侧面和底、盖，且不需任何钉合或糊合，如果需要还可以按设计要求加制启闭锁扣、展示窗、内隔衬以及提手等。这种箱型宜用于容积较小的中小型包装箱（盒），具有一定的销售包装功能。

（4）滑入型纸箱，代号 05 型。滑入型纸箱一般由两片瓦楞纸板组成，以其中一片构成内套，之后按设定的方位滑入另一片构成的外套里面。这一类型纸箱多用来制作小型的内包装箱（盒）使用。

（5）硬体型纸箱，代号 06 型。硬体型纸箱由三片瓦楞纸板组成，其基本结构方式是将两个端片钉合在箱体的两侧，成型后便无法折叠展平。

（6）预粘型纸箱，代号 07 型。预粘型纸箱的基本材料是由一片瓦楞纸板构成的，制成品可以折叠展平便于运输，使用时只需预先作简单的粘合嵌固便可成型。此 07 型纸箱多作为中、小型包装箱或盒使用。

（7）内配件，代号为 09 型内配件系列。纸箱的内配件包括有套板、衬垫、格档、隔片等。

我国由国家标准局批准发布实施的 GB6543-86 瓦楞纸箱国家标准，关于基本箱型和代号的规定，基本上也采用了 FEFCO 的分类方法，只是依据我国国情有所省略和改动，GB 标准将瓦楞纸箱的基本箱型列为三种：即开槽型纸箱，代号 02 型；套合型纸箱，代号 03 型；折叠型纸箱，代号 04 型。同时将瓦楞纸条的内配件部分以“纸箱附件”的条目单独另列。此外，在瓦楞纸箱的尺寸规格条目中将纸箱的箱底面积（外尺寸）分为三个系列，即：①400×600、400 ×300、400×200、400×150（单位：mm）；②300×200、300×130、300×100（单位：mm）；③200×150、200×133（单位：mm）。

2.6.4 出口包装纸箱造型设计

设计构想、样品制作、试装试验和图纸绘制是瓦楞包装容器造型结构设计的四个重要步骤。这四个步骤即是先后有序的设计过程。

2.6.5 部分国家出口包装环保要求

（1）出口包装材料回收标志。目前，随着全球环保意识的逐渐增强，环境保护问题越来越受到世人的关注。国际上许多国家和地区开展了环境标志计划，使用符合环境保护的包装材料，是出口包装的发展方向。

跟单员在进行出口包装时，需要掌握进口国的有关包装规定和要求。如德国规定包装材料要符合“3R”原则，即可再生利用（Reuse），可自然降解还原（Reduce）、可进行循环再生处理（Recycle），要求纸箱表面不能上蜡、上油，也不能涂塑料、沥青等防潮材料；外箱不能有蜡纸或油质隔纸；箱体瓦楞纸板间的连接需采取粘合方式，不能用任何金属或塑料钉或夹，尽可能用胶水封箱，不能用 PVC 或其他塑料胶带；纸箱上所做的标记必须用水溶性颜料等。又如：欧洲各国在 1992 年就完全禁止使用聚氯乙烯（PVC）包装材料。

使用符合进口国环保要求的包装材料，需要在包装材料外部的显著位置印刷标志，如“可循环标记（Recycle Mark）”等。

相关链接 2—2

部分国家或地区的可循环标记及含义

部分国家或地区的可循环标记如图 2—4 所示。

图 2—4　部分国家或地区的可循环标记

（1）第一行左边三个：各种式样的回收标识。

（2）第二行左边三个：各种式样的与纸制品有关的回收标识。

（3）右上角的一个：铝制品可回收标识。

（4）第三行左起第一个：欧盟生态标识（European Union Eco-label）——“花”。欧共体于 1992 年 3 月颁布了 880/92 号法令，宣布了生态标识计划的诞生。

（5）第三行左起第二个：“北欧白天鹅”标识（Nordic Environmental Label）。北欧部长级委员会于 1989 年 11 月决定实施此标识，在芬兰、冰岛、挪威和瑞典都可以使用。

（6）第三行左起第三个：德国“绿点（Der Grüne Punkt，英语作：The Green Dot）”标识。这是世界上第一个有关“绿色包装”的环保标识，于 1975 年问世。绿点的双色箭头表示产品或包装是绿色的，可以回收使用，符合生态平衡、环境保护的要求。目前，该制度的最高机构是欧洲包装回收组织（Pro Europe），负责欧洲的“绿点”管理。

(7) 第四行到第五行的七个均是塑料制品回收标识，由美国塑料行业相关机构制定。

这套标识将塑料材质辨识码打在容器或包装上，从1号到7号，让民众无需费心去学习各类塑料材质的异同，就可以简单地加入回收工作的行列。

第1号：PET（聚乙烯对苯二甲酸酯），这种材料制作的容器，就是常见的装汽水的塑料瓶，俗称“宝特瓶”。

第2号：HDPE（高密度聚乙烯），多用于制造清洁剂、洗发精、沐浴乳、食用油、农药等的容器。容器多半不透明，手感似腊。

第3号：PVC（聚氯乙烯），多用于制造水管、雨衣、书包、建材、塑料膜、塑料盒等等器物。

第4号：LDPE（低密度聚乙烯），随处可见的塑料袋多以LDPE制造。

第5号：PP（聚丙烯），多用于制造水桶、垃圾桶、箩筐、篮子和微波炉用食物容器等等。

第6号：PS（聚苯乙烯），由于吸水性低，多用于制造建材、玩具、文具、滚轮，还有快餐店盛饮料的杯盒或一次性餐具。

第7号：其他。

第六行左边：美国航天总署格伦研究中心的标有“3R”的环保标识。

第六行右边：台湾地区的资源回收环保标识。

(2) 各国或地区的环境标志及作用。环境标志亦称绿色标志、生态标志，是指由政府部门或公共、私人团体依据一定的环境标准向有关厂家颁布证书，证明其产品的生产使用及处置过程全都符合环保要求，对环境无害或危害极少，同时有利于资源的再生和回收利用。

我国的环境标志图形由青山、绿水、太阳和十个环组成。中心结构表示人类赖以生存的环境，外围的十个环紧密结合，表示公众参与，其寓意为“全民联合起来，共同保护人类赖以生存的环境”。

部分国家或地区的环境标志如图2—5所示。各国或地区的环境标志的作用为：第一，改善标志产品的销售情况，改变企业形象；第二，鼓励生产绿色产品；第三，保护环境；第四，为消费者建立和提供可靠的尺度来选择有利于环境的产品；第五，为生产者提供公平竞争的统一尺度；第六，提高消费者的环境意识。

(3) 出口纸箱包装要求。

第一，外箱毛重一般不超过25kg。单瓦楞纸纸板箱用于装毛重小于7.5kg的货物；双瓦楞纸板箱，用于毛重大于7.5kg的货物。

第二，纸箱的抗压强度应能在集装箱或托盘中，以同样纸箱叠放到2.5米高度不塌陷为宜。

第三，如产品需做熏蒸，外箱的四面左下角要有2毫米开孔。

第四，出口去欧洲的外箱一般要印刷可循环回收标志，箱体上不能使用铁钉（扣）。

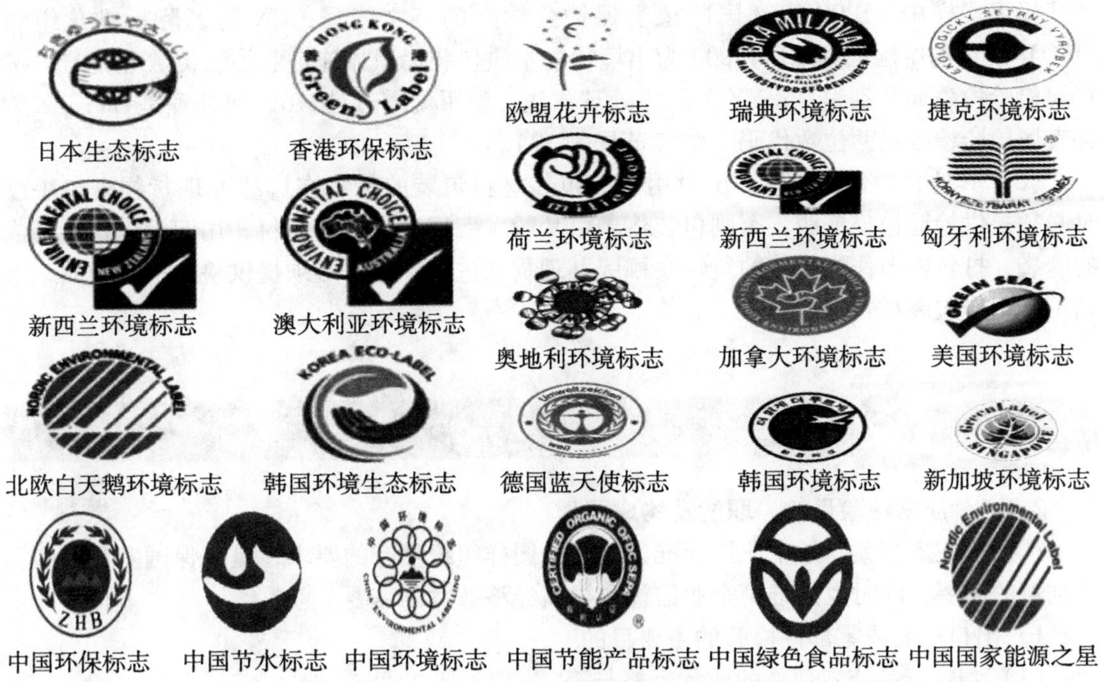

图 2—5　部分国家或地区的环境标志

（4）塑胶袋包装要求。

第一，PVC 胶袋一般是被禁用的；

第二，胶袋上要有表明所用塑料种类的三角形环保标志；

第三，胶袋上要印刷“PLASTIC BAGS CAN BE DANGEROUS. TO AVOID DANGER OF SUFFO-CATION，KEEP THIS BAG AWAY FROM BABIES AND CHILDREN.”字样。胶袋上还需要打孔，每侧打一个，直径 5mm。

（5）木箱包装要求。对于涉及机械商品出口的，大多需要用木质材料作为包装。一般选用九合板包装（注：不是实木，是人工复合而成的木质材料，不用熏蒸）。如果是大型机械，不适宜装集装箱，采用无包装的形式，放在甲板或是船舱内。

同样是选用木质包装，不同市场的要求不同。如对美国、加拿大、欧盟、日本及澳大利亚出口，其中对美国、加拿大等国必须出具“官方熏蒸证书”（Fumigation/Disinfection Certificate），木质包装一定要在出口前“熏蒸”。而出口去中东国家及某些亚洲国家的木质包装，目前不需要“熏蒸”；对于出口非洲国家的木质包装，则要看具体国家，如尼日利亚和坦桑尼亚的需要“熏蒸”。

木质托盘、木箱必须实施热处理或熏蒸处理，由检验检疫出具《出境货物木质包装除害处理合格凭证》并加贴黑色标识（规格：30mm×55mm，60mm×110mm 及 120mm×220mm）后方能报关出口。出境货物木质包装除害处理标识如图 2—6 所示。

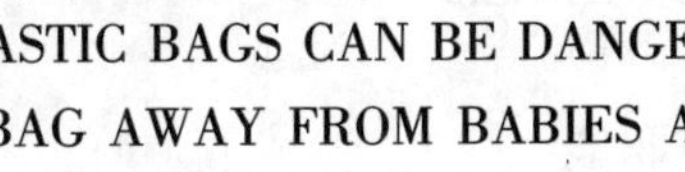

图 2—6　出境货物木质包装除害处理标识

标识式样中，IPPC 为《国际植物保护公约》的英文缩写；CN 为国际标准化组织（ISO）规定的中国国家编码；000 为出境货物木质包装标识加施企业的三位数登记号，按直属检验检疫局分别编号；YY 为除害处理方法，溴甲烷熏蒸是 MB，热处理是 HT；ZZ 为各直属检验检疫局两位数代码（如江苏局为 32）。

（6）其他材料包装要求。出口用草类包装材料包装的货物在挪威办理货物进口手续时必须提供检验检疫证明，否则包装将予以焚毁，费用由进口商支付；用旧编织材料制成的麻袋、打包麻布作为包装的货物在挪威办理货物进口手续时必须提供检验检疫证明，否则不准用作包装材料进入。

2.7 出口产品质量跟单

2.7.1 质量检验目的、职能及构成要素

严格把住质量关，是企业按标准、工艺、图样组织生产的要求，是确保国家利益和客户利益的需要，同时也是维护企业信誉和提高经济效益的需要。

1）出口产品或零部件检验的主要目的

（1）判定产品或零部件的质量合格与否。

（2）通过检验和试验，证实产品或零部件是否达到规定的质量要求。

（3）产品质量评定。通过质量检验和试验确定产品缺陷严重程度，为质量评定和质量改进提供依据。

（4）考核过程质量，获取质量信息。

（5）仲裁质量纠纷。

2）出口产品质量检验工作职能

（1）鉴别职能。根据检验结果判定产品或零部件的合格与不合格，从而起到鉴别的作用。

（2）把关职能。通过认真的质量检验，剔除不合格品，把住产品质量关，实现把关职能。

（3）预防职能。对影响产品质量的异常因素加以控制与管理，实现“既严格把关又积极预防”。

（4）报告职能。对在生产全过程质量检验中所获得的质量信息、数据和情报，认真做好记录，及时进行整理、分析和评价，并同各有关部门沟通和向领导报告，为决策提供依据。

出口产品质量检验四项职能相互关联构成一个完整的系统：检验工作的首要职能就是把关，鉴别职能是把关职能的前提，报告职能是把关职能的继续和延伸，在生产全过程进行检验具有预防作用。

3）出口产品质量的构成要素

出口产品质量构成的要素有以下几个方面：

（1）性能。它是指产品满足一定使用要求所具有的功能，包括使用性能和外观性能两类。产品使用性能往往通过各种技术性能指标（如机械、物理、化学性能指标）来表

示。如汽车的速度、转弯、爬坡、油耗等要求；手表的计时准确、防水、防磁、防震等要求；水泵的功率、真空吸上高度、扬程、流量等要求。外观性能包括产品造型、款式、色彩等。

(2) 可信性。它是指产品的可用性及其影响因素、可靠性、维修性和维修保障等性能。产品可靠性是产品在规定条件下及规定时间内完成规定功能的能力。可靠性反映产品性能的持久性、精度的稳定性、零部件的耐用性等，是在使用过程中逐渐表现出来的产品满足各项质量要求的内在质量特性。表现可靠性水平的常用特征值有可靠度、故障率、故障间平均工作时间、维修度及有效度、平均寿命等。

(3) 安全性。它是指产品在生产、贮存、流通和使用过程中，对伤害或损坏的风险按可接受的水平加以限制的状态。

(4) 适应性。它是指产品适应外界环境变化的能力。外界环境包括自然环境和社会环境。自然环境是产品使用时所处环境的自然性特点，如地理、气候、水文、温度、湿度、气压、灰尘、油污、振动、噪声、电磁干扰等特点。社会环境是产品使用时所处环境的社会性特点，如政治、宗教、风俗、习惯、特定客户群等特点。

(5) 经济性。对客户来说，经济性就是产品价格和使用费用之和较低。

(6) 时间性。如果产品开发速度快，供货及时，就可以抢先占领市场，争夺消费者，取得竞争优势。时间性作为产品的一个质量特性已被越来越多的人所认识并得到重视。

2.7.2 生产制造过程的质量监控

跟单员应会同生产企业质量管理部门对企业生产制造过程质量进行监控，以使其能生产合格的产品。

1) 生产制造过程质量控制要求

在产品生产技术准备过程中，要对产品、零部件进行工艺分析，绘制工艺流程图。

2) 工艺准备的质量控制

工艺准备是根据产品设计要求和生产规模，把材料、设备组织起来，明确规定生产制造的方法和程序。工艺准备是生产技术准备工作的核心内容，是直接影响产品生产质量的主要体系要素。工艺准备的质量控制主要有以下几部分：

(1) 制订生产过程的质量控制计划。

第一，审查、研究产品生产的工艺性，确保生产过程的顺利进行。

第二，确定工艺方法、工艺路线、工艺流程和计算机软件。

第三，选择与质量特性要求相适应的设备，配备必要的仪器、仪表。

第四，对采用的新材料、新工艺、新设备进行试验、验证。

第五，设计、生产、验证专用工装、储运工具和辅助设备。

第六，培训操作人员，对特殊工序的操作与检验人员进行培训。

第七，制定合理的材料消耗定额与工时定额。

第八，研究改进生产质量和工序能力的措施和方法。

(2) 工序能力的验证。工序是产品形成的基本环节，工序质量是保障产品质量的基础，对产品质量、生产成本、生产效率有着重要影响。企业要寻求质量、成本、效率的改善，提高工序质量是关键。

(3) 采购的质量控制。根据 ISO 9004-1 标准，关于采购的质量控制内容至少应包括下列要素：提出适合的规范、图样、采购文件和其他技术资料；选择合格的供应商；质量保证协议；验证方法协议；解决争端的规定；进货检验程序；进货控制及记录。

（4）辅助材料、公用设施和环境条件的控制。对于对质量特性起重要作用的辅助设施应加以控制并定期进行验证，以确保其对生产过程影响的同一性。

（5）工艺文件的质量控制。工艺文件的质量控制是产品生产过程中用以指导工人操作的技术文件，是企业安排生产计划，实施生产调度、材料供应、设备管理、质量检查、工序控制等的重要依据。对于制定的工艺文件必须贯彻执行，并保持相对的稳定性。

3）出口产品质量检验活动的实施

企业实际的检验活动可分为三种类型，即进货检验、工序检验、完工检验。

（1）进货检验。它是对外购品的质量验证，是对采购的原材料、辅料、外购件、外协件及配套件等入库前的接收检验。

进货检验的精细度主要取决于企业对供应商质量保证体系的信任程度。企业可制订对供应商的质量监督制度，如对供应商的定期质量审核，以及在生产过程的关键阶段派人员对供应商的质量保证活动进行现场监察等。企业应对供应商进行尽可能多的质量验证以减少不合格产品的产出，这是企业保证进货物料质量的积极措施。进货检验有首件（批）样品检验和成批进货检验两种。

第一，首件（批）样品检验。首件（批）样品检验是企业对供应商提供的样品的鉴定性检验认可。供应商提供的样品必须有代表性，以便作为以后进货的比较基准。首件（批）样品检验通常用于以下三种情况：供应商首次交货；供应商产品设计或结构有重大变化；供应商产品生产工艺有重大变化。

第二，成批进货检验。针对货品的不同情况，有两种检验方法：其一，分类检验法。对外购物料按其质量特性的重要性和可能发生缺陷的严重性，分成A类、B类、C类三类。A类是关键的，必须进行严格的全项检查；B类是重要的，应对必要的质量特性进行全检或抽检；C类是一般的，可以凭供货质量证明文件验收，或作少量项目的抽检。其二，接受抽样检验。对正常的大批量进货，可根据双方商定的检验水平及抽样方案，实行抽样检验。为了保证检验工作的质量，防止漏检或错检，应制定“入库检验指导书”或“入库检验细则”。进货物料经检验合格后，检验人员应做好检验记录，及时通知仓库收货。对于检验不合格的应按照不合格品管理制度办理退货或作其他处置。

（2）工序检验。工序检验有时称为过程检验或阶段检验，其目的是防止在加工过程中出现大批不合格品，避免不合格品流入下道工序。工序检验通常有三种形式：

其一，首件检验。所谓首件是指每个生产班次刚开始加工的第一个工件，或加工过程中因换人以及换工装、调整设备等改变工序条件后加工的第一个工件。对于大批量生产，“首件”往往是指一定数量的样品。

其二，巡回检验。巡回检验要求检验人员在生产现场对生产工序巡回检验。

其三，末件检验。末件检验是指对于主要靠模具、工装保证质量的零件加工，批量加工完成后，对最后加工的一件或几件进行检查验证的活动。末件检验的主要目的是为下批生产做好生产技术准备，保证下批生产时能有较好的生产技术状态。末件检验应由检验人员和操作人员共同进行。检验合格后双方应在“末件检验卡”上签字。

（3）完工检验。它又称最终检验，是全面考核半成品或成品质量是否满足设计规范标准的重要手段。供应商保证质量活动的内容如下：

第一，完工检验必须严格按照程序和规程进行，严格禁止不合格零件投入装配。

第二，完工检验可能需要模拟产品的使用条件和运行方式。

第三，完工检验可以是全数检验，也可以是抽样检验，应该视产品特点及工序检验情况而定。

（4）推进和落实操作者自检、工人之间互检和专职检验人员专检制度。自检、互检、专职检验这种三结合的检验制度有利于调动广大职工参与企业质量检验工作的积极性和责任感，是任何单纯依靠专业质量检验的检验制度所无法比拟的。

4）质量检验标识与可追溯性

质量检验标识和可追溯性的目的主要有三个方面：

（1）便于标识产品，防止混料、误发和误用。适当的产品质量检验标识可以防止在加工过程中出现混淆；可以保证只有合格的原材料和零件才会进入生产，避免不合格品在生产现场出现；可以使仓储的原材料等按先进先出的原则投入生产。

（2）便于通过质量检验标识及其相关记录实现产品质量追溯。质量追溯包括自企业外部追溯到企业内部，把用户在产品使用中出现的问题及时反馈给生产者，辨明责任、分析原因、采取纠正措施，为质量改进提供依据；还包括自企业内部发现质量问题时能够追溯到用户，将有问题的产品及时追回或采取补救措施，维护用户利益和企业声誉，避免更大的损失。

（3）产品质量检验标识的方法和要求：

第一，产品质量检验标识的内容一般有产品的型号、件号、名称、规格和厂名、商标等。对于大批量生产的产品，可用批次号、生产日期等。

第二，产品质量检验标识的形式一般有粘贴标签、挂标牌、打钢印、记号笔手写、喷墨射印、电笔刻蚀和条形码等，也可采用随行文件（如流转单）的方式。

第三，产品质量检验标识的标记部位一般在产品上、包装上、料架上、专用手推车上、工位器具上和座位上等。

第四，产品质量检验标识必须正确、清晰、牢固。当产品质量检验标识在加工过程中被破坏时，应做好标识移植。

5）不合格品管理

不合格品的管理是质量控制中的重要问题，应控制不合格品的标识、记录、评价、隔离和处置，并通知有关职能部门。

（1）不合格品的确定。IS0 8402 对不合格品的定义为："没有满足某个规定的要求的产品"。在质量控制工作中，对可疑的不合格品或生产批次，必须认真加以鉴别。对确实不符合要求的产品必须确定为不合格品。

对质量的鉴别有两种标准：一种是符合性标准，即产品是否符合规定的技术标准。另一种是适用性标准，即产品是否符合用户要求。为了真正发挥质量检验的把关和预防职能，任何情况下都应坚持质量检验的"三不放过"原则，即"不查清不合格原因的不放过，不查清责任者的不放过，不落实改进措施的不放过"。

（2）不合格品的管理。不合格品的管理不但包括对不合格品本身的管理，还包括对出现不合格品的生产过程的管理。

第一，当生产过程的某个阶段出现不合格品时，决不允许对其作进一步的加工。

第二，对于不合格品本身，应根据不合格品管理程序及时进行标识、记录、评价、隔离和处置。

第三，对已作了标识和记录的不合格品，供方应在等候评审和最终处置期间将其放置在特定的隔离区，并实行严格控制，以防在此之前被动用。

(3) 不合格品的处置。对不合格品可以作出如下处置：返工；返修；原样使用；降级；报废。

2.7.3 质量检验操作

出口产品的质量检验需依据订单的质量要求，保证产品出口符合要求。

1) 常用的出口产品质量检验方法

(1) 全数检验与抽样检验。全数检验是对一批产品中的每一件产品逐一进行检验，挑出不合格品后，其余全都是合格品。这种质量检验方法适用于生产批量很少的大型机电设备产品，但大多数生产批量较大的产品，如电子元器件产品就很不适用。产品产量大，检验项目多或检验较复杂时，进行全数检验势必要花费大量的人力和物力，同时，仍难免出现错检和漏检现象。而当质量检验具有破坏性时，例如电视机的寿命试验、材料产品的强度试验等，全数检验更是不可取。

抽样检验是从一批交验的产品（总体）中，随机抽取适量的产品样本进行质量检验，然后把检验结果与判定标准进行比较，从而确定该产品是否合格或需再进行抽检的一种质量检验方法。我国过去一直沿用百分比抽样检验方法。这种检验方法认为样本与总体一直是成比例的，因此，把抽查样本数与检查批总体数保持一个固定的比值，如5%、0.5%等。可是，实际上却存在着大批严、小批宽的不合理性，也就是说，即使质量相同的产品，因检查批数量多少不同却受到不同的处理，而且随着检查批总体数量的增多，即使按一定的百分比抽样，样本数也是相当大的，不能体现抽样检验在经济性方面的优点。因此，这种抽样检验方法已被逐步淘汰。

(2) 计数检验与计量检验。计数检验的计数值质量数据不能连续取值，如不合格数、疵点数、缺陷数等。计量检验的计量值质量数据可以连续取值，如长度、容积、重量、浓度、温度、强度等。

(3) 理化检验与感官检验。理化检验是应用物理或化学的方法，依靠量具、仪器及设备装置等对受检物进行检验。理化检验通常测得检验项目的具体数值，精度高，人为误差小。理化检验是各种检验方式的主体，特别受到人们的关注。

感官检验就是依靠人的感觉器官对质量特性或特征作出评价和判断。如对产品的形状、颜色、气味、伤痕、污损、锈蚀和老化程度等，往往要靠人的感觉器官来进行检查和评价。

感官检验的结果往往依赖于检验人员的经验，并有较大的波动性。尽管如此，由于目前理化检验技术发展的局限性以及质量检验问题的多样性，感官检验在某些场合仍然是质量检验方式的一种选择或补充。

(4) 破坏性检验与非破坏性检验。破坏性检验后，受检物品不再具有原来的使用功能，如寿命试验、强度试验以及爆炸试验等。破坏性检验只能采用抽样检验方式。非破坏性检验是不会影响受检物品原来的使用功能的检验。

（5）固定检验与流动检验。固定检验就是集中检验，是指在生产企业内设立固定的检验站，各工作现场的产品完成后送到检验站集中检验。流动检验就是由检验人员直接去工作现场检验。

（6）验收检验与监控检验。验收检验广泛存在于生产全过程，如原材料、外购件、外协件及配套件的进货检验，半成品的入库检验，产成品的出厂检验等。验收检验的目的是判断受检对象是否合格，从而作出接收或拒收的决定。

监控检验也叫过程检验，目的是检定生产过程是否处于受控状态，以预防由于系统性质量因素的出现而导致的不合格品的大量出现。如生产过程质量控制中的各种抽样检验就是监控检验。

2）抽样检验方法

人们经过对百分比抽样检验方法的研究，获知百分比抽样检验方法不合理的根本原因是没有按数理统计科学方法去设计抽样方案。因此，逐步研究和设计了一系列建立在概率论和数理统计科学基础上的各种统计抽样检验或统计抽样检查方案，并制订成标准抽样检查方案。1949 年，美国科学家道奇和罗米格首先发表了“一次抽样与二次抽样检查表”；1950 年美国军用标准 MIL-STD-105D 是世界上有代表性的计数抽样检查方法标准；日本先后制定了 JIS Z9002、JIS Z9015 等一系列抽样检查方法标准；英国、加拿大等国也相继制定了抽检方法标准；ISO 和 IEC 又分别制订了抽样检查方法国际标准，如 ISO 2859、IEC 410 等。实践证明，上述抽样检查方法标准应用于产品质量检验时，虽然也存在着误判的可能，即通常所说的存在着生产方风险和使用方风险，但可以通过选用合适的抽样检查方案，把这种误判的风险控制在人们要求的范围之内，符合社会生产使用的客观实际需要，因此，很快地在世界各国得到广泛推行，取代了原先的不合理的百分比抽样检验方法。

相关链接 2—3

我国至今已制定的抽样方法标准

GB 10111　用随机数骰子进行随机抽样的方法；
GB 13393　抽样检查导则；
GB 6378　不合格品率的计量抽样检查程序及抽样表（对应于 ISO3951）；
GB 8051　计数型序贯抽样检验方案（适用于检验费用昂贵的生产上连续批产品抽样检查）；
GB 8052　单水平和多水平计数连续抽样程序及抽样表（适用于输送带上移动产品的检查）；
GB 8053　不合格品率的计量标准型一次抽样检查程序及抽样表；
GB 8054　平均值的计量标准型一次抽样检查程序及抽样表；
GB 13262　不合格品率的计数标准型一次抽样检查程序及抽样表；
GB 13263　跳批计数抽样检查程序及抽样表；
GB 13264　不合格品率的小批计数抽样检查程序及抽样表；
GB 13546　挑选型计数抽样检查程序及抽样表；
GB 14162　产品质量监督计数抽样程序及抽样表；
GB 14437　产品质量计数一次监督抽样检验程序；

GB 14900　产品质量平均值的计量一次监督抽样检验程序及抽样表等标准。

这些抽样方法标准分别对企业的抽样检验与国家行业与地方的质量监督抽样检验方法作出明确的规定。

（1）抽样检验方法的分类。

第一，按产品质量指标特性分类，分为计量检验法、计数检验法和二者的混用。

计量检验法是指是从批量产品中抽取一定数量的样品数（样本），检验该样本中每个样品的质量，然后与规定的标准值或技术要求进行比较，以决定该批产品是否合格的方法。检验内容包括材料的纯度、加工件的尺寸、产品的寿命等定量数据指标。

计数检验法是从批量产品中抽取一定数量的样品（样本），检验该样本中每个样品的质量，确定其合格或不合格，然后统计合格品数，与规定的“合格判定数”比较，决定该批产品是否合格的方法。又可分为计件指标和计点指标两种，前者以不合格品的件数来衡量，后者则指产品中的缺陷数，如一平方米布料上的外观疵点个数，个铸件上的气泡和砂眼个数等。

计数抽样检查法和计量抽样检查法混合运用。如选择产品某一个质量参数或较少的质量参数进行计量抽检，其余多数质量参数则实施计数抽检方法，以减少计算工作量，又能获取所需质量信息。

第二，按抽样检验的次数分类，分为一次抽检、二次抽检、多次抽检和序贯抽检方法。

一次抽检方法。该方法最简单，它只需抽检一个样本就可以作出一批产品是否合格的判断。

二次抽检方法。先抽第一个样本进行检验，若能据此作出该批产品合格与否的判断，检验则终止。如不能作出判断，就再抽取第二个样本，然后再次检验后作出是否合格的判断。

多次抽检方法。其原理与二次抽检方法一样，每次抽样的样本大小相同，即 $n_1 = n_2 = n_3 \cdots$，但抽检次数多，合格判定数和不合格判定数亦多。计数抽样检验标准只适用于计数抽样检验的场合，主要用于连续批的逐批检验，也可用于孤立批的检验，其规定的抽样方案适用于下述检验范围：最终产品、零部件和原材料、操作、在制品、库存品、维修操作、数据或记录、管理程序。

序贯抽检方法。相当于多次抽检方法的极限，每次仅随机抽取一个单位产品进行检验，检验后即按判定规则作出合格、不合格或再抽下个单位产品的判断，一旦能作出该批合格或不合格的判定时，就终止检验。

第三，按抽检方法形式分类，分为调整型与非调整型两大类。

调整型是由几个不同的抽检方案与转移规则联系在一起，组成一个完整的抽检体系，然后根据各批产品质量变化情况，按转移规则更换抽检方案即正常、加严或放宽抽检方案的转换，ISO 2859、ISO 3951 和 GB 2828 标准都属于这种类型，调整型抽检方法适用于各批质量有联系的连续批产品的质量检验。

非调整型的单个抽样检查方案不考虑产品批的质量历史，使用中也没有转移规则，因此它比较容易为质检人员所掌握，但只对孤立批的质量检验较为适宜。

（2）抽样检验方法的特点：

第一，产品必须以“检查批次”（简称“批”）形式出现，分为连续批和孤立批，连续批是指批与批之间产品质量关系密切或连续生产并连续提交验收的批。例如，产品设计、结构、工艺、材料无变化；制造场所无变化；中间停产时间不超过一个月。单个提交检查批或待检批不能利用最近已检批提供的质量信息的连续提交检查批，称为孤立批。

第二，批合格不等于批中每个产品都合格，批不合格也不等于批中每个产品都不合格。抽样检查只是保证产品整体的质量，而不是保证每个产品的质量。也就是说在抽样检查中，可能出现两种“错误”或“风险”。把合格批误判为不合格批的错误称为“生产方风险”，常记作 α，一般 α 值控制在 1%、5% 或 10%。把不合格批误判为合格批的错误称为“使用方风险”，常记作 β，一般 β 控制在 5%、10%。

第三，样本的不合格品率不等于提交批的不合格率。样本是从提交检查批中随机抽取的。所谓随机抽取是指每次抽取时，批中所有单位产品被抽取可能性都均等，不受任何人的意志支配。样本抽取时间可以在批的形成过程中，也可以在批形成之后，随机抽样数可以按随机数表查取，也可以按 GB 10111 等标准确定。

（3）抽样检验中的基本术语。

①批。相同条件下制造出来的一定数量的产品，称为“批”。在 5M1E（即人、机、料、法、测、环）基本相同的生产过程中连续生产的一系列批称为连续批；不能定为连续批的批称为孤立批。

②单位产品。为实施抽样检查而划分的基本单位称为单位产品。

③批量和样本大小。批量是指批中包含的单位产品个数，以 N 表示。样本大小是指随机抽取的样本中单位产品个数，以 n 表示。

④样本和样本单位。从检查批中抽取用于检查的单位产品称为样本单位。而样本单位的全体则称为样本。样本大小则是指样本中所包含的样本单位数量。

⑤合格质量水平（AQL）和不合格质量水平（RQL）。在抽样检查中，认为可以接受的连续提交检查批的过程平均上限值，称为合格质量水平，它用每百单位产品不合格品数表示，一般用 AQL 符号表示；在抽样检查中，认为不可接受的批质量下限值，称为不合格质量水平，用 RQL 符号表示。

⑥检查和检查水平（IL）。用测量、试验或其他方法，把单位产品与技术要求对比的过程称为检查。检查有正常检查、加严检查和放宽检查等。

⑦两类风险 α 和 β。因抽样检验随机性，将本来合格的批，误判为拒收的概率，这对生产方是不利的，因此称为第 Ⅰ 类风险或生产方风险，以 α 表示；而本来不合格的批，也有可能误判为可接受，将对使用方产生不利，该概率称为第 Ⅱ 类风险或使用方风险，以 β 表示。

⑧抽样检查方案。抽样方案是指样本大小或样本大小系列和判定数组结合在一起。判定数组是指由合格判定数系列和不合格判定数或合格判定数系列和不合格判定数系列结合在一起。

3）出口产品计数抽样方法

（1）计数一次抽样检查方法。这是一种最基本和最简单的抽样检查方法，它对总体 N 中抽取 n 个样品进行检验，根据 n 中的不合格品数 d 和预先规定的允许不合格品数 C（也可记作 Ac）对比，从而判断该批产品是否合格。其基本内容如图 2—7 所示。

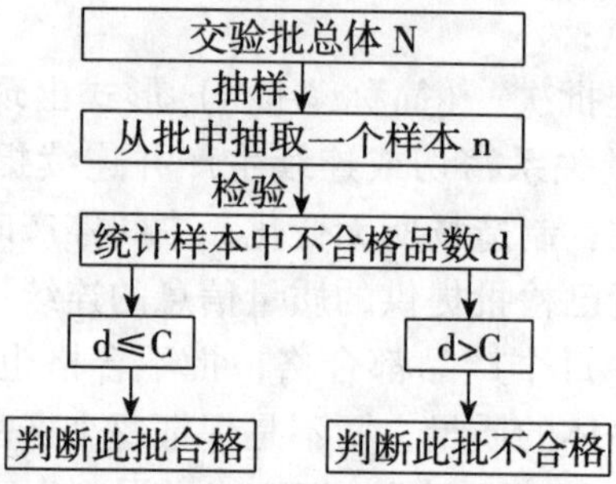

图 2—7　一次抽样方案程序图

（2）计数二次抽样检查方法。这种抽检方法是在一次抽检方法的基础上发展起来的。它是对交验批抽取两个样本 n_1 和 n_2（GB 2828 中规定 $n_1=n_2$），对应也有两个合格判定数 C_1 和 C_2，不合格判定数为 γ_1 和 γ_2，两次样本中的不合格数分别为 d_1 和 d_2，其抽检和判断过程如下：

第一步：先抽取第一个样本 n_1，检验后如不合格品数是 $d_1 \leqslant C_1$，判为合格；如 $d_1 \geqslant \gamma_1$，判为不合格，当 $C_1 \leqslant d_1 \leqslant \gamma_1$，则需由第二个样本来判定。

第二步：n_2 中的不合格品数 d_2，由 d_2 和 d_1 加在一起与 C_2 的 γ_2 进行比较，如 $d_1+d_2 \leqslant C_2$，判为合格；当 $d_1+d_2 \geqslant \gamma_2$ 判为不合格，如图 2—8 所示。

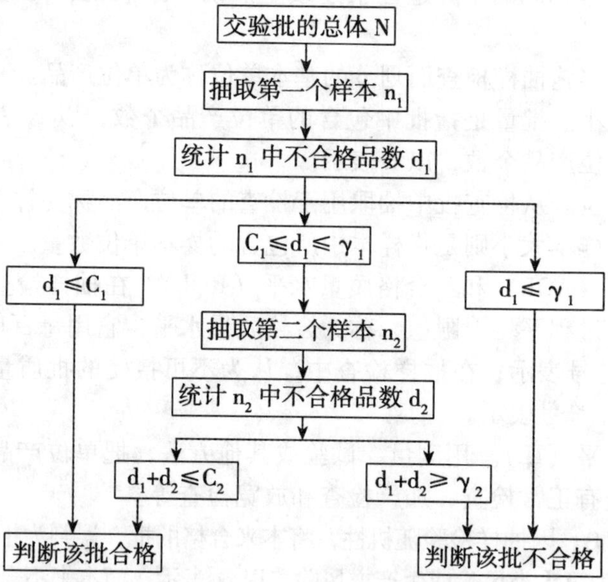

图 2—8　二次抽样方案程序图

（3）计数多次抽样检查。计数多次抽样检查的程序与计数二次抽检相似，但抽检次数多，合格判定数和不合格判定数亦多，因每次抽取样本大小相同，因此抽检次数多的样本小。我国 GB 2828 和 GB 2829 规定是 5 次抽检方案，而 MIL-STD-105D 和 ISO 2859 标准原规定的是 7 次，但在 1987 年 9 月通过了中国提案后，也改为 5 次。

（4）计数抽样检查的程序。产品批不同，抽检方案不同，适用范围不同，其抽检程序也是不同的。根据我国标准 GB 2828 、GB 2829 和 GB 13264 的规定，它们各自的计数抽检程序见表 2—6。

表 2—6　**不同批、不同抽检方案的计数抽检程序**

抽检程序	逐批检查计数抽检方案		周期检查计数抽检方案（适用于生产过程稳定性检查）
	适用于连接批	适用于孤立批	
	GB 2828	GB 13264	GB 2829
1	规定单位产品的技术要求	规定双方风险质量	规定检查的周期
2	规定不合格的分类	规定抽样方案类型	选择试验项目并组成试验组
3	规定合格质量水平	选择抽样方案	规定试验方法和技术要求
4	规定检查水平	抽取样本	规定不合格的分类
5	组成与提出检查批	检查样本	规定不合格质量水平
6	规定检查的严格度	判断批质量	规定判别水平
7	选择抽样方案类型	作出处理	选择抽样方案类型
8	检索抽样方案		检索抽样方案
9	抽取样本		抽取样本
10	检查样本		检查样本
11	判断逐批检查合格或不合格		判断周期检查合格或不合格
12	逐批检查后的处置		周期检查后的处置

（5）GB 2828“逐批检查计数抽样程序及抽样表”及其应用。GB 2828 属于调整型计数抽样方法和标准，它可以在连续批产品质量检验中，随着产品质量水平的状况，随时调整抽检方案的严格程度，如图 2—9 所示。

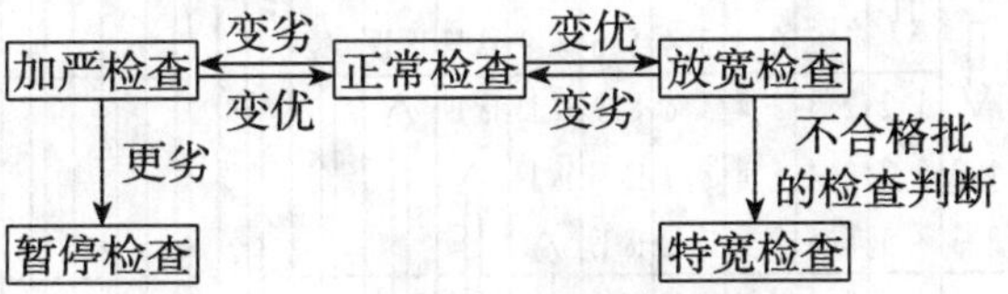

图 2—9　调整计数抽样示意图

应用 GB 2828 确定适当的抽样方案，必须事先确定好五个要素，即批量（N）、合格质量水平（AQL）、检查水平（IL）、检查次数和严格度。

①批量（N）。GB 2828 根据实践经验和经济因素，规定批量分为 15 档。如 1 ~ 8 为第 1 档，9 ~ 15 为第 2 档，16 ~ 25 为第 3 档……一直到≥500 001 为第 15 档，见表 2—7。

表 2—7　**GB 2828 标准（即“逐批检查计数抽样程序及抽样表”）**

批　量	特殊检验水平				一般检验水平		
	S-1	S-2	S-3	S-4	Ⅰ	Ⅱ	Ⅲ
1 ~ 8	A	A	A	A	A	A	B
9 ~ 15	A	A	A	A	A	B	C
16 ~ 25	A	A	B	B	B	C	D
26 ~ 50	A	B	B	C	C	D	E
51 ~ 90	B	B	C	C	C	E	F
91 ~ 150	B	B	C	D	D	F	G
151 ~ 280	B	C	D	E	E	G	H
281 ~ 500	B	C	D	E	F	H	J
501 ~ 1 200	C	C	E	F	G	J	K
1 201 ~ 3 200	C	D	E	G	H	K	L
3 201 ~ 10 000	C	D	F	G	J	L	M
10 001 ~ 35 000	C	D	F	H	K	M	N
35 001 ~ 150 000	D	E	G	J	L	N	P
150 001 ~ 500 000	D	E	G	J	M	P	Q
500 001 及其以上	D	E	H	K	N	Q	R

②合格质量水平（AQL）。GB 2828 中把 AQL 从0.010 至1 000 按 R_5 优先数系分为26级，其公比大约为1.5，见表2—8。

表2—8 **加严检验一次抽样方案**

样本量字码	样本量	0.010	0.015	0.025	0.040	0.065	0.10	0.15	0.25	0.40	0.65	1.0	1.5	2.5	4.0	6.5	10	15	25	40	65	100	150	250	400	650	1000
		Ac Re	Ac Re	Ac Re	Ac Re	Ac Re	Ac Re	Ac Re	Ac Re	Ac Re	Ac Re	Ac Re	Ac Re	Ac Re	Ac Re	Ac Re	Ac Re	Ac Re	Ac Re	Ac Re	Ac Re	Ac Re	Ac Re	Ac Re	Ac Re	Ac Re	Ac Re
A	2	↓	↓	↓	↓	↓	↓	↓	↓	↓	↓	↓	↓	↓	↓	↓	0 1	↓	↓	1 2	2 3	3 4	5 6	8 9	12 13	18 19	27 28
B	3	↓	↓	↓	↓	↓	↓	↓	↓	↓	↓	↓	↓	↓	↓	0 1	↓	↓	1 2	2 3	3 4	5 6	8 9	12 13	18 19	27 28	41 42
C	5	↓	↓	↓	↓	↓	↓	↓	↓	↓	↓	↓	↓	↓	0 1	↓	↓	1 2	2 3	3 4	5 6	8 9	12 13	18 19	27 28	41 42	↑
D	8	↓	↓	↓	↓	↓	↓	↓	↓	↓	↓	↓	↓	0 1	↓	↓	1 2	2 3	3 4	5 6	8 9	12 13	18 19	27 28	41 42	↑	↑
E	13	↓	↓	↓	↓	↓	↓	↓	↓	↓	↓	↓	0 1	↓	↓	1 2	2 3	3 4	5 6	8 9	12 13	18 19	27 28	41 42	↑	↑	↑
F	20	↓	↓	↓	↓	↓	↓	↓	↓	↓	↓	0 1	↓	↓	1 2	2 3	3 4	5 6	8 9	12 13	18 19	↑	↑	↑	↑	↑	↑
G	32	↓	↓	↓	↓	↓	↓	↓	↓	↓	0 1	↓	↓	1 2	2 3	3 4	5 6	8 9	12 13	18 19	↑	↑	↑	↑	↑	↑	↑
H	50	↓	↓	↓	↓	↓	↓	↓	↓	0 1	↓	↓	1 2	2 3	3 4	5 6	8 9	12 13	18 19	↑	↑	↑	↑	↑	↑	↑	↑
J	80	↓	↓	↓	↓	↓	↓	↓	0 1	↓	↓	1 2	2 3	3 4	5 6	8 9	12 13	18 19	↑	↑	↑	↑	↑	↑	↑	↑	↑
K	122	↓	↓	↓	↓	↓	↓	0 1	↓	↓	1 2	2 3	3 4	5 6	8 9	12 13	18 19	↑	↑	↑	↑	↑	↑	↑	↑	↑	↑
L	200	↓	↓	↓	↓	↓	0 1	↓	↓	1 2	2 3	3 4	5 6	8 9	12 13	18 19	↑	↑	↑	↑	↑	↑	↑	↑	↑	↑	↑
M	315	↓	↓	↓	↓	0 1	↓	↓	1 2	2 3	3 4	5 6	8 9	12 13	18 19	↑	↑	↑	↑	↑	↑	↑	↑	↑	↑	↑	↑
N	500	↓	↓	↓	0 1	↓	↓	1 2	2 3	3 4	5 6	8 9	12 13	18 19	↑	↑	↑	↑	↑	↑	↑	↑	↑	↑	↑	↑	↑
P	800	↓	↓	0 1	↓	↓	1 2	2 3	3 4	5 6	8 9	12 13	18 19	↑	↑	↑	↑	↑	↑	↑	↑	↑	↑	↑	↑	↑	↑
Q	1 250	↓	0 1	↓	↓	1 2	2 3	3 4	5 6	8 9	12 13	18 19	↑	↑	↑	↑	↑	↑	↑	↑	↑	↑	↑	↑	↑	↑	↑
R	2 000	0 1	↑	↓	1 2	2 3	3 4	5 6	8 9	12 13	18 19	↑	↑	↑	↑	↑	↑	↑	↑	↑	↑	↑	↑	↑	↑	↑	↑
S	3 150			1 2																							

注：⇩ —— 使用箭头下面的第一个抽样方案。如果样本量等于或超过批量，则执行 100% 全检。

⇧ —— 使用箭头上面的第一个抽样方案。

Ac —— 接收数。

Re —— 拒收数。

AQL 的确定，原则上应由产需双方商定，也可以在相应的标准或技术条件中规定，具体地说可以有定性确定与定量确定。

从定性确定上说：

第一，单位产品失效后会给整机带来严重危害的，AQL 值选用较小数，反之，可选用较大的；

第二，A 类不合格原则上不用抽样检查，B 类不合格的 AQL 值小，C 类不合格的 AQL 值大；

第三，产品检查项目少时选用较小的 AQL，检查项目多宜选用较大的 AQL；

第四，产品价格较高时用较小的 AQL，反之，可用较大的 AQL；

第五，电气性能产品宜用小的 AQL，机械性能居中，外观质量的产品可用较大的 AQL；

第六，同一产品中，B 类不合格用较小的 AQL，C 类不合格用较大的 AQL，重要检验项目的 AQL 较小，次要项目的 AQL 较大等。

定量确定 AQL 值的方法有以下几种：

第一种是计算法。它根据损益平衡点 $P=P_b$ 时，盈亏平衡公式：

$$A=R=\frac{I}{P_b}+c \quad (2—1)$$

式中：A——接收不合格品单位产品的损失；R——拒收单位产品的费用；P_b——不合格品率；I——检查一个单位产品的费用；c——将一件不合格品代之以一件合格品的费用。

还可得出：

$$P_b=\frac{I}{A-c} \quad (2—2)$$

再根据计算出来的 P_b 求出相应的质量平衡点 KP_b，找出对应的 AQL，即：

$$KP_b=\frac{P_b}{AQL} \quad (2—3)$$

第二种是统计平均法。它通过统计过程平均不合格品率 P，了解本单位的生产能力。如某单位某年的各月样本不合格品率统计见表 2—9。

表 2—9　**各月样本不合格品统计率**

月份	1	2	3	4	5	6	7	8	9	10	11	12
Pi（%）	0.79	0.83	0.85	0.85	0.92	0.93	0.81	0.82	0.78	0.90	0.97	0.94

表 2—9 中 11 月的 P 值最大为 0.97，则可取 AQL＝1.0，也就是说，当 AQL＝1 时，绝大多数产品可以高概率地通过。

第三种是因素图解法。先将合格质量水平 AQL 值的确定因素分解成四个指标，每个指标又分成三种程度不同的情况加以区分。

其一，如何发现可能忽略的缺陷：

A. 简单、容易地发现；

B. 经过一般检查才能发现；

C. 经拆卸等较复杂的手段才能发现。

其二，排除这些缺陷所需的成本或消耗：

A. 不花或极少花费成本与时间消耗；

B. 中等的成本和时间消耗；

C. 长时间、高成本、损失较大。

其三，缺陷一旦产生给本企业带来的后果：

A. 可以容忍；

B. 需返修，某些情况下需拆卸产品本身；

C. 要换件（即需报损某些零部件），影响交货期。

其四，有缺陷的产品一旦销售出去以后带来的后果：

A. 用户不满；

B. 用户要求索赔；

C. 制造厂信誉损失。

当确定了上述四种指标中的某一情况以后，在图 2—10 中，按小图所示次序依次查找，即可查得合格质量水平 AQL 值。

还有一种经验确定数据方法，如按产品的使用要求，可参照表 2—10 确定 AQL 值。

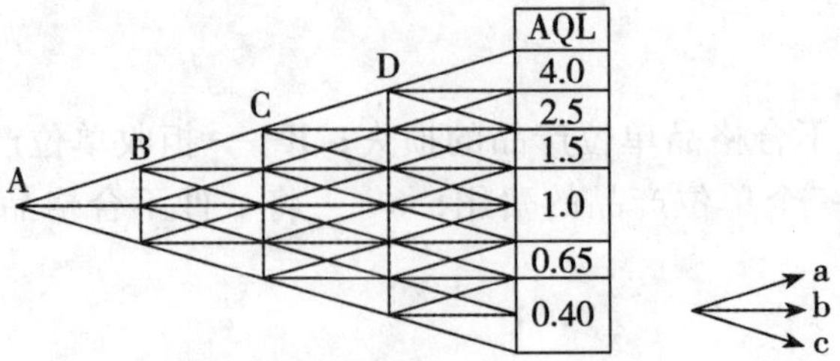

图 2—10 合格质量水平 AQL 值

表 2—10 **按产品的使用要求以经验确定的 AQL 值**

使用要求	特高	高	中等	低
AQL	≤0.1	0.15 ~ 0.65	1.0 ~ 2.5	≥4.0
实例	导弹、卫星、飞船等	飞机、舰艇、主要工业品	一般车、船、重要工业品	生活用品

如按产品性能，可参照表 2—11 确定 AQL 值。

表 2—11 **按产品性能以经验确定的 AQL 值**

性能	电气	机械	外观
AQL	0.4 ~ 0.65	1.0 ~ 1.5	2.5 ~ 4.0

如按检验项目多少，可参照表 2—12 确定 AQL 值。

表 2—12 **暗检验项目多少以经验确定的 AQL 值**

检验项目数		1 ~ 2	3 ~ 4	5 ~ 7	8 ~ 11	12 ~ 19	20 ~ 48	>48
AQL	重	0.25	0.40	0.60	1.0	1.5	2.5	4.0
	轻	0.05，0.10	1.5	2.5	4.0	≥6.5		

③检查水平（IL）。所谓检查水平，就是按抽样方案的判断能力而拟定的不同样本大小。显然样本大小 n 大些，其判断能力就大些。因此如检验费用较低，就可把 n 选大些。

GB 2828 对检查水平分为两类：一类是一般检查水平，用于没有特别要求的场合，它又分为Ⅰ、Ⅱ、Ⅲ三级，一般如无特殊说明，则先选取第Ⅱ级检查水平。另一类是特殊检查水平，用于希望样本大小 n 较少的场合。GB 2828 规定有 S—1、S—2、S—3 和 S—4 共四级，一般用于检查费用极高场合。如破坏性检查，寿命试验，产品的单价又较昂贵。其中 S—1、S—2 又适用于加工条件较好，交验批内质量较均匀的状况，而 S—3、S—4 则适用于交验批内质量均匀性稍差的场合。

选择检查水平一般遵循下列一些原则：

第一，当没有特殊规定时，首先选用一般检查水平Ⅱ；

第二，为了保证 AQL，使劣于 AQL 的产品批尽可能少地漏过去，宜用高的检查水平，以保护买方利益；

第三，检验费用较低时，宜用高水平，使抽检样本多些，误判就少些；

第四，产品质量不够稳定，有较大波动时，宜用高的检查水平；

第五，检查具有破坏性或严重降低产品性能时，可采用低检查水平；

第六，产品质量较稳定时可用低水平。

总之，检查水平的选定涉及技术、经济等各方面因素，必须综合研究，才能合理选定。

④选定抽检样本次数。GB2828 规定抽取样本的次数为三种，即 1 次、2 次和 5 次。1 次抽检方案最简单，也很易掌握，但它的样本 n 较大，所以其总的抽检量大一些。2 次和 5 次抽捡方案较复杂，需要有较高的管理水平才能很好实施，每次抽取的样本大小 n 较小，但每次抽取样本大小都相同，并且在产品质量很好或很差时，不用抽满规定次数即可判定合格与否，所以，总的抽捡量反而会小些。

当检查水平相同时，1 次，2 次与 5 次抽检方案的判断结果基本相同。三种抽检方案的抽取样本大小是不同的，所以它们之间一般存在着下列关系：

$n_1 : n_2 : n_5 = 1 : 0.63 : 0.25$

即：$2n_2 = 1.26n_1$

$5n_3 = 1.25n_1$

⑤抽检方案的严格度。它是指采用抽检方案的宽严程度。GB 2828 规定了三种宽严程度，即正常检查、加严检查和放宽检查。正常检查适用于当过程平均质量状况接近 AQL 时；加严检查适用于当过程平均质量状况明显地劣于 AQL 时；放宽检查是适用于在过程平均质量状况明显地优于 AQL 时。此外还有一种特宽检查，只用于当采用放宽检查发现不合格批时，重新进行判断所采用的一种抽样方案。它仅适用于放宽检查时发现的不合格批本身，而不能用于其他批的检查。

如无特殊规定，一般均先用正常检查。

●从正常检查转到加严检查。当进行正常检查时，如在 5 批或不足 5 批中出现 2 批经初次检查不合格，则从下一批检查转到加严检查。

●从加严检查到正常检查。当进行加严检查后，如质量好转，连续 5 批均合格，则从下一批转到正常检查。

●从正常检查到放宽检查。从正常检查转为放宽检查，要全部满足以下四个条件：

A. 连续 10 批经正常检查合格；

B. 在连续 10 批或按表 2—7 所述更多批所抽取的样本中，不合格品（或不合格）总数小于等于表中规定的界限数；

C. 生产正常；

D. 主管质量部门同意转到放宽检查。

●从放宽检查到正常检查。在进行放宽检查时，如出现下列任一情况，则从下批起又转为正常检查。

A. 有一批放宽检查不合格；

B. 生产不正常；

C. 主管质量部门认为有必要回到正常检查。

综上所述，GB 2828 规定的转移规则可用图 2—11 表示。

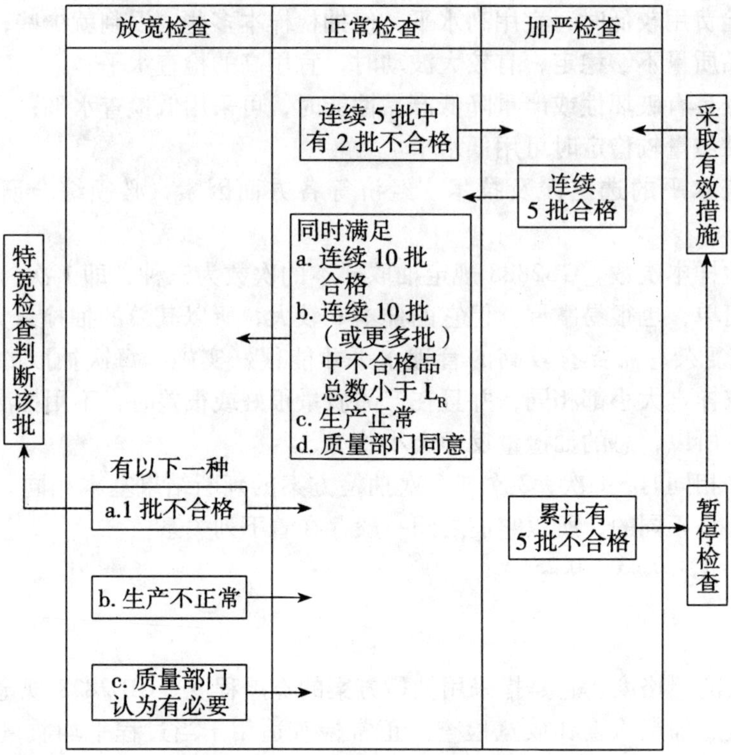

图2—11　GB 2828规定的转移规则

⑥应用实例。

已知提交检查的产品，每批批量N=1 000，采用检查水平Ⅱ和一次正常检查方案，检查主要性能指标a、b、c三个项目，现确定a参数的AQL=1.0，b参数的AQL=0.1，c参数的AQL=0.01，试用GB 2828抽样检查。

解：由N=1 000，检查水平Ⅱ，查样本大小字码表为J。

根据J，查GB 2828中一次正常抽样方案表，查知样本大小n=80。

因a参数AQL=1.0，判定数组为［2，3］。

因b参数的AQL=0.1，判定数组为［0，1］，但因查时为箭头向下（↓）才找到的［0，1］，因此n=125。

因c参数的AQL=0.01，同理判定数组为［0，1］，n=1250。

这样a、b、c三个参数所查n不等，要分别进行判断：

当AQL=0.01，n_c=1250所以n_c>N则说明对c参数要全数检查，判定数组仍用［0，1］，说明只要有一个不合格品则拒收。

若AQL=0.01检查c参数合格后，再从N中随机抽取n_b=125个样品进行b参数检查，判定数组也仍用［0，1］。如AQL=0.1时，检查b参数仍为合格批，再从125个产品中随机抽取n_a=80进行a参数检查，判定数组为［2，3］，如只有2个不合格品就接收，如出现3个不合格品就拒收。

如标准规定a、b、c三个参数检查顺序不能变更，也可先抽n_a=80检查，a参数合格后再补抽$n_2=n_b-n_c$=45，检查b参数也合格，则全数检查c参数。

上述两种检查方法中，只要a、b、c三个参数中有一个参数的检查未通过，都应停止检查，可以判该批产品为不合格。

4）出口产品实物检验

当客户对“确认样”确认后，生产工厂可以开始进入生产阶段，跟单员便进入了“实质”性跟单阶段。步骤如下：

（1）生产前检验。生产前检查是对工厂外购原材料和技术准备的检查。

（2）生产初期检验。在完成工艺单和样板制定工作后，可进行小批量样衣的生产，针对客户和工艺的要求及时修正不符点，并对工艺难点进行攻关，以便大批量流水作业顺利进行。样衣经过客户确认签章后便成为重要的检验依据之一。

（3）生产中期检验。在有部分批量的成衣从流水作业线出来后进行生产中期检验。它主要检查所生产的产品是否符合工艺单的要求，是否与客户确认的样衣一致。另外，还要计算按目前的生产速度是否赶得上货期。

（4）生产尾期检验。生产尾期检验一般安排在生产进度为订单总量的90%以上的成品率，并且有80%以上的成箱率的时候。

小思考2—3

广东某阀门厂为广东某外贸公司生产一批阀门，出口美国。外贸公司指派跟单员于齐对这批阀门进行生产跟单。在生产初期，由于阀杆供应延误而影响了阀门初期的生产进度。在生产中期，又由于流水线设备故障致使生产进度拖延。工厂为了追赶工期，将部分阀门外发给了资质不全的工厂进行加工，从而赶上了外贸公司的交货时间。货物发出一个月后，美国客商收到了阀门。经检测，部分阀门的技术指标未达到合同要求，只有重新维修调试后才能使用。为此美商向外贸公司提出索赔。

根据上述案例，请分析外贸公司跟单员于齐在跟单过程中存在的问题。

精析：跟单员于齐在跟单过程中存在如下3个问题：

（1）没有把关好外发加工企业的资质，外发加工给了资质不全的工厂；

（2）对外发加工企业的质量跟踪不够；

（3）缺少生产尾期检验。

2.8 外包（协）跟单

2.8.1 外包（协）的原因及形式

外包（Outsourcing），英文直译为“（充分利用）外部资源”，指企业整合利用其外部最优秀的专业化资源，从而达到降低成本、提高效率、充分发挥自身核心竞争力和增强企业对环境的迅速应变能力的一种管理模式。

为了节约成本，可以将部分生产任务外包给其他企业。但是产品的质量也是至关重要的。因此需要派出跟单员去跟踪产品的质量和交货期，从而保质保量按时完成产品的生产。

1）外包（协）的原因

（1）产能原因。生产负荷大于实际产能，必须通过外包（协）才能完成生产任务。

（2）成本原因。自制成本大于外包（协）的成本。

（3）品质原因。外包（协）可以获得较佳的品质。

（4）技术原因。依本企业的现有技术水平无法解决生产中遇到的技术问题。

（5）设备原因。本企业缺少生产必需的相关设备。

（6）能源原因。企业在生产期间突遇电力等能源动力的短缺。

（7）知识产权原因。本企业没有生产某一商品的专利许可证。

2）外包（协）的形式

（1）包工包料，也称成品外包（协）。这是将整个成品的生产任务外包（协）至其他生产企业，生产企业不仅负责采购原材料、辅料等生产资料，而且要按发包方的工艺要求组织生产加工，发包企业按事先商定的标准进行验收并支付货款。

（2）包工不包料。这是由外包（协）企业提供原材料、辅料、模具等生产要素，生产企业只负责生产加工，收取加工费（俗称"工缴费"）。

无论是包工包料还是包工不包料，发包企业都需要派出跟单员到生产企业进行跟单，跟踪质量和交货期。

2.8.2 外包（协）注意事项

1）对于下列情况不应该采取外包（协）作业

（1）有可能泄露本企业的生产技术或机密；

（2）外包（协）的交货期不能符合本企业的要求；

（3）外包（协）的品质达不到本企业的要求；

（4）外包（协）的成本大于本企业生产成本；

（5）成品无法进行检验。

2）对于下列情况应该避免进行外包（协）作业

（1）原材料较为贵重，不宜进行外包（协）作业；

（2）原材料或成品在运输过程中，极易破损或变质；

（3）原材料或成品的体积（或重量）过大，会造成大额的运费；

（4）外包（协）数量太少，金额过小，而管理成本过高；

（5）外包（协）的成本与自制成本相差无几。

2.8.3 外包（协）跟单实务

外包是指企业将所需求的物品委托其他企业承制。有成品外包、半成品外包、材料外包、技术外包、某项工艺外包等。

1）外包（协）的一般流程

（1）外包（协）的评估。根据所需商品的生产工艺和本企业的生产现状，进行比较分析，作出是否需要外包（协）的评估报告。

（2）外包（协）申请。根据上述的评估报告，确需外包（协）的生产订单，应该及时提出申请，同时为选择外包（协）加工企业做好前期准备工作。

（3）外包（协）加工企业的选择。选择外包（协）生产企业除了加工生产能力、加工生产设备、员工素质、质量意识和控制手段、信用度外，还要考虑价格、交货期和数量。

（4）交易条件。

（5）外包（协）合同的签订。在确定外包（协）加工企业后，需要依外包（协）的方式不同而与外包（协）加工企业签订不同内容的合同。并对违约责任予以明确。

（6）合同的履行与跟单。签订外包（协）合同是完成生产任务的基础，合同的履行是完成生产任务的保障。在合同的履行期间，委托加工方要派出跟单员跟踪生产任务完成情况。

（7）本次外包（协）的总结。在完成本次外包（协）的跟单任务后，跟单员必须整理资料，交公司归档，同时要对本次外包（协）的进行总结，以便于再有类似订单时，迅速选择外包（协）加工企业。

2）外包管理

（1）领（发）料管理。在包工包料的外包（协）业务中，外发企业必须提供原材料和辅料。

（2）验收管理。对外包（协）加工企业送回的成品在入库前，要进行检查并作记录。一般而言，跟单员在外包（协）加工企业跟单时，应该对其生产过程和生产商品的质量进行全程跟踪，发现问题在外包（协）加工企业必须及时解决，这样在生产商入库时只要清点数量即可。

（3）账务管理。外包（协）加工企业的管理如同本企业的生产管理一样，同样要对原材料、辅料的入库和成品的出库进行定期盘点，以使账、物相符。

（4）外包质量管理。

①明确标准。将技术标准和管理标准转化为明确的质量检验标准。

②度量。要对产品的一个或多个质量特性，通过物理的、化学的和其他科学技术手段和方法进行观察、测量、试验，取得产品质量的客观数据。

③对比。将实际度量结果与质量标准相对比，以检验质量特性是否符合要求。

④判定。根据对比结果，判断单件产品或一批产品是否合格。

⑤处理。对于不同的检验类型采用不同的处理方式：对单件产品经检验合格则放行，不合格的则打上标志后隔离存放；对工序检验不合格的，则决定停产或调整；对原材料检验不合格的，则不能入库。

⑥记录。每次检验都要有记录，并出具“验货报告”，同时要求外包企业的负责人签字确认，以便在下一次的复检中作为凭证。

2.9　国际货物运输跟单

2.9.1　国际货物运输概述

1）国际货物运输的概念

运输就其运送对象来说，分为货物运输和旅客运输，而从货物运输来说，又可按地域划分为国内货物运输和国际货物运输两大类。国际货物运输，就是在国家与国家、国家与地区之间的运输。国际货物运输又可分为国际贸易物资运输和非贸易物资（如展览品、个人行李、办公用品、援外物资等）运输两种。由于国际货物运输中的非贸易物资运输往往只是贸易物资运输部门的附带业务，所以国际货物运输通常被称为国际贸易运输，从一国来说，就是对外贸易运输，简称外贸运输。

2）国际贸易运输的性质

在国际贸易中，商品的价格包含着商品的运价，商品的运价在商品的价格中占有较大的比重，一般来说约占10%，在有的商品中要占到30%～40%。商品的运价也和商品的生产价格一样，随着市场供求关系变化而围绕着价值上下波动。商品的运价随着商品的物质形态一起进入国际市场中交换，商品运价的变化直接影响到国际贸易商品价格的变化。而国际货物运输的主要对象又是国际贸易商品，所以可以说，国际货物运输也就是一种国际贸易，只不过它用于交换的不是物质形态的商品，而是一种特殊的商品，即货物的位移。所谓商品运价，也就是它的交换价格。

由此，我们可以得出这样一个结论：从贸易的角度来说，国际货物运输就是一种无形的国际贸易。

3）国际货物运输的特点

国际货物运输是国家与国家、国家与地区之间的运输，与国内货物运输相比，它具有以下几个主要特点：

第一，国际货物运输涉及国际关系问题，是一项政策性很强的涉外活动。国际货物运输是国际贸易的一个组成部分，在组织货物运输的过程中，需要经常同国外发生直接或间接的广泛的业务联系，这种联系不仅是经济上的，也常常会涉及国际间的政治问题。

第二，国际货物运输是中间环节很多的长途运输。国际货物运输是国家与国家、国家与地区之间的运输，运输的距离比较长，往往需要使用多种运输工具，通过多次装卸搬运，要经过许多中间环节，如转船、变换运输方式等，经由不同的地区和国家，要适应各国不同的法律法规。

第三，国际货物运输涉及面广，情况复杂多变。国际货物运输涉及国内外许多部门，需要与不同国家和地区的厂商、运输企业、商检机构、保险公司、银行或其他金融机构、海关、港口以及各种中间代理商等打交道。同时，由于各个国家和地区的法律、政策规定不一，贸易、运输习惯和经营做法不同，金融货币制度的差异，加之政治、经济和自然条件的变化，都会对国际货物运输产生较大的影响。

第四，国际货物运输的时间性强。按时装运进出口货物，及时将货物运至目的地，对履行进出口贸易合同，满足商品竞争市场的需求，提高市场竞争能力，及时结汇，都有着重大意义。特别是一些鲜活商品、季节性商品和敏感性强的商品，更要求迅速运输，不失时机地组织供应，才有利于提高出口商品的竞争能力，有利于巩固和扩大销售市场。

第五，国际货物运输的风险较大。由于在国际货物运输中环节多，运输距离长，涉及面广，情况复杂多变，加之时间性又很强，在运输途经各国的形势变化、社会动乱，各种自然灾害和意外事故的发生，以及战乱、封锁禁运或海盗活动等，都可能直接或间接地影响到国际货物运输，甚至造成严重后果，因此，国际货物运输的风险较大。为了转嫁运输过程中的风险损失，各种进出口货物和运输工具，都需要办理运输保险。

4）国际货物运输的任务

国际货物运输的基本任务就是根据国家有关的方针政策，合理地运用各种运输方式和运输工具完成进出口货物的运输任务。具体包括以下几方面内容：

第一，按时、按质、按量地完成进出口货物运输。国际贸易合同签订后，只有通过运输，及时将进口货物运进来，将出口货物运出去，交到约定地点，商品的流通才能实现，贸易合同才能履行。“按时”就是根据贸易合同的装运期和交货期的条款的规定履行合同；“按质”就是按照贸易合同质量条款的要求履行合同；“按量”就是尽可能地减少货损货差，保证贸易合同中货物数量条款的履行。如果违反了上述合同条款，就构成了违约，有可能导致赔偿、罚款等严重的法律后果。因此，国际货物运输部门必须重合同、守信用，保证按时、按质、按量完成国际货物运输任务，保证国际贸易合同的履行。

第二，节省运杂费用，为国家积累建设资金。由于国际货物运输是国际贸易的重要组成部分，而且运输的距离长，环节较多，各项运杂费用开支较大，故节省运杂费用的潜力比较大，途径也多。因此，从事国际货物运输的企业和部门，应该不断地提高经营管理水平，节省运杂费用，提高企业的经济效益和社会效益，为国家积累更多的建设资金。

第三，为国家节约外汇支出，增加外汇收入。国际货物运输是一种无形的国际贸易，是国家外汇收入的重要来源之一。国际贸易合同在海上运输一般采用 CIF 和 FOB 等贸易术语成交，按照 CIF 条件，货价内包括运费、保险费，由卖方派船将货物运至目的港；按照 FOB 条件，货价内则不包括运费和保险费，由买方派船到装货港装运货物。为了国家的利益，出口货物多争取 CIF 条件，进口货多争取 FOB 条件，则可节省外汇支出，增加外汇收入。

第四，认真贯彻国家对外政策。国际货物运输是国家涉外活动的一个重要组成部分，它的另一个任务就是在平等互利的基础上，密切配合外交活动，在实际工作中具体体现和切实贯彻国家各项对外政策。

5）国际货物运输的要求

第一，选择最佳的运输路线和最优的运输方案，组织合理运输。所谓合理运输，就是按照货物的特点和合理流向以及运输条件，走最少的里程，经最少的环节，用最少的运力，花最少的费用，以最短的时间，把货物运到目的地。所以，国际货物运输就是要根据所运商品的特定要求，综合考虑速度、价格、质量等因素，求得其最佳效益。

各种运输方式有各自的适用范围和不同的技术经济特征，选择时必须进行比较和综合分析，首先要考虑商品的性质、数量的大小、运输距离的远近、市场需求的缓急、风险的程度等因素，比如鲜活商品、季节性商品，要求运输速度快、交货及时，以免贻误销售时机，而货价较低的大宗商品则要求价格低廉的运输方式，以降低商品成本，增加竞争能力。

正确选择运输路线和装卸、中转港口。一般说来，应尽量安排直达运输，以减少运输装卸、转运环节，缩短运输时间，节省运输费用。必须中转的进出口货物，也应选择适当的中转港、中转站。

第二，树立系统观念，加强与有关部门配合协作，努力实现系统效益和社会效益。在国际货物运输的过程中，要切实加强货主、运输企业、商检机构、保险公司、海关、银行金融、港口、船代和货代等部门与企业之间的联系，相互配合、密切协作，充分调动各方面的积极性，形成全局系统观念，共同完成国际货物运输任务。

2.9.2 国内水路运输跟单

国内水路运输主要环节有托运、承运、装船、运输、卸船、到达通知、提货验收等。外贸跟单员在工作中需要负责托运、到达通知、提货验收三个环节，有关承运、装船、运输、卸船、到达通知等环节通常由货运代理公司办理。

1）托运

托运是指货物托运人或发货人向承运人提出要求运输货物的行为。货物托运人在办理托运时，须与运输单位签订货物托运合同，办理运输手续。

（1）托运人的权利、义务。

①托运人应当及时办理港口、海关、检验、检疫、公安和其他货物运输所需的各项手续，并将已办理各项手续的单证送交承运人。因托运人办理各项手续和有关单证不及时、不完备或者不正确，造成承运人损失的，托运人应当承担赔偿责任。

②托运人托运货物的名称、件数、重量、体积、包装方式、识别标志，应当与运输合同的约定相符。

③散装货物，托运人确定重量有困难时，可以要求承运人提供船舶水尺计量数作为申报的重量。

④以件运输的货物，承运人验收货物时，发现货物的实际重量或者体积与托运人申报的重量或者体积不符时，托运人应当按照实际重量或者体积支付运输费用并向承运人支付衡量等费用。

⑤需要具备运输包装的货物，托运人应当保证货物的包装符合国家规定的包装标准；没有包装标准的，货物的包装应当保证运输安全和货物质量。

⑥需要随附备用包装的货物，托运人应当提供足够数量的备用包装，交承运人随货免费运输。

⑦托运危险货物，托运人应当按照有关危险货物运输的规定，妥善包装，制作危险品标志和标签，并将其正式名称和危险性质以及必要时应当采取的预防措施书面通知承运人。

⑧托运人应当在货物的外包装或者表面正确制作识别标志。识别标志的内容包括发货符号、货物名称、起运港、中转港、到达港、收货人、货物总件数。

⑨托运人应当根据货物的性质和安全储运要求，按照国家规定，在货物外包装或者表面制作储运指示标志。识别标志和储运指示标志应当字迹清楚、牢固。

⑩同一托运人和收货人的整船、整舱装运的直达运输货物可以不制作识别标志。外贸出口货物到港口不变换原包装的可以使用原包装的商品标志作为识别标志。

（2）运单填制注意事项。

①运单是运输合同的证明，是承运人已经接收货物的收据。一份运单，填写一个托运人、收货人、起运港、到达港。如同一托运人的货物分别属到达港的两个或两个以上收货人，则应分别填制运单。

②托运的货物虽属同一个托运人、收货人，但托运多种货物，且其中有货物性质不相容时，也不能填制在同一张运单内。

③危险货物的托运应填制专门的危险货物运单，即红色运单。

④制作托运货物的标志，托运货物标志包括运输标志、必要的包装储运标志及危险货物标志。运输标志由运输号码、到达港（地）、收货人、总件数、起运港（地）等项内容组成，其作用主要在于建立货物与货运单证之间的联系，据以识别货物，防止因错装、错卸而导致的货差事故。包装储运标志是指为了防止所装货物受损，而按照货物的性质，或涂刷或粘贴或以标签的形式拴挂于货物运输包装上，用以提醒承运人或港口经营人在运输、装卸、搬移和仓储过程中，采取必要的防护措施的图形和文字。我国规定的包装储运指示标志包括 8 种，即“向上”、“防湿”、“小心轻放”、“由此吊起”、“由此开启”、“重点”、“防热”和“防冻”等。危险货物标志则是指用以显示内装货物的危险种类和性质的图案或文字。我国的《危险货物运输规则》按货物的危险性质将危险货物分为 10 类，即爆炸品、氧化剂、压缩气体和液化气体、自燃物品、遇水燃烧物品、易燃液体、易燃固体、毒害品、腐蚀品、放射性物品等。这 10 类危险品都规定有特定图形，托运人应在每件危险货物外包装上标贴规定的图形。

⑤特殊货物的托运，则根据该货物的托运、运输要求要求填制。

⑥性质互抵的货物，普通货物与易腐、易碎、流质货物，普通货物与历史文物、稀有珍贵货物，须分别填制货物运单办理托运。

⑦货物品名的填写要具体，同一运单托运数种不同品名的货物时，要分别列明货物名称，不得用“等等”字样。

⑧到达港（地）的名称应按运价里程表中列明的港（地）名称，不得以地区的名称代替。

⑨必须按货物的实际情况填列货物件数、重量、体积、包装和发货符号等。对发货人难以确定重量的整船散装货物，可要求承运人提供船舶水尺计量数作为其确定的重量数。对笨重货物的重量，要力求准确填写，以便船舶、装卸港口考虑设备能力。

⑩收货人、发货人的地址要写详细、正确，以免发生错运或混运事故。

（3）支付费用。托运人在提交货物前或当时，应支付有关的费用，如起运港的港口使用费、运费、中转费等。如发生延期交付时，则应支付滞纳金。费用支付方式可以是“预付”、“到付”或“第三方支付”。

2）提交托运货物

托运人向承运人提交货物，与承运人一起根据运单记载内容进行审核，由于对货物的运输条件不同，承运人对货物交接验收也有区别。

（1）按货物重量交接。按此种方法交接，托运人与承运人共同确定货物重量，并将货物交接的实际重量记载在货物运单的计费单位一栏内。

（2）按货物尺码交接。按此种方法交接，托运人应与承运人共同检查货物尺码是否与托运人填写的内容相符，并将交接的实际尺码记载在货物运单计费单位一栏内。

（3）按货物件数交接。按此种方法交接，托运人与承运人共同在起运港交接承运时点收清楚。如实际件数与运单不符，托运人应补足货物件数或在运单上予以更正。

3）通知收货人做好接货准备

货物托运后，将货物已托运的信息及时告知收货人，请收货人注意承运人的到货通知。所谓到货通知是承运人向收货人发出货物已运达、且已具备提货条件的通知。

4）接收货物

在国内运输中常常出现托运人就是收货人的情况，同时生产企业跟单员也经常会遇到其他企业的跨省、市水路运输在企业所在地之外第三地接受货物的情况。

职场指南 2—2

跟单员在接收货物时需要注意的事项

（1）收货人接到“到货通知”后，应当及时组织提货，不得因对货物进行检验而使船舶滞留。

（2）收货人在提货时应验收货物，并签发收据，发现货物损坏、灭失的，交接双方应当编制货运记录，为货物处理做好取证工作。

（3）承运人交付货物时，要核对证明收货人单位或者身份以及经办人身份的有关证件，因此跟单员在提货时，要提前带齐有关证件。

（4）如果收货人在提取货物时没有就货物的数量和质量提出异议的，视为承运人已经按照运单的记载交付货物，除非收货人提出相反的证明。

2.9.3 国际海洋进出口运输跟单

1）海运进口运输跟单

海运进口业务如果按 CIF 或 CFR 条件成交，则由国外卖方办理租船订舱工作；如果是 FOB 条件成交，则由买方办理租船订舱工作，派船前往国外港口接运。海运进口货物运输工作，一般包括以下一些环节：

（1）租船订舱。按照贸易合同的规定，负责货物运输的一方，要根据货物的性质和数量来决定租船或订舱。需要整船装运的大宗货物，洽租适当船舶承运，小批量的杂货大多向班轮公司订舱。

（2）掌握船舶动态。掌握进口货物船舶动态，对装卸港的工作安排，尤其对卸货港的卸船工作安排极为重要。船舶动态信息来源有各船公司提供的船期表、国外发货人寄来的装船通知、单证资料、发货电报以及有关单位编制的进口船舶动态资料等。

（3）收集和整理单证。进口货物运输单证一般包括商务单证和船务单证两大类。商务单证有贸易合同正本或副本、发票、提单、装箱单、品质证明书和保险单等。船务单证主要有载货清单、货物积载图、租船合同或提单副本。

（4）报关。进口货物需向海关报关，填制“进口货物报关单”。货主凭报关单、发票、品质证明书等单证向海关申报进口。办理报关的进口货物，经海关查验放行，缴纳进口关税后，方可提运。

（5）报检。根据我国《商检法》的规定，凡列入《商检机构实施检验的商品种类表》（以下简称“种类表”）的进口商品，需接受法定检验。对未列入“种类表”内的进口商品，收货或用货部门应向所在地区商检机构申报后自行检验，在索赔有效期内将检验结果报告商检机构。如检验不合格需要提出索赔，应及时申请商检机构复检出证。

（6）监卸和交接。监卸人员一般是收货人的代表，履行现场监卸任务。监卸人员要与船方理货人员密切配合，把好货物数量和质量关。货物从大船卸毕后，要检查有无漏卸情况，在卸货中如发现短损，应及时向船方或港方办理有效鉴证，并共同做好验残工作。验残时要注意查清：第一，货物内包装的残损和异状；第二，货物损失的具体数量、重量和程度以及受损货物或短少货物的型号、规格；第三，判断并确定货物致残或短少的原因。

（7）保险。若是我方以 FOB 或 CFR 条件成交的进口货物，由我方办理保险事宜。我方负责进口的单位在收到发货人装船通知后应立即办理投保手续。目前为简化手续和防止发生漏保现象，一般采用预约保险办法，由负责进口的单位与保险公司签订进口货物预约保险合同。

2）海运出口运输跟单

海运出口货物运输工作，一般包括以下环节：

（1）审核信用证中的装运条款。如发现信用证中的有关条款与贸易合同内容不符的，应及时要求进口方修改信用证。审核信用证中的装运条款重点是审核装运期、装运港、目的港、结汇日期、转船和分批装运等，要根据货物出运前的实际情况，决定对信用证中的有关运输条款是否接受、修改或拒绝。

（2）备货、报验和领证。出口方收到信用证后，要按信用证上规定的交货期及时备好出口货物，并按合同及信用证的要求对货物进行包装、刷唛。对需经检验机构检验出证的货物，在货物备齐后，应向商检机构申请检验，取得合格的检验证书。

（3）租船和订舱。以 CIF 和 CFR 价格条件对外成交的出口贸易合同，由卖方派船装运出口货物。卖方要按照合同或信用证规定的交货期（或装运期），办理租船、订舱手续。如果是洽订班轮舱位，则向船公司或其代理人提出订舱委托单，经船公司同意后，向托运人签发装货单，运输合同即告成立。

（4）出口货物集中港区。洽妥船舶或舱位后，货方应在规定的时间内将符合装船条件的出口货物发运到港区内指定的仓库或货场，以待装船。

（5）出口报关和装船。货物运送到港区后，发货单位必须备妥出口货物报关单、发票、装货单、装箱单（或磅码单）、商检证（商检局来不及出证时，可由商检局在报关单上加盖合格单）及其他有关单证向海关申报出口。海关人员对货物查验合格后，在装货单上加盖放行章即可装船。

（6）投保。如果合同规定需要在装船时发出装船通知，由国外收货人自办保险手续，发货人应及时发出装船通知。如因发货人延迟或没有发出装船通知，致使收货人不能及时或没有投保而造成损失，发货人应承担责任。如由发货人负责投保，一般应在船舶配妥后及时投保。

（7）支付运费。对需要预付运费的出口货物，船公司或其代理人必须在收取运费后交给托运人运费预付的提单。如属到付运费货物，则在提单上注明运费到付，其运费由船公司卸货港代理在收货人提货前向收货人收取。

（8）出口货运单证。

①装货单。它是远洋运输中的主要货运单证之一。装货单是承运人确认承运货物的证明，是海关对出口货物进行监管的单证。海关在装货单上加盖放行章，表示准予出口，船方才能收货装船，所以装货单又称关单。装货单是承运人通知码头仓库或装运船舶接货装

船的命令。

②提单。它对所装运的商品和数量起着收据和证明文件的作用，在货物发生灭失、损坏或延误的情况下，提单是请求损害赔偿最基本的证明。

③托运单。它也称订舱委托书，由托运人根据贸易合同条款及信用证条款的内容填制，并凭此单向承运人或其代理人办理货物托运。

④收货单。它是货物装船后，承运船舶的大副签发给托运人的货物收据，是据以换取已装船提单的单证，收货单又被称为大副收据。

⑤装货清单。它是承运人根据装货单留底，制成的全船装运货物的汇总清单。装货清单是承运船舶的大副编制积载计划的重要依据，它还是现场理货人员进行理货、港口安排驳运、货物进出仓库、货物以及承运人掌握托运人备货情况的业务单证。

⑥危险品清单。装运危险品时承运人往往要求托运人提供危险品清单。其内容包括货物名称、性能、件数、包装、重量等项。危险品装运时，应按港口规定，申请有关部门监督装货，货物装运完毕后由监督部门发给船方一份“危险品安全装载证明书”。

⑦货物积载计划。它是大副在装货前根据装货清单按货物装运要求和船舶性能绘制的一个计划受载图，所以又称为货物积载图。图中列明各批货物应装入船舶的具体舱位，用以指导有关方面安排泊位、出仓、卸驳、搬运等。货物装船后再按实际装船情况进行订正。这是船方进行货物运输、保管、卸船等项工作必要的查阅资料，也是卸货港的港方、卸货部门用来安排泊位、货物进仓、派驳调车、理货人员进行理货的原始资料。

⑧载货清单。它又称舱单，是根据收货单或提单，按目的港编制的全船出口货物的汇总清单。其内容包括船名、航次、船长、启运港和目的港、开航日期、发货人、收货人、货名、包装、标记及号码、件数、毛重、尺码等项。

载货清单是海关对载货船舶进出国境进行监管的单证，其作用为：

第一，办理船舶出（进）口报关手续的单证。经船长签字的载货清单送交海关，作为办理船舶出（进）口报关手续的依据，海关凭此验货放行。船舶离港时，还需随带若干份清单，以备船舶中途挂港或驶抵卸货港时办理进口报关手续之用。

第二，船舶载运所列货物的证明。载货清单所列货物必须与船舶实际载运货物一致。如果船舶未装货出口，也需填报无货出口的载货清单。

第三，业务联系的单证和载货清单的留底，常用作承运人在装货港的代理人拍发开航货载电报的依据，也是向船长和船公司或卸货港的代理发出更正通知的依据。当承运人在卸货港的代理人尚未收到邮寄的货运资料时，也可复制随船携带的载货清单，用以作为安排泊位、卸货和货物进出库场的依据。

3）索赔与理赔

海上货物运输，经常发生货损货差的情况，索赔和理赔问题伴随而生。

（1）索赔与理赔的依据。租船合同和提单是处理索赔与理赔的主要依据。处理索赔案件时，应掌握实事求是、有根有据、合情合理、区别对待、讲求实效的原则。

（2）索赔单证。

①索赔函。

②索赔清单。根据损失的程度和造成损失的原因，确定对外索赔的比例，按 CIF 价格

计算损失金额，编制索赔清单。如商业发票上是 FOB 价格而按 CIF 价格索赔，经承运人要求，还应提供运费及保险收据。

③货物残、短签证，应有船方和理货人员共同签字。必要时还应提供商检证书和船舶检验证书。

④提单正本或影印本。

⑤商业发票，必要时应加附装箱单或磅码单。

⑥费用单证，这是向船方索赔修理、整理货物的费用的证明文件。

⑦其他单证。必要时还须提供火灾鉴定报告、卫生或动植物检验证明等。

(3) 索赔的程序和手续。处理索赔案件的程序和手续，须视承运货物的船舶经营性质而定。采用班轮或承租船方式运输发生货损货差时，出口货物由国外收货人（或提单持有人、或货物承保人）直接向承运人办理索赔；进口货物一般情况下由货运代理人代表有关进出口企业以货方名义向承运人办理索赔。由外运公司期租船运输的货物，不论出口或进口，均由外运公司办理索赔。

4) 海运提单的缮制

按照我国目前的操作习惯，海运提单通常由外贸企业自己或委托外运机构代为缮制，在货物装船后，再由外贸企业或外运机构将缮制好的海运提单送交船公司或其代理请求签发。船长或承运人或其代理人在审核海运提单所载内容与大副收据内容相符后，正式签发提单，并加注“Shipped on Board”字样，并加盖装船日期印章。如果大副收据列有货物或包装的不良批注，船长或承运人或其代理人在签发提单时就要把所列批注照列于提单上，这种提单就是不清洁提单。如果要求签发的是运费预付提单，外贸企业或外运机构应向船公司或其代理缴付海运运费后，才能取得海运提单。

提单的样张如表 2—13 所示，其基本缮制方法如下：

(1) 提单正面印明承运人的全名，最好还表明承运人的完整身份。

(2) 提单的名称（见前面关于提单的介绍）。

(3) 提单号码（B/L No.）。提单上必须注明承运人及其代理人规定的提单编号，以便核查，否则提单无效。

(4) 托运人（Shipper）即发货人，一般为 L/C 的受益人，也可是第三方。如发货人为出口商，此处缮打出口商名称、地址。

(5) 收货人（Consignee）即提单抬头人，应严格按合同及 L/C 具体规定填写。一般填法有下面几种：

①记名收货人：来证中有条款“Consigned to ×××”，则提单的“收货人”栏应填写“Consigned to ×××”，意为“交付×××”。

②不记名式：即“收货人”一栏留空不填或填“To Bearer”（极少采用）。

③不记名指示：来证中有条款“Full set of B/L made out to order”，在提单的“收货人”栏中应填写“To order”，意为凭指示。

④记名指示：来证中有条款“Full set of B/L made out to order of shipper”，则提单需经托运人背书进行转让，在提单的“收货人”栏中应填写“To order of shipper”，意为凭托运人指示。

表2—13

海运提单样张

Shipper		B/L NO. COSCO 中国远洋运输公司 CHINA OCEAN SHIPPING COMPANY Cable: Telex: COSCO BEIJING22264 CRCPK CN GUANGZHOU 44330 COSCA CN Combined Transport BILL OF LADING RECEIVED in apparent good order and condition except as otherwise noted the total number of containers or other packages or units enumerated below for transportation from the place of receipt to the place of delivery subject to the terms and conditions hereof. One of the Bill of Lading must be surrendered duly endorsed in the exchange for the goods or delivery order. On presentation of this document duly endorsed to the Carrier by or on behalf of the Holder of the Bill of Lading, the rights and liabilities arising in accordance with the terms, and conditions here of shall, without prejudice to any rule of common law or statute rendering them binding on the Merchant, become binding in all respects between the Carrier and the Holder of the Bill of Lading as though the contract evidenced hereby had been made between them. IN WITNESS where of the number of original Bill of Lading stated under have been signed, all of this tenor and date, one of which being accomplished, the other (s) to be void.
Consignee		
Notify Party		
Pre-carriage	Place of Receipt	
Ocean Vessel Voy. No.	Place of Delivery	
Port of Discharge	Place of Delivery	

Container No.	Seal No. Marks & Nos.	No. of containers or kgs	Kind of Packages; Description of Goods	Gross Weight	Measurement

TOTAL NUMBER OF CONTAINERS OR PACKAGES (IN WORDS)

FREIGHT& CHARGES	Revenue Tons	Rate	Per	Prepaid	Collect

Ex. Rate	Prepaid at	Payable at	Place and date of Issue
	Total Prepaid	No. of Originals B (s) /L	Signed for the Carrier

LADEN ON BOARD THE VESSEL

Date

By

来证中有条款“Full set of B/L made out to order of Applicant”，则提单需经开证申请人背书进行转让，在提单的“收货人”栏中应填写“To order of 开证申请人名称（完全照信用证中开证申请人名称填写）”，意为凭开证申请人指示。

来证中有条款“Full set of B/L made out to order of Issuing Bank”，则提单需经开证行背书进行转让，在提单的“收货人”栏中应填写“To order of 开证行名称”，意为凭开证行指示。

来证中有条款“Full set of B/L made out to order of Negotiation”，则提单需经议付行背书进行转让，在提单的“收货人”栏中应填写“To order of 议付行名称”，意为凭议付行指示。

（6）被通知方（Notify Party）。一般应按L/C规定填写被通知方详细的名称、地址。若L/C中规定“Notify…only”（仅通知XXX），则此栏中不可漏填“only”。由于在指示性提单中无收货人的名址，因此须由被通知人来接受收货人的委托，通知收货人提货。被通知人通常为船运公司（收货人的代理人）或买方或其他与买方联系密切的人。在我国一般为中国对外贸易运输公司或其代理公司或分公司。被通知人也可能是进口方或开证行，如信用证规定“Notify Party Applicant”，则只需将开证申请人的全称填写在此栏即可；若信用证规定“Notify Party Applicant and us”，则填写开证申请人的全称和开证行名称；若L/C未规定“Notify Party”，提单正本中此栏可留空不填，但交给承运人随船带去的副本提单上必须填写收货人详细的名称和地址，以便货抵目地港后可联系被通知人做好报关提货准备。

（7）第一程船名（Pre-Carriage by）。如货物需要转运，在这一栏填写第一程船的船名，如果货物不需转运，此栏留空。

（8）收货地点（Place of Receipt）。它是指向船方实际交货的地点（也可叫接受监管地）。如货物需要转运，在这一栏填写收货的港口名称或地点，如果货物不需转运，此栏留空。

（9）船名（Ocean Vessel）、航次（Voyage No.）。其均按配舱回单填写。没有航次的船舶可不填航次。如第一程运输不是海运，在签发联运提单时此栏可填写“Intended Vessel”（预期船只）。根据UCP500第26条规定，银行可以接受这样填制的单据。货物装直达船时，直接填写直达船名；货物需要转运，填写第二程船的船名；采用联合运输方式装运集装箱时，应注明海运船名和第一种运输方式的运输工具的名称。

（10）装货港（Port of Loading）。填实际装运货物的港口的名称，应严格按照L/C的规定与要求。如果L/C中仅笼统规定，如“China Port”，或同时列有几个起运港，如SHANGHAI/QINHUANGDAO/DALIAN的，应根据实际情况填写具体港口名称。

（11）卸货港（Port of Discharge）。卸货港指海运承运人中止承运责任的港口。在直达运输情况下一般填目的港，在转船运输情况下一般填转运港。对于L/C中尚未确定目的港的情形（如One suitable american port at opener's option），提单上应L/C规定填写。

（12）交货地（Place of Delivery），即最终目的地。如果货物目的地是目的港，这一栏可保持空白。

（13）集装箱号（Container No.）。填写集装箱号，若无则填“N/M”。

（14）唛头及号码（Marks & No.）。如信用证中有明确规定，则应按信用证缮制，每个字符和数字、图形的排列位置应与 L/C 完全一致，但箱数要明确，不能按 L/C 所写 1-UP 的形式。且提单上的唛头应与发票和装箱单上的完全一致。如果信用证中没有规定，则按买卖双方的约定，或由卖方决定缮制，并注意单单一致。如果没有唛头，填“N/M”。

（15）集装箱数或最大包装件数（No. of Containers or Pckgs.）。集装箱数或其他形式最大包装的件数。

（16）货名（Description of Goods）。与托运单内容完全一致。所使用文字按 L/C 要求，如无特殊说明，用英文填写。

（17）毛重（Gross Weight）。一般写货物的总毛重，以千克表示。

（18）尺码（Measurement）。一般写货物的总尺码，以立方米表示。

（19）大写件数（Total Number of Containers or Packages（In Words））。用大写表示集装箱数或其他形式最大包装的件数。与 15 栏数字一致。由数字、单位和 Only 组成。如“Say three hundred fifty cartons only”。

（20）提单签发的份数（Number of Original B/L）。一般来说只能一份 L/C 打一套提单，而不能两个 L/C 合打一套提单，否则结汇会有困难。有时，L/C 中规定了许多商品、品种或数量，买方为了提货方便或须转让提单，要求每一种商品或品种或每一定数量制一套提单，这时将出现同一 L/C 项下的多套提单。提单正本一般一式两份或三份，当凭借其中任意一份提货时，其余各份均告失效，副本非流通提单数量不限。除非信用证另有规定，签发的正本提单必须全套（Full Set）提交。正本提单上应印有“Original”字样，并须注明发单日和承运人、船长或其代理人的签章。对于未注明“Original”字样，或标有“Copy”或“Negotiable”（简称 C/N）字样的提单，只能是供参考用的副本提单，这种提单往往没有承运人、船长或其代理人的签章。

（21）运费（Freight & Charges）。除非 L/C 另有规定，提单上一般不必列出运费的具体金额，如可注明“Freight prepaid as arranged”字样。

（22）提单签发日期、地点（Place and Date of Issue）。提单签发日期不得迟于货物装运期。在备运提单下，提单签发日期为承运人收到货物的日期。在已装船提单下，提单签发日期与装船日期一致，为货物全部装上船的日期。提单签发地点指货物实际装运的港口或接受监管的地点。提单上签发日期必须与信用证上规定的装船期相适应，也就是最晚不得迟于信用证或合约上最迟的日期，在提单日期之后，必须填写签发地点。

（23）承运人签章（Signed by the Carrier）。提单上必须有承运人本人或其代理的签章才能生效，签章的方式应按 L/C 的规定。

（24）如果信用证规定提供已装船提单，必须由船长签字并注明开船时间（Date）和“Landed on Board”或“Shipped on Board”字样。

（25）如为 CFR 或 CIF 价格，提单上加注“运费预付（Freight Prepaid）”或“运费已付（Freight Paid）”字样，除非信用证另有规定，运费预付或已付的提单可不必加注运费金额。如为 FOB 价格，提单上须加注“运费到付”（Freight collect 或 Freight to be collected）。

2.9.4　铁路运输跟单

铁路运输主要承担长距离、大数量的货运。铁路运输优点是速度快，运输不大受自然条件限制，载运量大，运输成本较低。主要缺点是灵活性差，只能在固定线路上实现运输，需要以其他运输手段配合和衔接。铁路运输经济里程一般在 200 公里以上。

1）国内铁路运输跟单

（1）铁路运输的基本条件。铁路货物运输分整车、零担、集装箱三种。如一批货物的重量、体积或形状需要一辆 30 吨以上货车运输的，应按整车托运。不够整车托运的，则按零担运输。符合集装箱运输条件的，则可办理集装箱托运。必须说明，按零担托运的货物，单件体积不得小于 0.02 立方米（单件重量在 10 千克以上的除外），每批不得超过 300 件。

（2）铁路货物的托运、受理、承运。铁路实行计划运输，发货人要用铁路运输整车货物时，应向铁路提出月度要车计划，车站根据要车计划受理货物。在进行货物托运时，发货人应向车站按批提交货物运单，对同一批托运的货物因货物种类较多，发货人不能在运单内逐一填记的，发货人应提交物品清单。零担和集装箱货物由发运站接收完毕，整车货物装车完结，发运站在货物运单上加盖承运日期戳时，即为承运。

（3）铁路货物的装车、卸车。铁路货物的装车和卸车工作，凡在车站内进行的则由铁路负责，在其他场所进行的则由发货人或收货人负责。由发货人或收货人负责装卸车的，车站应将调车的时间通知发货人或收货人，发货人或收货人在装卸车作业完毕后，及时通知铁路车站。对由发货人、收货人负责组织装卸的货车，超过装卸时间规定或停留时间规定的，铁路应向发货人、收货人核收规定的货车延期使用费。

（4）铁路货物的到达、交付。凡由铁路负责卸车的货物，到达站应不迟于卸车完毕的次日内，用电话或书信向收货人发出催领通知，并在货票内证明通知的方法和时间。

收货人在领取货物时，应出示提货凭证，并在货票上签字或盖章。收货人在到达站办妥提货手续和付清有关费用后，铁路将货物连同运单一起交收货人。

（5）铁路货物运输期限。货物实际运输期限的起算，起算时间从铁路承运货物的次日起算，终止时间分两种，由到站铁路负责卸车的货物从卸车完毕时止，由收货人负责卸车的货物从货车调至卸车地点或货车交接地点时止。但货物运输期限起码日期为 3 天。但超过规定期限运输的货物，铁路应按所收运费的百分比向收货人支付延误运输罚款。

（6）货物运输变更。发货人或收货人由于特殊原因，对铁路承运后的货物可向铁路提出运输变更要求，如变更收货人、变更到站等。

（7）货运事故处理。发货人或收货人在向铁路提出赔偿时，应按批向到站提出赔偿要求书，并附货物运单、货运记录和有关证明文件。货物灭失时的赔偿价格按灭失货物的价格计算，损坏时的赔偿价格则按损坏货物所降低的价格计算。

2）对香港特别行政区的铁路运输

香港地区的铁路运输不同于国际联运，也不同于一般的国内运输，而是一种特定的运输方式。这是由于内地与港段不办理直通联运，因此必须先运至深圳，过轨至香港，继续运送九龙车站，经深圳验关出口，有关单证要及时到达以免货物压车。具体做法是发货人以国内铁路运输办理托运至深圳北站，收货人为深圳外运公司，深圳外运以货主代理身份与铁路办理租车手续，并付给租车费，然后租车去香港，货车过轨后，香港中国旅行社则作为外运公司的代理在港段重新起票托运至九龙。

从上面可以看出对港铁路运输是两票运输，而国内运单又不符合结汇要求，因此使用中国对外贸易运输公司的承运货物收据。承运货物收据，相当于铁路运单，并可作为出口人收汇和香港收货人提货的凭证。

2.9.5 航空运输跟单

航空运输是使用飞机或其他航空器进行运输的一种形式。航空运输的单位成本很高，因此，主要适合运载价值高、运费承担能力很强的货物或紧急需要的物资等。航空运输的主要优点是速度快，不受地形的限制。

1）货物托运条件

货物托运人办理航空货物托运手续时应做到：

（1）填写“航空货物委托书”。托运货物时，必须详细如实填写“航空货物委托书”。不同性质的航空货物，其运输条件不同，则应分别填写“航空货物委托书”。

（2）提供有效证明文件。如托运政府限制托运的货物，需要在托运前办妥各项有效的证明文件，并在托运时明示。

（3）托运的货物中不准夹带禁止运输和限制运输的物品、危险品、贵重物品、现钞、证券等。

（4）活体动物等必须提前办理订妥舱位，选择直达航班且到达时间避开周末或节假日。

2）货物包装要求

对货物的包装应做到：

（1）包装能保证在运输途中货物不致散失、渗漏、损坏或污染飞机设备和其他物件。凡国家主管机关规定有标准包装的货物，则应按国家标准包装。

（2）托运人应在每件货物上标明发站、到站、收货人和发货人的单位、姓名、地址。

（3）每件货物均应粘贴或拴挂货物标签，如发货人利用旧包装，则必须除去原包装上的所有残旧标志。

（4）货物不能使用有屑的包装材料，如麻布、草包等，也不能用麻绳、草绳作为捆扎材料。

3）航空货物的重量和尺码计算

航空运输货物重量和体积尺码的计算原则：

（1）航空货物重量有毛重（Gross Weight）、体积重量（Volume Weight）、计费重量（Chargeable Weight）等，计算单位为千克或磅。

（2）当货物为“轻泡”货时，则应该按“每6 000立方厘米或365立方英寸折合1千克”的原则将总体积数折算成体积重量。至于尾数，一般采用四舍五入法。

（3）航空货物的最小重量单位为0.5千克，每一件货物的重量一般不能超过80千克，尺码一般不能超过40厘米×60厘米×100厘米，超过则为超限货物，每件货物的最小尺码长、宽、高合计不得少于40厘米，最小一边长不得少于5厘米。

（4）如发货人托运超限货物，则应提供货物的具体重量、体积，并经航空公司同意后办理托运，并支付超限货物的附加费。

4）航空货物的运价与运费

国际航空运输协会（IATA）制定的运价分为非公布的直达运价和公布直达运价。非公布的直达运价是指当货物的始发地至目的地之间无公布直达运价时所采用的运价，通常有比例运价、分段相加组合运价等几种；公布的直达运价指航空公司在运价本上直接注明承运人对由甲地运至乙地的货物收取的一定金额，分为以下几种：

（1）特种货物运价（Specific Commodity Rates，SCR）。其通常是承运人根据在某一航线上经常运输某一种类货物的托运人的请求或为促进某地区间某一种类货物的运输，经国际航空运输协会同意所提供的优惠运价。采用这种运价的主要为中国至日本、美国、加拿大或新加坡的食品、海产品、药品、纺织品等。

在公布这种运价时，将指定商品以品名编号，并根据货物的性质、特点、用途按每1 000号为一组，分成10大组，每一大组内又以100号为一组分成若干小组，以便详细的分列各种货物。

（2）普通货物运价（General Cargo Rates，GCR）。它是适用最为广泛的一种运价。当一批货物不能适用特种货物运价，也不属于等级货物时，就应该适用普通货物运价。

通常，各航空公司公布的普通货物运价针对所承运货物数量的不同规定几个计费重量分界点（Breakpoints）。最常见的是45千克分界点，将货物分为45千克以下的货物（该种运价又被称为标准普通货物运价，即Normal General Cargo Rates或简称N）和45千克以上（含45千克）的货物。另外，根据航线货流量的不同还可以规定100千克、300千克分界点，甚至更多。运价的数额随运输货物总量的增加而降低，这也是航空运价的显著特点之一。

（3）等级货物运价（Class Rates or Commodity Classification Rates，CCR）。它指适用于指定地区内部或地区之间的少数货物运输。通常表示为在普通货物运价的基础上增加或减少一定的百分比。

适用等级货物运价的货物通常有：活动物、装活动物的集装箱和笼子；贵重物品；尸体或骨灰；报纸、杂志、期刊、书籍、商品目录、盲人和聋哑人专用设备和书籍等出版物；作为货物托运的行李。

（4）起码运费（Minimum Charges，M）。它是航空公司办理一批货物所能接受的最低运费，是航空公司考虑到办理即使很小的一批货物也会产生的固定费用后制定的。

如果承运人收取的运费低于起码运费，就不能弥补运送成本。因此，航空公司规定无论所运送的货物适用哪一种航空运价，所计算出来的运费总额都不得低于起码运费。若计算出的数值低于起码运费，则以起码运费计收，另有规定除外。

航空货运中除以上介绍的四种公布的直达运价外，还有一种特殊的运价，即成组货物运价（United consignment ULD，Unit Load Devices）适用于托盘或集装箱货物。航空货物运费根据适用运价计得的发货人或收货人应当支付的每批货物运输费用成为运费。

运费=适用运价×计费重量

航空托运单中，运价类别由承运人填写，一般以英文代码表示，如“M”（Minimum charge）表示最低运价；“N”（Normal under 45kgs Rate）表示货物在45千克以下普通运价；“Q”（Quantity Over 45kgs Rate）表示货物在45千克以上普通运价，“C”（Special Commodity Rate）表示特种商品运价；“R”（Reduced Class Rate Less than Normal Rate）表示折扣运价可低于45千克普通运价的等级运价；“S”（Special Class Rate more than Normal Rate）表示加费运价，即高于45千克普遍运价的等级运价。

5）航空出口运输操作程序

（1）接受发货人的委托，预定舱位。对于普通出口货物，一般需要通过货运代理公司提前向航空公司办理订舱手续。在订舱时由出口商填写“国际货运委托书”；对于需要紧急运送的货物或必须在中途转运的货物，应在“委托书”中说明；对于需要包机运输的大宗货物，出口商应提前与航空公司联系咨询，并提供详细资料。

（2）备妥货物。在完成订舱手续并得到航空公司或货运代理公司的确认后，出口商在规定的时间内备妥货物。

（3）单证。主要涉及报关单、发票、装箱单、出口收汇核销单等基本单证。

（4）货物进仓。出口商将出口货物在规定的时间内运入指定仓库，由保管人员核对清点、粘贴标签等。

（5）出口报关。报关单据一般有：商业发票、装箱单、商检证、出口货物报关单，有的商品则需要动植物检疫证书或产地证、出口外汇核销单、外销合同等。在海关验收完货物，在报关单上盖验收章后，缮制航空运单，将收货人提供的货物随行单据订在运单后面；如果是集中托运的货物，要制作集中托运清单，并将清单、所有分运单及随行单据装入一个信封，订在运单后面。将制作好的运单标签贴在每一件货物上；如果是集中托运的货物，还必须有分运单标签。持缮制完的航空运单到海关报关放行。将盖有海关放行章的运单与货物一齐交与航空公司，航空公司验收单货无误，在交接单上签字。集中托运的货物。需要电传通知国外代理、航班号、运单号、品名、件数、毛重、收货人等内容。

（6）海关放行。海关对出口商提供的单证与出口货物进行核查，检查“单货是否相符”。

（7）签发航空运单。航空运单由航空运输代理人签发。凡由航空运输公司签发的航空运单就称为航空主运单（Master Air Way Bill，MAWB）。它是航空运输公司据以办理货物运输和交付的依据，是航空公司和托运人订立的运输合同，每一批航空运输的货物都有自己相对应的航空主运单。集中托运人在办理集中托运业务时签发的航空运单被称作航空分运单（House Air Way Bill，HAWB）。航空运单不是物权凭证，不能转让，如表2—14所示。

表2—14

航空运单

125	95514591	CSR/ecl　　125-9551495
Shipper's Name and Address	Shipper's Account Number	Not negotiable Air Waybill　BRITISH AIRWAYS　WORLD CARGO Issued by British Airways London Member of IATA
Consignee's Name and Address	Consignee's Account Number	Copies 1,2 and 3 of this Air Waybill are originals and have the same validity
Telephone Number		It is agreed that the goods described herein are accepted in apparent good order and condition (Except as noted) for carriage. SUBJECT TO THE CONDITIONS OF CONTRACT ON THE REVERSE HEREOF. ALL GOODS MAY BE CARRIED BY ANY OTHER MEANS INCLUDING ROAD OR ANY OTHER CARRIER UNLESS SPECIFIC CONTRARY INSTRUCTIONS ARE GIVEN HEREON BY THE SHIPPER, AND SHIPPER AGREES THAT THE SHIPMENT MAY BE CARRIED VIA INTERMEDIATE STOPPING PLACES WHICH THE CARRIER DEEMS APPROPRIATE. THE SHIPPER'S LIMITATION OF LIABILITY.
Issuing Carrier's Agent Name and City		Shipper may increase such limitation of liability by declaring a higher value for carriage and paying a supplemental charge if required.
Agent IATA Code	Account No.	
Airport of Departure (Addr. Of First Carrier) and Requested Routing		ISSUING CARRIER MAITAINS CARGO ACCIDENT LIABILITY INSURANCE

To	By First Carrier	Routing and Destination	to	by	to	by	Accounting Information

Airport Destination	Flight/Date	For Carrier Use Only	Flight/Date	Currency	CHGS Code	WTNAL PPD	WTNAL COLL	Other PPD	Other COLL	Declared Value for Carriage	Declared Value for Carriage

Handing Information　　SCI

No. of Pieces RCP	Gross Weight	Kg lb	Rate Class / Commodity Item No.	Chargeable Weight	Rate / Charge	Total	Name and Quantity of Goods (Incl. Dimensions of Volume)

Prepaid	Weight Charge	Collect
		Other Charge
Valuation Charge		
Tax		
Total Other Charges Due Agent		Shipper certifies that the particulars on the fact hereof are correct and that insofar as any part of the consignment contains dangerous goods, such part is properly described by name and is in proper condition for carriage by air according to the applicable Dangerous Goods Regulations
Total Other Charges Due Carrier		------------------------ Signature of Shipper or his Agent
Total Prepaid	Total Collect	
Currency Conversion Rates	CC Charges in Dest. Currency	------------------------ Executed on (date)　at (Place)　Signature of Issuing Carrier or its Agent
For Carriers Use Only At Destination	Charges at Destination	Total Collect Charges　　125-95514951
M.197-7th RAND MCNALLYINTERNATIONAL REC 1-95		COPY5 (AIRPORT oF DESTINATION)

相关链接2—4

进口货物航空运输的程序

（1）在国外发货前，进口单位就应将合同副本或订单以及其他有关单证送交进口空港所在地的空运代理，作为委托报关、接货的依据。

（2）货物到达后，空运代理接到航空公司的到货通知时，应从机场或航空公司营业处取单（指航空运单第三联）。取单时应注意两点：①航空公司免费保管货物的期限为三天，超过此限取单应付保管费。②进口货物应自运输工具进境之日起14天内办理报关。如通知取单日期已临近或超过限期，应先征得收货人同意缴纳滞报金后方可取单。

（3）取回运单后应与合同副本或订单核对，如合同号、唛头、品名、数量、收货人或通知人等无误，应立即填制“进口货物报关单”等，并附必要的单证，向设在空港的海关办理报关。

（4）海关审单通过后，空运代理应按海关出具的税单缴纳关税及其他有关费用。然后凭交费收据将所有报关单据送海关放行部，海关对无需验货的货物直接在航空运单上盖章放行；对需要验货的，查验无讹后放行；对单货不符的由海关扣留，另行查处。

（5）海关放行后，属于当地货物的，空运代理立即送交货主；如为外地货物，空运代理应立即通知货主到口岸提取或按事先的委托送货上门。

（6）对需办理转运的货物，如不能就地报关的，应填制“海关转运单”。

2.9.6 集装箱运输跟单

集装箱运输是以集装箱为集合包装和运输单位，适合门到门交货的成组运输方式，是成组运输的高级形态，也是国际贸易运输高度发展的必然产物。

1）集装箱的含义

集装箱又称货柜，是指具有一定强度、刚度和规格专供周转使用的大型装货容器。使用集装箱转运货物，可直接在发货人的仓库装货，运到收货人的仓库卸货，中途更换车、船时，无须将货物从箱内取出换装。

2）集装箱的种类

（1）按所装货物种类分，有杂货集装箱、散货集装箱、液体货集装箱、冷藏箱集装箱等；

（2）按制造材料分，有木集装箱、钢集装箱、铝合金集装箱、玻璃钢集装箱、不锈钢集装箱等；

（3）按结构分，有折叠式集装箱、固定式集装箱等，在固定式集装箱中还可分密闭集装箱、开顶集装箱、板架集装箱等；

（4）按总重分，有30吨集装箱、20吨集装箱、10吨集装箱、5吨集装箱、2.5吨集装箱等。

3）集装箱运输的有关关系方

集装箱运输的有关关系方主要有：无船承运人、集装箱实际承运人、集装箱租赁公司、集装箱堆场和集装箱货运站等。

（1）无船经营人（Non-vessel Operating Common Carrier，NVOCC）。他们专门

经营集装货运的揽货、装拆箱、内陆运输及经营中转站或内陆站业务，可以具备实际运输工具，也可不具备。对真正货主来讲，他是承运人，而对实际承运人来说，他是托运人，通常无船承运人应受所在国法律制约，在政府有关部门登记。

（2）实际承运人（Actual Carrier）。他们是掌握运输工具并参与集装箱运输的承运人，通常拥有大量集装箱，以利于集装箱的周转、调拨、管理以及集装箱与车船机的衔接。

（3）集装箱租赁公司（Container Leasing Company）。这是专门经营集装箱出租业务的新行业。

（4）集装箱堆场（Container Yard，CY）。它指办理集装箱重箱或空箱装卸、转运、保管、交接的场所。

（5）集装箱货运站（Container Freight Station，CFS）。它是处理拼箱货的场所，它办理拼箱货的交接，配载积载后，将箱子送往集装箱堆场，并接受集装箱堆场交来的进口货箱，进行拆箱、理货、保管，最后分给各收货人。同时也可按承运人的委托进行铅封和签发场站收据等业务。

它主要代表承运人办理下列业务：拼箱货的理货和交接；对货物外表检验有异状时办理批注；拼箱货的配箱积载和装箱；进口拆箱货的拆箱和保管；代承运人加铅封并签发站收据；办理各项单证和编制等。

4）集装箱尺寸、容积及计算单位

（1）集装箱尺寸。

①集装箱内尺寸（Container's Internal Dimensions）。它是指集装箱内部的最大长、宽、高尺寸。高度为箱底板面至箱顶板最下面的距离，宽度为两内侧衬板之间的距离，长度为箱门内侧板至端壁内衬板之间的距离。它决定集装箱内容积和箱内货物的最大尺寸。

②集装箱外尺寸（Container's Overall External Dimensions）。它是包括集装箱永久性附件在内的集装箱外部最大的长、宽、高尺寸。它是确定集装箱能否在船舶、底盘车、货车、铁路车辆之间进行换装的主要参数，是各运输部门必须掌握的一项重要技术资料。

（2）集装箱内容积（Container's Unobstructed Capacity）。它是指按集装箱内尺寸计算的装货容积。同一规格的集装箱，由于结构和制造材料的不同，其内容积略有差异。集装箱内容积是物资部门或其他装箱人必须掌握的重要技术资料。

（3）集装箱计算单位（Twenty-feet Equivalent Units，TEU）。它又称20英尺换算单位，是计算集装箱箱数的换算单位。目前各国大部分集装箱运输，都采用20英尺和40英尺长的两种集装箱。为使集装箱箱数计算统一化，把20英尺集装箱作为一个计算单位，40英尺集装箱作为两个计算单位，以便于统一计算集装箱的营运量。

职场指南2—3

中国远洋运输公司的集装箱外部标志

中国远洋运输公司的集装箱外部标志如图2—12所示。

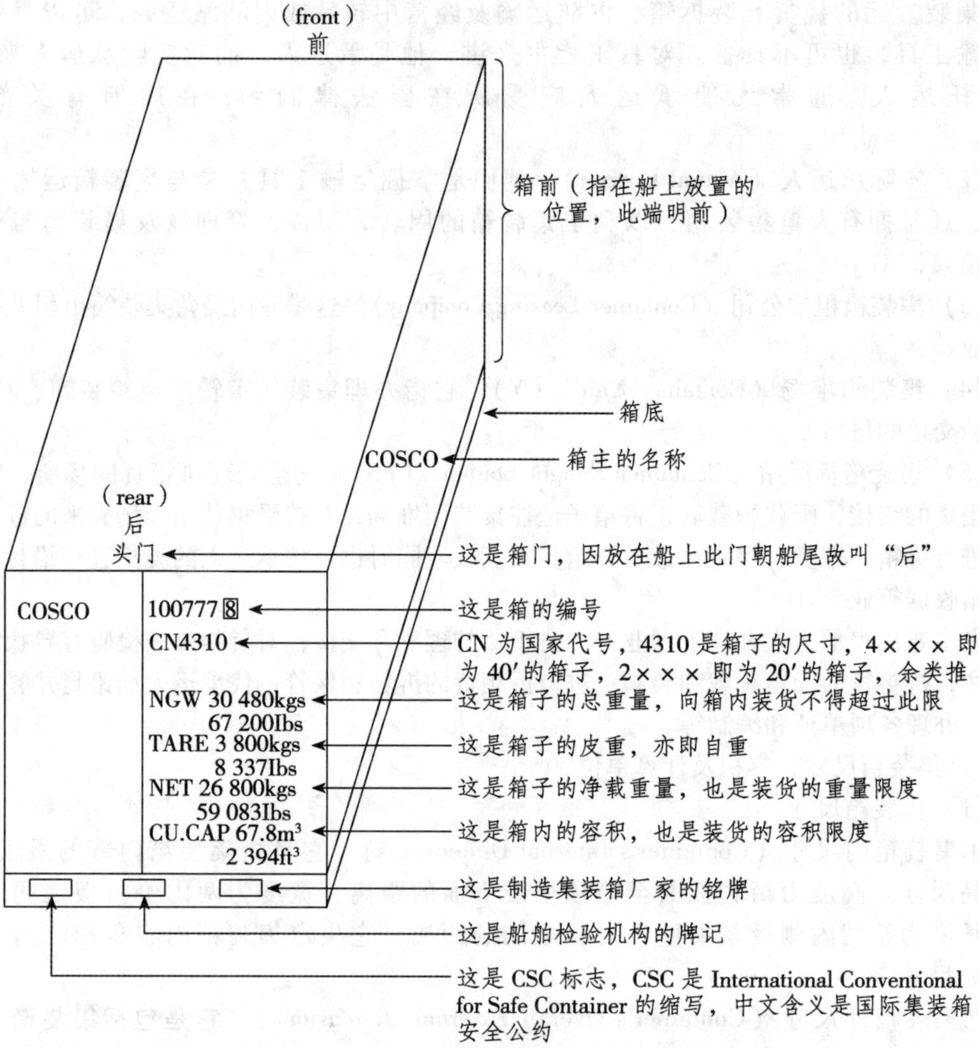

图 2—12　中国远洋运输公司的集装箱外部标志

5）集装箱租赁

集装箱租赁即集装箱所有人将空箱租给使用人的一项业务。集装箱所有人为出租的一方集装箱，使用人一般是船公司或货主，为承租的一方，双方签订租赁合同。由出租人提供合格的集装箱交由承租人在约定范围内使用。集装箱的租赁在国际上有多种不同的方式，总括起来有：程租、期租、活期租用和航区内租赁等。

6）集装箱装卸区

集装箱装卸区是具体经办运输中装卸、交换、保管集装箱的部门。它受承运人或其代理人的委托，进行下列各项业务：对整箱货运的交换、保管；设有集装箱货运站，办理拼箱货的交接；安排集装箱船的靠泊，装卸集装箱，为每航次编制配载图；办理有关货运单证的编签；编制并签验集装箱运载工具的出入及流转的有关单证；办理集装箱及运载工具、装卸工具的情况检查、维修，以及空箱的清扫、熏蒸等工作；空箱的收发、存贮和保管；安排空箱和重箱在堆场的堆码，及编制场地分配计划；其他有关业务工作。

集装箱装卸区一般由专用码头、前沿、堆场、货运站、指挥塔、修理部门、大门和办公室组成。有时堆场或货运站等可延伸到市区内部5~15公里的中转站。

7）集装箱堆场及场站

（1）集装箱前方堆场（Marshalling Yard）。它是指在集装箱码头前方，为加速船舶装卸作业，暂时堆放集装箱的场地。其作用是：当集装箱船到港前，有计划有次序地按积载要求将出口集装箱整齐地集中堆放，卸船时将进口集装箱暂时堆放在码头前方，以加速船舶装卸作业。

（2）集装箱后方堆场（Container Yard）。它是集装箱重箱或空箱进行交接、保管和堆存的场所。有些国家对集装箱堆场并不分前方堆场或后方堆场，统称为堆场。集装箱后方堆场是集装箱装卸区的组成部分，是集装箱运输"场到场"交接方式的整箱货办理交接的场所（实际上是在集装箱卸区"大门口"进行交接的）。

（3）空箱堆场（Van Pool）。它是专门办理空箱收集、保管、堆存或交接的场地，是专为集装箱装卸区或转运站堆场不足时才设立的。这种堆场不办理重箱或货物交接。它可以单独经营，也可以由集装箱装卸区在区外另设。在有些国家，经营这种空箱堆场，须向航运公会声明。

（4）中转站或内路站（Container Depot or Inland Depot）。它是海港以外的集装箱运输的中转站或集散地。它的作用除了没有集装箱专用船的装卸作业外，其余均与集装箱装卸区业务相同。中转站或内陆站包括集装箱装卸港的市区中转站、内陆城市、内河港口的内陆站。

8）托运人责任

托运人在集装箱运输中应有的责任不完全同于传统海运方面的。拼箱货托运人的责任与传统海运相同。整箱货托运人的责任不同于传统运输的有：应保证所报货运资料的正确和完整；承运人有权核对箱内所装货物，因核对而发生的费用，由托运人承担；海关或其他权力机关开箱检查，其费用和由此发生货损货差，由托运人承担；因集装箱货不满，或是垫衬不良，积载不当，或是装了不适于集装箱运输的货物，而引起货损、货差，一概由托运人负责；如使用了托运人自有的不适航的集装箱，所引起的货损事故，应由托运人负责；在使用承运人集装箱及设备其间造成第三者财产或生命的损害，应由托运人负责赔偿。

9）集装箱运输的方式

集装箱运输是将一定数量的单件货物装入标准规格的金属箱内，以集装箱作为运送单位所进行的运输，可适用于海洋运输、铁路运输及国际多式联运。集装箱的交接方式主要包括：

（1）FCL/FCL，即整箱交/整箱收。在这种交接方式下，集装箱的具体交接地点有以下四种情况：

①Door to Door，即"门到门"。它指在发货人的工厂或仓库整箱交货，承运人负责运至收货人的工厂或仓库整箱交收货人。

② CY to CY，即"场到场"。它指发货人在起运地或装箱港的集装箱堆场整箱交货，承运人负责运至目的地或卸箱港的集装箱堆场整箱交收货人。

③Door to CY，即"门到场"。它指在发货人的工厂或仓库整箱交货，承运人负责运至目的地或卸箱港的集装箱堆场整箱交收货人。

④CY to Door，即"场到门"。它指发货人在起运地或装箱港的堆场整箱交货，承运

人负责运至收货人的工厂或仓库整箱交收货人。

（2）LCL/LCL，即“拼箱交/拆箱收”。在这种交接方式下，集装箱的具体交接地点只有一种情况，为CFS to CFS，亦即“站到站”。这是指发货人将货物运往启运地或装箱港的集装箱货运站，货运站将货物拼装后交承运人，承运人负责运至目的地或卸箱港的集装箱货运站进行拆箱，当地货运站按件拨交各个有关收货人。

（3）FCL/LCL，即“整箱交/拆箱收”。在这种交接方式下，集装箱的具体交接地点有以下两种情况：

①Door to CFS，即“门到站”。它指在发货人的工厂或仓库整箱交货，承运人负责运至目的地或卸货港的货运站。货运站拆箱按件拨交各有关收货人。

②CY to CFS，即“场到站”。它指发货人在启运地或装箱港的集装箱堆场整箱交运，承运人负责运至目的地或卸货港的集装箱货运站，货运站负责拆箱拨交各有关收货人。

（4）LCL/FCL，即“拼箱交/整箱收”。在这种交接方式下，集装箱的具体交接地点也有以下两种情况：

①CFS to Door，即“站到门”。它指发货人在启运地或装箱港的集装箱货运站按件交货，然后由承运人负责运至目的地收货人工厂或仓库整箱交货。

②CFS to CY，即“站到场”。它指发货人在启运地或装箱港的集装箱货运站按件交货，货运站后，承运人负责运至目的地或卸箱港的集装箱堆场，整箱交收货人。

10）集装箱运输的费用

目前，集装箱货物海上运价体系基本上分为两大类：一类是袭用件杂货运费计算方法，即以每运费吨为单位（俗称散货价）；另一类是以每个集装箱为计费单位（俗称包箱价）。

（1）件杂货基本费率加附加费。

①基本费率，参照传统件杂货运价，以运费吨为计算单位，多数航线上采用等级费率。

②附加费，除传统杂货所收常规附加费外，还要加收一些与集装箱货物运输有关的附加费。

（2）包箱费率（Box Rate）：这种费率以每个集装箱为计费单位，常用于集装箱交货的情况，即CFS-CY或CY-CY条款，常见的包箱费率有以下三种表现形式：

①杂货包箱费率（Freight for All Kinds，FAK）。对每一集装箱不细分箱内货类，不计货量（在重要限额之内）统一收取的运价。

②集装箱包箱费率（Freight for Class，FCS）。按不同货物等级制定的包箱费率，集装箱普通货物的等级划分与杂货运输分法一样，仍是1~20级，但是集装箱货物的费率差级大大小于杂货费率级差，一般低级的集装箱收费高于传统运输，高价货集装箱低于传统运输；同一等级的货物，重货集装箱运价高于体积货运价。可见，船公司鼓励人们把高价货和大体积货用集装箱运输。在这种费率下，拼箱货运费计算与传统运输一样，根据货物名称查得等级，计算标准，然后确定相应的费率，乘以运费吨，即得运费。

③基础包箱费率（Freight for Basis，FCB），即按不同货物等级或货类以及计算标准制定的费率。

11）集装箱运输的主要货运单证

（1）托运单（Dock Receipt，D/R）。托运单含场站收据，承运人委托集装箱装卸区、中转站或内陆站收到整箱货或拼箱货后签发的收据。站场收据由发货人根据轮船公司印就的格式进行填制（见表2—15）。站场收据的作用，相当于传统运输中的大副收据，它是发货人向船公司换取提单的凭证。

表 2—15　**托运单**

Shipper（发货人）	D/R No.（编号）
Consignee（收货人） Tel：	场站收据 DOCK RECEIPT
Notify Party（通知人） Tel：	Received by the Carrier the Total number of containers or other Packages or units stated below to be transported subject to the terms and conditions of the Carrier's regular form of Bill of Lading (for Combined Transport or Port to Port Shipment) which shall be deemed to be incorporated herein
Pre-carriage by（前程运输）　Place of Receipt（收货地点）	

Ocean Vessel（船名）	Voy. No.（航次）	Port of Loading（装货港）	Date（日期） 场站章
Port of Discharge（卸货港）		Place of Delivery（交货地点）	
Final Destination for the Merchant's Reference（目的地）			

Container No.（集装箱号）	Seal No.（封志号） Marks & Nos.（标志与号码）	No. of containers of P'kgs（箱数与件数）	Kind of Packages; Description of goods（包装种类与货名）	Gross Weight 毛重（kg）	Measurement 尺码（立方米）
TOTAL NUMBER OF CONTAINERS OF PACKAGES（IN WORDS） 集装箱数或件数合计（大写）					

Freigh & charges（运费与附加费）	Revenue tons（运输吨）	Rate（运费）	Per（每）	Prepaid（运费预付）	Collect（到付）

Ex rate（兑换率）	Prepaid at（预付地点）	Payable at（到付地点）	Place of Issue（签发地点） BOOKING（定舱确认） APPROVED BY
	Total prepaid（预付总额）	No. of Original B(s)/L（正本提单份数）	货值金额

Service Type on Receiving □—CY, □—CFS, □—DOOR	Service Type on Delivery □—CY, □—CFS, □—DOOR	Reefer Temperature Required（冷藏温度）	°F	℃

TYPE OF GOODS（种类）	□Ordinary,（普通） □Reefer,（冷藏） □Dangerous,（危险品） □Auto（裸装车辆） □ Liquid,（液体） □ Live Animal,（活动物） □ Bulk,（散货）	危险品	Class: Property: IMDG Code Page: UN NO.

发货人或代理地址：			联系人：	电话：
可否转船	可否分批	装期：	备注	装箱场站名称
有效期：		制单日期：		
海运费由　　　　支付 如预付运费托收承付，请填准银行账号				

场站收据各联的名称和用途，见表2—16。

表2—16 场站收据各联的名称和用途

顺序	名称	颜色	主要用途
1	集装箱货物托运单——货方留底	白色	托运人留存备查
2	集装箱货物托运单——船代留底	白色	据此编制装船清单、积载图、预制提单等
3	运费通知（1）	白色	计算运费
4	运费通知（2）	白色	运费收取通知
5	装货单——场站收据副本（1）	白色	报关并作为装货指示
	缴纳出口货物港杂费申请书	白色	港方计算港杂费
6	场站收据副本（2）大副联	粉红色	报关，船上留存备查
7	场站收据	淡黄色	报关，船代凭此签发提单
8	货代留底	白色	缮制货物流向单
9	配舱回单（1）	白色	货代缮制提单等
10	配舱回单（2）	白色	根据回单批注修改提单

（2）装箱单（Container Load Plan，CLP）。它是信息记载每箱货物的具体资料，是向海关申报的必要单证。

（3）集装箱配载图（Pre-stowage Plan）。配载图由外轮代理公司根据订舱清单、装箱单及堆场积载计划编制，并在船舶抵港征得船方同意后，即行装船。配载图由集装箱船各排每列和分层的横断构成。

（4）站场收据（Dock Receipt）。承运人委托集装箱装卸区、中转站或内陆站收到整箱货或拼箱货后签发的收据。站场收据由发货人编制。如同一批货物装有几个集装箱时，先凭装箱单验收，直到最后一个集装箱验收完毕时，才由港站管理员在站场收据上签收。站场在收到整箱货后，发现所装的箱外表或拼箱货包装外表有异状时，应加批注。

（5）提货单（Delivery Order）。进口收货人或其代理在收到“到货通知”后需持正本提单向承运人或其代理换取“提货单”，然后向海关办理报关，经海关在“提货单”上盖章放行后，才能凭该单向承运人委托的堆场或货运站办理提箱或提单，提货时收货人或其代理要在提货单上盖章以证明承运人的责任已结束。

提货单一般为一式五联，第一联称“提货单”，此联由港方留存；第二联称“费用账单”，此联由收货人留存；第三联也是“费用账单”，此联由港方留存；第四、五联均称“交货记录”，收货人提货时需在此两联上盖章，第四联由港区留存，第五联由港区转船代留存。

（6）设备交接单（Equipment Receipt）。集装箱所有人或租用人委托集装箱装卸区、中转站或内陆站与货方即用箱人或其代表之间交接集装箱及承运设备的凭证。交接单由承运人或其代理人签发给货方，据以向区、站领取或送还重箱或空箱。交接单第一张背面印有交接使用条款，主要内容是集装箱及设备在货方使用期中产生的费用，以及遇有设备及所装货物发生损坏、灭失的责任划分，及对第三者发生损害赔偿的承担。设备交接一般在区、站大门口办理。设备包括集装箱、底盘车、台车及电动机等。交接单分“出门”和“进门”两种。

12）集装箱货物出口运输操作

(1) 订舱（即订箱）。发货人根据实务合同或信用证中的条款，或者货代根据委托人的委托书内容向船公司或其代理填进集装箱货物托运单，办理订舱（即订箱）手续。

(2) 接受托运并制作场站收据。站场收据承运人委托集装箱装卸区、中转站或内陆站收到整箱货或拼箱货后签发的收据。站场收据由发货人编制。

(3) 发送空箱。整箱货所需的空箱由船公司或其代理送交，或由发货人领取；拼箱货所需的空箱由货运站领取。

(4) 集装箱装箱与交货。

①整箱货的装箱与交货。发货人或货代收到空箱后，应在装箱前（最晚不得晚于装箱前24小时）向海关办理报关，并应在海关监管下进行装箱，装毕由海关在箱门处施加铅封，铅封上的号码称为“封志”（Seal），然后，发货人或货代应及时将重箱和场站收据一并送往堆场，堆场装卸区的工作人员点收货箱无误后，代表船方在场站收据上签字并将该收据退还来人，证明已收到所托运的货物并开始承担责任。

②拼箱货的装箱与交货。对拼箱货，发货人应先行办理报关，然后将货物送交货运站，也可委托货运站办理报关，如属这种情况，则发货人应将报关委托书及报关所需要的单证连同货物一并送交货运站。货运站点收货物后，根据货物的性质、流向、目的港的不同进行拼装。这时发货人最好派人在现场监装，以防发生短装、漏装、错装等事故。货运站的工作人员在点收货物后或在拼装完毕后应代表船方在场站收据上签字并将该收据退交发货人，证明收到所托运的货物并开始承担责任。

(5) 货物进港。发货人或货运站接到装船通知后于船舶开装前5天即可将重箱运进指定的港区备装，通常在船舶吊装前24小时停止货箱进港。

(6) 换取提单。场站收据是承运人或货运站收货的凭证，也是发货人凭以换取提单的唯一凭证。如信用证上规定需要已装船提单，则应在货箱装船后换取已装船提单。

(7) 运费结算。运费结算通常包括基本海运费和附加费，运费的支付方式主要有“预付”、“到付”和“第三方支付”。

相关链接2—5

集装箱进口运输操作

(1) 寄送资料。起运港的船公司或其代理应在货轮抵港前（近洋24小时前，远洋7天前）采用传真或电传或邮寄的方式向卸货港提供提单副本、舱单、装箱单、积载图、危险货物集装箱清单、危险货物说明书、冷藏箱清单等有关的必要的卸船资料。

(2) 分发单证。船公司或其代理应及时地将起运港寄来的有关货运单证分别送给有关的进口货代或收货人、堆场和货运站，以便各有关单位在货轮抵港前做好各项准备工作。

(3) 发到货通知。船公司或其代理应预告进口货代或收货人货轮抵港日期，并应于船舶到港后发正式到货通知。

(4) 换取提货单。进口货代或收货人接到通知后应持正本提单向船公司或其代理换取提货单。

(5) 卸船提货。货箱自船上卸下后，整箱货先存放在堆场，拼箱货先运往货运站。进口代理或收货人应在规定的时间内向海关办理进口报关，海关放行后凭提货单至堆场提箱或在货运站开箱提货，如提箱还应在提前交付押金和办理设备交接单的手续。

(6) 收货人或其代理在提箱时如发现铅封损坏或丢失，箱上有孔洞，货物短少或损坏应在提货单的“交货记录”联上详细列明并应要求堆场或货运站共同签认，以便事后凭以向船公司索赔。否则，船公司将不承担责任。

◆ 本章小结

出口贸易跟单是外贸跟单业务中的重要组成部分，通过本章的学习，培养学生基本的出口跟单业务操作能力，从基本判断企业的生产能力和经营情况出发到样品、合同及订单跟单的签订，其中包含原材料、生产进度、包装、质量、外包、运输等一系列的操作程序，为今后从事外贸跟单工作技能打下基础。

◆ 基础训练

一、选择题

1. 从企业法人名称“杭州威风化工有限公司”，跟单员可以准确地得到下列哪些信息(　　)。

A. 企业的行业　　B. 企业注册地

C. 企业组织形式　　D. 企业经营范围

2. 以下属于合同成立要件的包括(　　)。

A. 当事人有行为能力　　B. 合同必须是书面的

C. 合同有对价约因　　D. 合同内容合法

3. 以下关于工序检验的说法，错误的是(　　)。

A. 工序检验通常有首件检验、巡回检验、末件检验

B. 工序检验的目的是在加工过程中防止出现大批不合格品，避免不合格品流入下道工序

C. 工序检验仅指对产品的检验，即剔除不合格品

D. 工序检验除了检验产品外，还要检验环境等质量影响因素

4. 外包质量管理中的领发料管理的供料过程有(　　)。

A. 签订外包（协）加工合同

B. 根据生产工艺单或耗料图（单）的耗料量发放原材料和辅料

C. 填写“领（发）料单”时外包企业领料人和发包企业发料人必须签字作记录

D. 对于残次、边角料、剩余料的主、辅料必须实行“坏一换一”制度

5. 外贸跟单员将货物和包装一起称重后所得的数值，应该填入箱外(　　)栏目中。

A. 侧唛的“NET WEIGHT”　　B. 侧唛的“GROSS WEIGHT”

C. 侧唛的“QUANTITY”　　D. 侧唛的“MEASUREMENT”

二、判断题

1. 危险货的托运应填制专门的危险货物运单，即红色运单。(　　)

2. 信用证如果要求提单“凭开证银行指示（To Order of Issuing Bank)”，或“凭收货人指示（To Order of Consignee)”，这种提单必须经发货人背书。(　　)

3. 跟单员审查付款方式是因为每个企业都自己规定的付款条件，有些付款方式企业不能接受。(　　)

4. 国际货物集装箱拼箱运输过程中，发货人或货代将拼好的重箱和场站收据一并送往堆场，承运人的责任从承运人在堆场接收重箱开始。(　　)

5. 国际货物海运中，如果运输需要中转，那么中转港的二程船公司签名的提单仍然可以作为货主向银行议付的单据。(　　)

三、名词解释

1. 合同

2. 集装箱

3. 外包

四、简答题

1. 简述跟单员审查合同或订单审查范围包括哪几个方面。

2. 简述集装箱运输的优点。

3. 简述出口产品质量的构成要素。

4. 请写出生产进度跟单的基本要求和流程。

5. 天津景天日化制品有限公司以 CFR 价格出口无磷洗衣粉，该商品内包装为塑料袋，每袋 0.5kg，外包装为纸箱，每箱 50 袋，纸箱的尺寸 47cm×30cm×20cm，请问一个 20 英尺集装箱能够装多少 kg 无磷洗衣粉？按此量装箱，集装箱是否符合运输要求？

◆ 实操演练

演练一：

【背景资料】

广东大鹏阀门总厂为广东宏韵外贸公司生产一批阀门，出口美国。广东宏韵外贸公司指派跟单员占嘉良对这批阀门进行生产跟单。在生产初期，由于阀杆供应延误而影响了阀门初期的生产进度。在生产中期，又由于流水线设备故障致使生产进度拖延。工厂为了追赶工期，将部分阀门外发给了资质不全的工厂进行加工，从而赶上了广东宏韵外贸公司的交货时间。货物发出一个月后，美国客商收到了阀门。经检测，部分阀门的技术指标未达到合同要求，只有重新维修调试后才能使用。为此美商向广东宏韵外贸公司提出索赔。

【实操要求】

根据上述案例，请分析广东宏韵外贸公司跟单员占嘉良在跟单过程中存在的问题。

【模拟时间】

完成本业务操练时间以不超过10分钟为准。

演练二：

【背景资料】

2009年5月6日，江苏宏大进出口有限公司（JIANGSU HONGDA IMP. & EXP. CO., LTD.）收到了丹麦客商（H. YOUNG CO., LTD.）的采购单，5月20日丹麦客商对江苏宏大进出口有限公司提供的服装样板（Style no. 926）提出了修改意见。

【实操要求】

根据业务背景资料，回答第（一）~（四）题的相关问题。

【模拟时间】

完成本业务操练时间以不超过60分钟为准。

【实操内容】

PURCHASE ORDER（P/O）见表2—17。

表2—17 PURCHASE ORDER（P/O）

SELLERS	JIANGSU HONGDA IMP. & EXP. CO., LTD.		NO.	HY20090506
BUYERS	H. YOUNG CO., LTD.		DATE	May 06, 2009
MARKS	DESCRIPTION OF GOODS	QUANTITY	UNIT PRICE	AMOUNT
	Style no. 925 100% Cotton Blouse（EEC-7）	2 250PCS	FOB Shanghai (incl. quota) USD15. 20/PC	USD34 200. 00
	Style no. 926 95% Cotton 5% Spandex Culotte（裙裤）（EEC-6）	3 750PCS	USD14. 20/PC	USD53 250. 00
TOTAL		6 000PCS		USD87 450. 00

REMARKS

1. Garments must be free from AZO, PCP and nickel.
2. "YKY" zipper must be used in culotte.
3. 5% more or less in quantity & amount are allowed.
4. Packed in strong export carton and suitable for long distance ocean transportation.
5. Fabric: $40^s \times 40^s/120\times100$ in style no. 925 and $40^s\times40^s+40D/133\times72$ in style no. 926.
6. The shrinkage of fabric must be below 2% in style no. 925 and below 3% in style no. 926.
7. The colour fastness of fabric must be 3 ~4.

TOTAL AMOUNT	Say US Dollar eighty-seven thousand four hundred and fifty only.
TRANSSHIPMENT	☐ Allowed ☒ Prohibited
PARTIAL SHIPMENTS	☐ Allowed ☒ Prohibited
SHIPMENT DATE	40 days after L/C
INSURANCE	☒ by the buyers ☐ by the sellers

续表

RMS OF PAYMENT

The buyers shall pay 100% of the sales proceeds through sight draft/by T/T remittance to the sellers not later than ________ .

The buyers shall issue an irrevocable L/C at ××× sight through Bank of China in favor of the sellers prior to May 30, 2009 indicating L/C shall be valid in China through negotiation within 15 days after the shipment effected, the L/C must mention the P/O no.

☐ Documents against payment:

The buyers shall duly make the payment against documentary draft made out to the buyers at ________ sight by the sellers.

☐ Documents against acceptance:

The buyers shall duly accept the documentary draft made out to the buyers at ________ days by the sellers.

DOCUMENTS REQUIRED

The sellers shall present the following documents required for negotiation/collection to the banks.

☒ Full set of clean on board ocean Bills of Lading.

☒ Signed commercial invoice in THREE original and TWO copies. A certificate evidencing that the garments are neither of requirements for concentration limits for certain hazardous substances nor do they contain hazardous materials on the health of human population and environment is requested separately.

☒ Packing list/weight memo in THREE copies.

☒ Inspection certificate of quantity and quality in ONE original issued by SGS.

☐ Insurance policy in ________ copies.

☒ Certificate of origin in ONE original issued by China Chamber of Commerce.

SHIPPING ADVICE

The sellers shall immediately, upon the completion of the loading of the goods, advise the buyers of the contract no., names of commodity, loaded quantity, invoice values, gross weight, names of vessel and shipment date by E-MAIL / FAX.

INSPECTION AND CLAIMS

1. The buyers shall have the qualities, specifications, quantities of the goods carefully inspected by the SGS Inspection Authority, which shall issue inspection certificate before shipment.
2. The buyers have right to have the goods inspected by the local commodity inspection authority after the arrival of the goods at the port of destination if the goods are found damaged/short/their specifications and quantities not in compliance with that specified in the contract, the buyers shall lodge claims against the sellers based on the inspection certificate issued by the commodity inspection authority within 60 days after the goods arrival at the destination.
3. The claims, if any regarding to the quality of the goods, shall be lodged within 30days after arrival of the goods at the destination, if any regarding to the quantities of the goods, shall be lodged within 7days after arrival of the goods at the destination. The sellers shall not take any responsibility if any claims concerning the shipping goods is up to the responsibility of insurance company/transportation company/post office.

续表

FORCE MAJEURE The sellers shall not hold any responsibility for partial or total non-performance of this order due to Force Majeure. But the sellers advise the buyers on time of such occurrence.
DISPUTES SETTLEMENT All disputes in connection with this order of the execution thereof shall be amicably settled through negotiation. In case no amicable settlement can be reached between the two parties, the case under dispute shall be submitted to arbitration, which shall be held in the country where the defendant resides, or in third country agreed by both parties. The decision of the arbitration shall be accepted as final and binding upon both parties. The arbitration fees shall be borne by the losing party.
LAW APPLICATION It will be governed by the law of the People's Republic of China under the circumstances that the order is signed or the goods while the disputes arising are in the People's Republic of China or the defendant is Chinese legal person, otherwise it is governed by Untied Nations Convention onContract for the International Sale of Goods. The terms in the order based on INCOTERMS 2000 of the International Chamber of Commerce.
VERSIONS This order is made out in both Chinese and English of which version is equally effective. Conflicts between these two languages arising therefrom, if any, shall be subject to Chinese version.
This order is in TWO copies, effective since being singed/sealed by both parties.

Representative of the sellers: Authorized signature	Representative of the buyers: Authorized signature

（一）审核采购单

1. 根据上述采购单，请把下列句子译成中文：

（1）Garments must be free from AZO, PCP（注：五氯苯酚，是一种防腐剂和防霉剂）and nickel.

（2）Packed in strong export carton and suitable for long distance ocean transportation.

2. 根据上述采购单，出口商在制作商业发票时，除了显示发票的必要内容外，还要附加什么说明？

3. 出口商提供由我国进出口商品检验检疫局签发的一般原产地证书是否符合采购单要求？为什么？

4. 出货前的最终检验，必须经过什么检验机构进行检验并出具书面报告？检验的内容包括哪两个方面？

（二）样品跟单

跟单员王平收到了外商对该公司样品的确认意见（具体见表2—18）。通过阅读，王平对其中的英文表述有些疑惑，请你帮助翻译。

表 2—18　　**样品确认意见表**

H. YOUNG CO., LTD.	APPROVAL SAMPLE COMMENTS	

Style name	CULOTTE	Coll		03 Coll. 5, Fransa (81)
Style no.	926	Brand		FRW
Supplier	JIANGSU HONGDA	Date		30. 05. 09
Measurement/Size (cm)		Sample	Difference	Comments
01 Waist width		37. 50	+1	Improve
02 Hip｜-9cm down from top of waist		44. 00	+0. 5	Improve
03 Hip｜-19cm down from top of waist		49. 50	+1	Improve
04 Bottom width		70. 00		
05 Waist facing height		8. 50		
06 Total length c. b. from top waist		59. 00	+3	* Revised
07 Total length off from top waist		57. 50	+4	* Revised
08 Zipper length from top of waist		18. 00	-2	Improve
09 Pocket face height insides		13. 00	-1	* Revised
10 Pocket face width		13. 00		
11 Pocket height against cuff		5. 00		

General comments:

( ) = Measurement is OK; (+) = Measurement is too big; (-) = Measurement is too small;

(*) = Measurements marked are revised.

Please (pls) follow the size specification (spec.) with the latest changed date.

Approval Sample (smpl)

Attention

1. Pls compare approval smpl measurement with new revised measurement in size spec. All measurement must be adjusted according to new revised size spec.
2. Pls send size set in size 38 ~42 for re-approval by us before starting production.
3. Packing: 1 piece in polybag & flat, with G. W. no more than 10 kgs per carton, solid colour and solid size with style no. 925, 1 piece in polybag & flat and 8 pcs per carton, assorted colour and size with style no. 926.
4. Export carton must be strong.
5. Shipping mark must show H. YOUNG, style no., quantity, colour and carton no. Side mark must show gross weight, net weight, size of carton.
6. Pls inform us by fax/mail of all inquiries regarding delivery before shipment.

Approval Sample Workmanship

1. Pls note that new length is 66cm.
2. Pleats (皱折) at back must be closed as on front.
3. Zipper must be original "YKY".

1. “Approval sample”的中文意思是什么？请说出跟单员在评估这类样品时，需要关注的五个方面内容。

2. 在表格中，“Difference”和“Comments”栏目项下显示了“+”、“-”和“*”符号，请说出其中文含义。

3. 在表格中，还对装箱方法作了叙述，请将以下英文译成中文：

1 piece in polybag & flat, with G. W. no more than 10 kgs per carton, solid colour and solid size with style no. 925, 1 piece in polybag & flat and 8 pcs per carton, assorted colour and size with style no. 926.

（三）生产进度和质量跟单

1. 江苏宏大进出口有限公司将丹麦客商的订单委托苏州宏源制衣有限公司生产，跟单员王平时间有限，不能长期驻厂跟单，你认为他至少应该分哪几个阶段进行检验？

2. 在第一阶段的检验过程中，主要需进行哪两方面检验？

3. 请写出订单对 style no. 925 面料的规格和技术指标要求。

4. 跟单员王平必须在生产任务完成多少比例（成箱率）以上才可以做最后阶段的检验？

5. 根据采购单要求，成品出口数量是否可以增加或减少？为什么？

6. 假设苏州宏源制衣有限公司可以将订单中的 style no. 926 提前完成，工厂希望能提前出运，请问江苏宏大进出口有限公司能否同意安排提前出运？为什么？

（四）辅料跟单

跟单员王平在收到外商意见的同时，还收到采购单中规定的“YKY ZIPPER”供应商联系地址和方法，请阅读以下所给有关“YKY ZIPPER”资料，计算并回答问题。

DETAIL INFORMATION OF YKY ZIPPER

ORDERING ADDRESS

Connect Trimmings Ltd.

6/F, Flat D, Linyin Bld., 123 Tung Chau St., Hong Kong

Tel: 00852-23956996 Fax: 00852-12254486

E-mail: Hay@hjj. com. nk

BANK DETAILS

Bank: The Hong Kong and Shanghai Banking Corporation Limited

No. 1 Queen's Road, Hong Kong

SWIFT Code: SBCHKHHHKH

Account no.: 599-8-65423

PLEASE NOTE

① Delivery terms: EX WORKS.

② It is imperative to put p/o number with H. YOUNG.

③ It is imperative to put style number.

④ It is Seller's responsibility to order zippers in time before production.

⑤ Delivery time: Within 30 days after payment with order.

⑥ Transportation: We can provide shipment as per destination.

⑦ All zippers can be produced at a special request. This is to be settled in each individual case.

⑧ Prices are not on the order formula, please ask for quotation.

---

1. 跟单员王平必须购买什么品牌的拉链？拉链的价格术语是什么？从拉链生产商至江苏宏大进出口有限公司所在地的运杂费应该由谁承担？请从江苏宏大进出口有限公司角度分析可能存在的风险。

2. 在购买拉链时，必须注明哪些重要的信息资料（要求用中文表述）？

3. 如果江苏宏大进出口有限公司在 5 月 30 日下了采购单给拉链生产商，在 6 月 1 日通过银行办理了电汇汇款手续。6 月 2 日货款到达拉链生产商的账户，则拉链生产商最迟何时能够发货？

4. 根据订单，在考虑了 1% 的损耗后，请你计算需要购买多少根拉链（不考虑颜色）。

5. 根据下面“生产作业计划书”，跟单员王平除了订购主唛、洗水唛、尺码唛、挂牌、拉链等辅料外，还需要向印刷厂订购“价格牌”（见图 2—13），请你按“生产作业计划书”的要求计算“价格牌”的数量（见表 2—19）（提示：计算时需要考虑 1% 的损耗率）（列出计算步骤）。

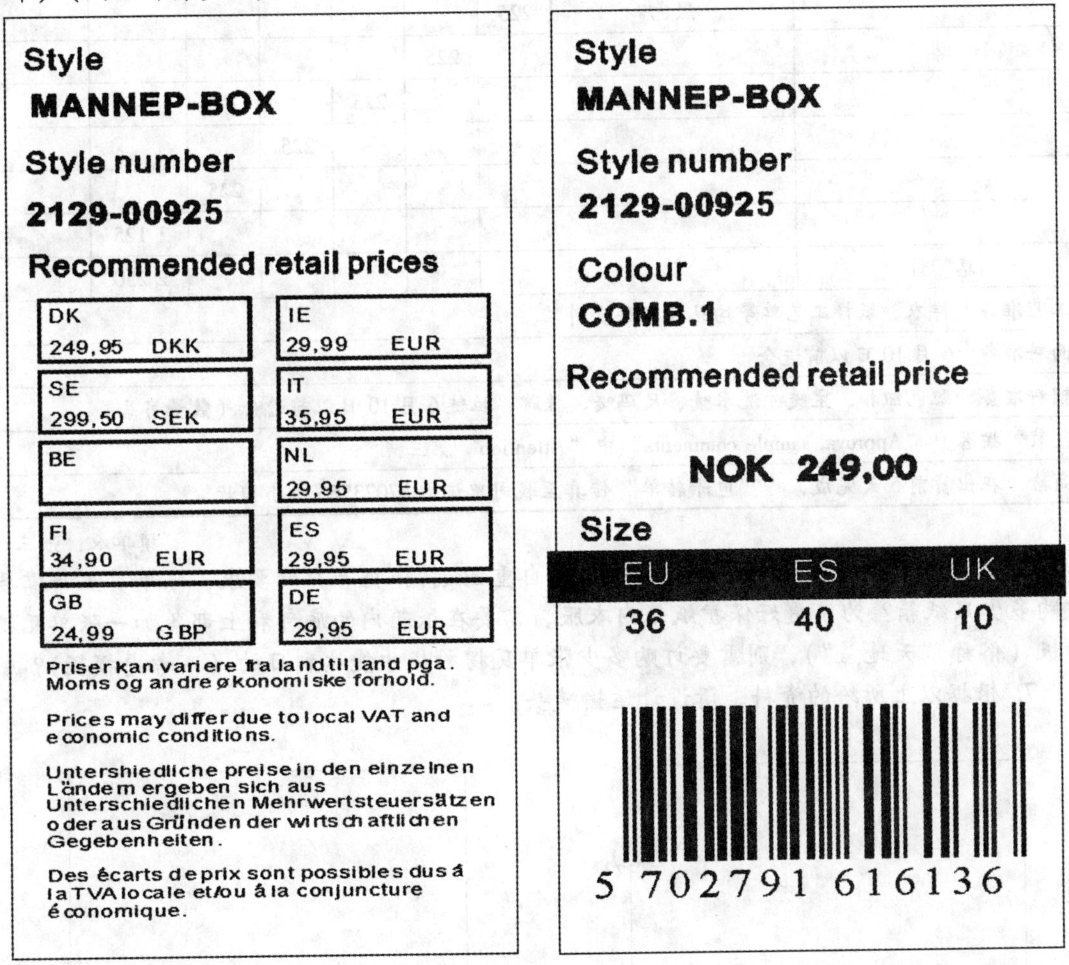

图 2—13　价格牌

表 2—19 **江苏宏大进出口有限公司生产作业计划书**

生产加工单位 苏州宏源制衣有限公司	负责人 王音茵	要求出货时间 7 月 6 日 进仓地址 待通知（上海）					落单时间 2009 年 5 月 20 日	
款号（女衬衫）925	面料 全棉	各尺码配比					小计	备注
		1	1	1	1	1		
丹麦 A 超市	颜色/尺码	36#	38#	40#	42#	44#		
	棕色	225						
			225					
				225				
					225			
						225		
							1 125	
	黑色	225						
			225					
				225				
					225			
						225		
							1 125	
总 计							2 250	

工艺准备 样衣、纸样工艺单等均见技术科资料

面料准备 6 月 10 日以前进仓

辅料准备 配色纽扣、主唛、洗水唛、尺码唛、挂牌、拉链 6 月 10 日以前进仓（数量另告）

包装 按客户“Approval sample comments”中“Attention”第三点

商检 在出货前 5 天完成，将“电子转单”传真至我司单证部 87023566 王小姐收

填单人：张三红

6. 如果 925 款的每件净重为 400g，纸箱自重 2kg，根据客户的要求，跟单员王平需要订购多少只纸箱？为了更好保护纸箱内衣服，需要在纸箱内的底部和上部各加一张单瓦楞衬板（俗称“天地盖”），则需要订购多少张单瓦楞衬板才能达到目的（不考虑损耗）？

7. 根据以上所给的资料，请设计运输唛头。

正唛

侧唛

第3章

进口贸易业务跟单

【学习目标】

通过本章的学习，了解进口贸易跟单的基本流程；熟悉进口贸易跟单的主要工作；掌握进口业务跟单实务。

3.1 进口贸易跟单的基本流程

3.1.1 进口贸易的分类

进口贸易按其性质、特点、方式等可以划分为多种分类形式。如直接进口、间接进口、第三国转口；一般贸易进口、加工贸易进口；货物进口、设备进口、技术进口；一般关区进口、保税区进口；需要许可证（自动登记）进口、不需要许可证（自动登记）进口；指定商品企业进口、非指定商品企业进口；国家调拨进口、易货贸易进口和专项外汇进口；自营进口、代理进口等。

3.1.2 进口业务工作流程

进口贸易跟单流程主要环节有：进口业务的交易前准备、进口合同的签订、进口合同的履行、进口业务的后期管理等。

进口跟单是指在进口合同签订的前提下，按进口跟单一般流程，对进口合同履行进行业务跟踪或跟进。进口跟单涉及前程跟单、中程跟单和全程跟单。进口业务的工作流程如图3—1所示。

相关链接3—1

进口跟单工作的基本要求

随着我国的进口贸易总额不变扩大，对进口跟单业务需求增加，进口跟单质量好坏，直接影响企业经济效益。目前进口业务已成为外经贸企业、生产企业、三资企业的一个利润增长点。进口跟单员要在变幻莫测的国际贸易中履行好进口跟单业务，要注意以下工作特点和要求：

（1）授权有限

跟单员在进口跟单作业过程中，必须是在授权范围内进行，不许超越权限。由于进口商品有着特殊的专业背景，会潜伏着各种风险，加上金额庞大，容不得半点闪失。

（2）复核制约

跟单员必须认真履行本职的分工安排，各个环节相互复核、制约能够有效控制风险，

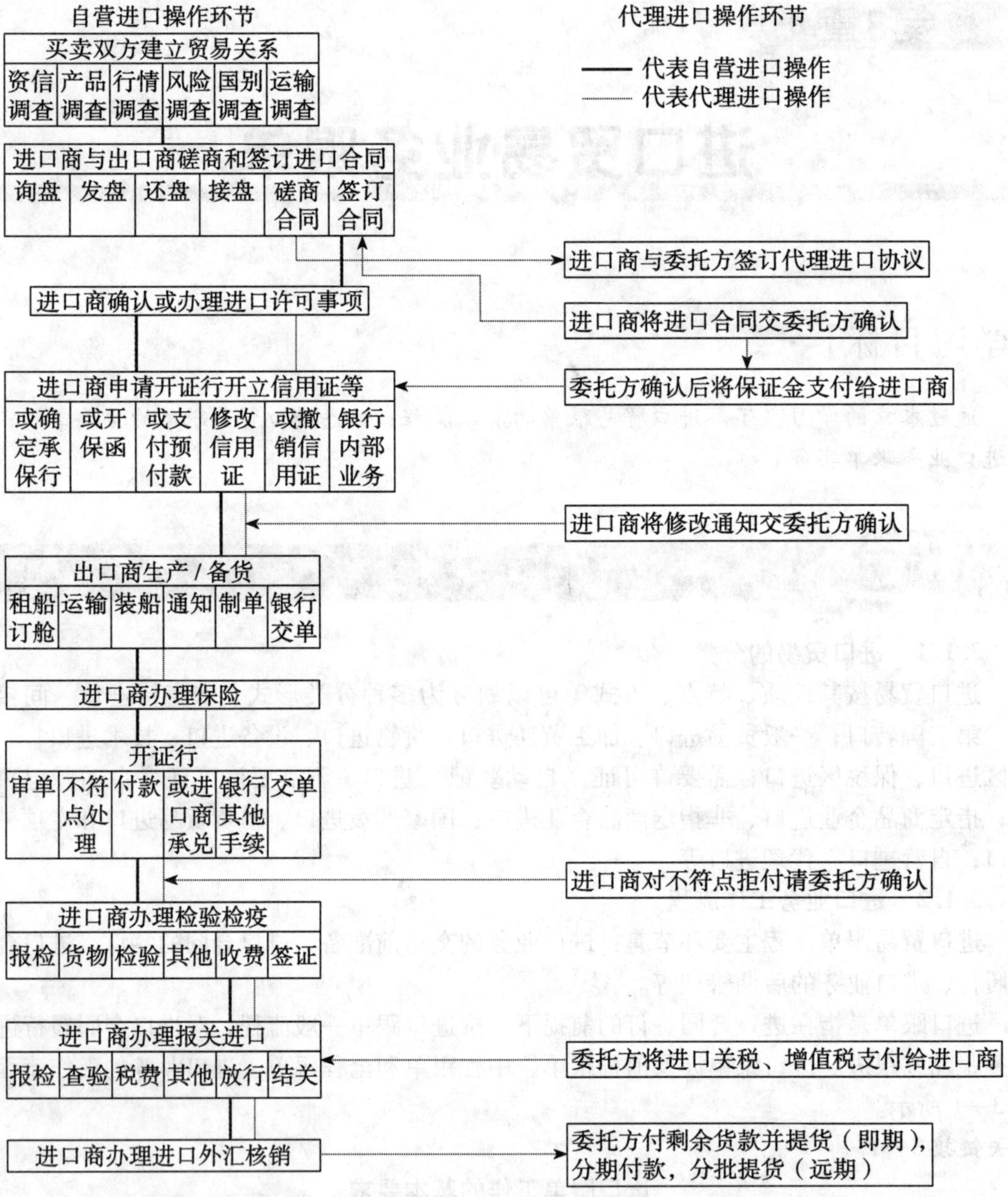

图 3—1 进口业务的工作流程

一旦操作失误而又失去监督，就会产生风险。

（3）定期报告

跟单员在经办各项业务中，必须定期定时报告业务进度，同时要形成书面工作报告，以保证顺利完成跟单工作。一旦遇到业务问题要及时向上级报告，不得隐瞒不报，不得拖延报告时间，防止贻误企业处理问题的时机。

（4）遵章守纪

进口业务操作业务环节多，审批手续多，法律责任重，在业务操作中要保证有关法规及规章制度的执行落到实处，确保业务操作规范、严谨。

（5）工作细腻

勤奋、务实、严谨的工作作风是做好进口跟单工作的重要前提。跟单员要做到“四勤”，即腿勤、脑勤、眼勤、手勤，掌握第一手资料。要细化前期工作，事先尽可能多地了解进口业务整个过程细节，预先充分估计工作中可能会遇到的问题，提前做好预防措施，有备无患。

（6）言行得体，处事有度

跟单员在与各有关方面进行相应业务环节工作过程中，对内对外要礼貌待人，言行得体，处事有度。要有团队合作的强烈意识。尤其是在履行进口跟单各环节工作的对外交往中，对于发生环境或情况变化，不能随意、越权对外表态。

3.2 进口贸易跟单的主要工作

进口贸易跟单与出口贸易跟单的工作内容有较大的区别，从业务流程看，进口与出口相反。进口贸易跟单流程的主要环节包括进口业务的交易磋商准备、商定、履行、后期管理等。

3.2.1 进口业务交易前的准备

开展进口业务的企业需具备对外贸易经营权，涉及国家指定商品进口的，需事先获得政府有关部门的经营许可，如原油、成品油、化肥、煤炭、危险品、铁矿砂、汽车等商品的进口许可。凡涉及国家指定商品经营的，需按规定办理指定商品经营审批。没有获得批准的企业不能从事这类商品的进口。

1）寻找和选择国外供应商

（1）选择进口商和供应地。在商品的生产国或地区内寻找多个供应商，对多个供应商的综合报价资料进行比较分析，确定和缩小供应商范围。在进口业务中，进口商的寻找比出口商相对容易一些，进口商向出口供应商购买货物时，在一般情况下会得到出口供应商的积极响应与配合。但是在货物供不应求的时候进口商会受制于出口供应商。

（2）资信调查内容及渠道。资信调查的内容包括：客户公司的成立年份、经营性质、注册资金、股权结构、经营业绩、经营商品、银行信用、支付能力、员工人数、主要负责人、联系人、联系方式及是否有网站等。

跟单员要通过各种渠道对国外供应商的资信情况进行全面的了解和掌握，要求客户自我介绍、网上搜寻查证、向中国驻当地商务处函电咨询、通过中国银行等机构进行资信调查等，以防止有些供应商资信不佳，出售劣质商品，甚至伪造单据，骗取货款，使进口商受损。

（3）紧急报告制度。在得知客户发生经营异动或经营纠纷等情况后，跟单员应及时向进口业务经理及公司领导报告，暂停或放缓业务；对于有迹象表明客户将申请破产倒闭的，应立即停止业务，并迅速采取有效的自我保护措施。

2）进口商品（设备）业务调查

（1）商情调查。其主要是对进口商品进行规格、型号、质量、技术性能、售后服务、数量、单价、交货时间和地点等做出调查，除此商情调查外还要进行行情调查，对同类或替代商品的国内及国际市场的单价、价格曲线等作出高、中、低的价位分析。

（2）进口业务环节调查。进口业务环节涉及运输、保险、商检、报关、银行等部门的审批，跟单员应及时了解是否遇到业务操作或政策上的障碍。

（3）仓储能力情况调查。此项调查主要是对仓库类型、地址、仓库管理水平、仓储费用及支付方式等内容进行调查。

3）资金备付调查

（1）国内销售提货付款方式调查。在外贸中支付方式有电汇、承兑汇票、银行汇票、转账支票等。注意承兑汇票涉及承兑期限和贴现费用由谁承担的问题；转账支票是否是空头支票的问题。

（2）国外货款备付调查。进口商的资金状况决定了履行合同的能力，跟单员主要是对企业可用于开立信用证的额度和对外支付预付款的能力展开调查。

（3）进口成本及自营业务收益估算调查。

第一，进口成本估算。通常而言，商品进口的主要费用有：银行费用、保险费用、运输费用、检验检疫费用、海关税费、码头费用和其他费用等。

第二，自营进口业务收益估算。估算购销差价、经营利润、资金回报率。

$$资金回报率=\frac{经营利润}{占用资金总额}\div\frac{占用资金天数}{30天}\times100\%$$

不同企业可以根据本企业内部制度的要求另行设定计算公式。

4）申请进口许可证

（1）进口业务涉及的进口核准及许可事项。其主要有：进口许可证核准；自动进口许可证核准（非外商投资企业）；农产品进口关税配额证审核；加工贸易业务批准证审批；加工贸易进口保税料件内销审批；办理易制毒化学品进口许可证；办理机电产品自动进口许可证；审核进口单位上报的特定产品申请；办理技术进口合同登记证出证；自由进口技术合同登记；外商投资企业自动进口许可证；外商投资企业关税配额商品（棉花、羊毛、天然橡胶、粮食类、食糖类、成品油、钢材、氧化铝）加工贸易业务审批；外商投资企业加工贸易减产配额商品保税进口料件内销审批等。

（2）进口前办妥许可证。对于需要进口许可证的商品，必须在进口前向商务部或各省、市（自治区）外经贸或相关部门办理进口许可证等批件。进口业务跟单员需要及时掌握有关进口许可证政策变化情况。

（3）申领进口许可证应提交的一般文件、资料和进口许可证主要有：

第一，进口许可证申请表。申请表（正本）需填写清楚并加盖企业公章，填写内容必须规范。

第二，申领企业的公函或申领人的工作证，代办人员应出示委托单位的委托函。

第三，第一次办理进口许可证的申领单位，应提供商务部或省、市（自治区）外经贸部门出具的企业外贸经营权文件（复印件）。

第四，进口合同、进口商品说明书等。

3.2.2 进口合同的商定

在我国进口贸易交易时，最常见的有两种形式：一是通过具有外贸经营权的企业代理进口；二是具有外贸经营权的企业自营进口。进口业务主要环节有：签订进口合同、跟进了解国外生产和交货情况、审核和执行进口合同、审单结汇付款、进口商检、报关等。

1）进口业务交易磋商的途径

进口采购信息发布的途径有：参加国内外交易会，出访，邀请客户来访，利用媒体、网站广告，寄送需求商品目录、样品和询价清单等。进口业务交易磋商的途径有：当面洽商、电话、网上可视电话、FAX、E-mail 等。

2）进口合同成立的形式

订立进口合同的三种形式。根据《联合国国际货物销售合同公约》的规定，订立国际货物销售合同的形式可以有三种，即书面形式、口头形式和行为形式。但口头形式、行为形式较难保证进口商的利益，我国进口企业一般不常用。如果买卖双方建有长期的业务关系或有先前的总购货合同约定，客户从国外直接发来的订单或委托订单将被视为有效发盘或接受，进口商收到后要认真对待、及时回复，以免引起贸易纠纷。进口合同必须经合同双方的企业经理或有权签字人签字（企业盖章），才成为正本合同。

3）进口合同的要求

规范的合同是规避风险有效途径之一，规范的合同要求合同的项目完整、合同内容清晰，同时应该妥善保管合同文本。

（1）合同的项目完整。主要包括：合同编号、买卖双方当事人名称、产品名称、规格（型号）、质量、数量、单价、总额、付款方式、包装要求、交货期和交货方式等。此外，保险、商检、异议索赔、仲裁、不可抗力等条款也是合同中不可缺少的项目。

（2）合同内容清晰。在拟就合同内容时，要表述清晰、内容完整，严格按照双方成交的条件逐一缮制合同内容，尤其注意结算方式的选择、付款时间、交货期等条款。可以将进口商品的技术要求和检验标准及其他特殊要求以附件形式列入合同内容之中。

合同是公司对外经济活动的重要法律依据和凭证，跟单员要保守合同秘密，定期或不定期汇总检查合同履行情况。合同有关资料（如信函、图表、传真件以及合同流转单等）要按合同编号整理，建立业务卷宗档案，交档案管理人员存档，不得随意处置、销毁、遗失。

4）进口合同的变更

进口合同签订后，若部分条款有变化，需及时重新缮制合同，经过经理或有权签字人签字后重新确认，并及时向相关人员提交新的进口合同。

进口合同签订后，如果由于种种原因需撤销该合同，应以书面形式，经过经理或有权签字人批准后撤销该合同。

3.2.3 进口合同的履行

1）对外开立信用证

若涉及进口许可证的，进口商必须在开立信用证前，办妥进口许可证，然后根据国外供应商的开证资料和进口合同内容向开证行递交开证申请书。在选择开证行时，一般要考虑选择国外网点多、国际结算能力强、国际信誉度高、服务能力和水平较高、开证费用低的商业银行。

开证手续费一般是开证金额的1.5‰左右。但不同的银行开证手续费等会有所区别，要注意选择。如银行考虑进口商的实力较小或进口业务金额较大，要求进口商提供开证第三方担保，进口商需要按开证行要求提交统一格式的担保书，并选择进有一定实力的企业或国内进口客户进行第三方担保。

2）进口对外付汇

（1）对外付汇的备案登记。进口企业在开展进口业务之前，到当地外管局办理“对外付汇进口单位名录”备案登记。没有被列入名录中的进口单位不得直接到商业银行办理进口付汇。办理备案登记时，应向外管局提交以下资料：外贸经营权批件、企业营业执照、企业组织代码证书和外管局认为需要提供的其他证明资料。

（2）对外付汇。

●即期信用证付汇。当进口合同规定采用不可撤销即期信用证进行支付时，进口商需要求通知行向进口商明确提示单据检查内容无误，并接受单据后，进口商才可按付款期限对外付款：填好购汇申请书、付汇核销单、单据承付（承兑）通知书、进口许可证明等，经有权签字人签字，盖公章或加盖财务专用章，提前通知财务付款时间并准备资金，对开证行作出承付。

●远期信用证付汇。根据信用证有关规定，进口商需要在付款日期前将货款存入银行指定的账户，以备对外付款。进口商必须落实好远期付款资金，防止出现对外付款问题。

●采用托收方式结算货款。银行要求进口商接受单据的同时，在托收付款通知书上签字、盖章，通过银行对外支付货款。D/P 或 D/A 方式则是在进口商收到货款后对银行做承付或承兑。

●电汇方式支付货款：

其一，前 T/T 或部分前 T/T，可随附合同、购汇申请书、付汇核销单、形式发票等，到银行办理对外支付手续；在货到后，凭报关单、商业发票等到外管局办理核销。

其二，后 T/T 的，可随附报关单、订货合同、发票、提单、购汇申请书、付汇核销单等对外支付。

在考虑支付方式时，必须要考虑的因素有：

第一，汇率风险。这主要是本币和外币之间的汇率风险，即本币对外币的升值和贬值都会影响进口的盈利水平。

第二，市场风险。这是指进口国该商品（设备）的市场价格下跌，导致委托方的预期利润落空的风险。

第三，其他风险。在代理进口时，委托方出现的其他经营风险而殃及偿还进口商品（设备）的价款。

3）安排运输工具

租船订舱催装是跟单员在国际贸易 FOB 价格术语下重要的进口跟单业务环节，为确保进口业务的顺利履行，跟单员必须熟知国际贸易惯例，环环相扣，全程跟踪，随时掌握出口商备货情况和船舶动态，催促出口商做好装船准备工作。对于数量大或重要的进口货物，可请我驻外机构就地协助了解和督促对方履约，或派员前往出口地点检验监督，使租船订舱等环节不因疏忽或延误导致进口合同的落空。

4）进口货物保险

根据国际贸易惯例，按 FOB、CFR、FCA 和 CPT 条件成交的进口货物，由我方进口企业自行办理保险手续。进口货物的保险与出口货物内容是相同的，请参见出口货物保险的做法。

5）申请进口商品检验与检疫

（1）进口入境货物报检工作规程。由于未经检验检疫机构检验合格的入境货物，不得卸离运输工具，所以，入境货物必须办理报检手续（免检除外）。我国检验检疫机构的主要工作流程如下：录入→计费→交费→检验检疫→拟制证书→计费复核→证书复审→制证→校对→补交费→领取证单。

（2）入境货物报检分类。入境货物报检可分为入境一般报检、入境流向报检和异地施检报检。

①入境一般报检。入境一般报检是指法定检验检疫入境货物的货主或其代理人，持有关单证向报关地检验检疫机构申请对入境货物进行检验检疫以获得入境通关放行凭证，并取得入境货物销售、使用合法凭证的报检。

对入境一般报检业务而言，签发“入境货物通关单”（三联）和对货物实施检验检疫都由报关地检验检疫机构完成，货主或其代理人办理通关手续后，应主动与检验检疫机构联系落实检验检疫工作。

②入境流向报检。入境流向报检亦称口岸清关转异地进行检验检疫的报检，指法定入境检验检疫货物的收货人或其代理人持有关单证在卸货口岸向检验检疫机构报检，获取“入境货物通关单”（四联）并通关后，由进境口岸检验检疫机构进行必要的检疫处理（即只检验检疫装运货物的运输工具和外包装），货物调往目的地后再由目的地检验检疫机构进行检验检疫监管。申请进境流向报检货物的通关地与目的地属于不同辖区。其工作流程为：录入→计费→交费→入境口岸查验→缮制通关单→领取证单

③异地施检报检。异地施检报检是指已经在口岸完成入境流向报检，货物到达目的地后，该批进境货物的货主或其代理人在规定的时间内（海关放行货物后20天内），向目的地检验检疫机构申请进行检验检疫的报检。

异地施检报检是入境流向报检货物到达目的地后，入境货物货主或者代理人对同一批货物向目的地检验检疫机构的二次申报，主要目的是申请检验检疫，以取得合法的销售使用凭证。因入境流向报检时，只是在口岸对装运货物的运输工具和外包装进行了必要的检验检疫处理，并未对整批货物进行检验检疫。只有当检验检疫机构对货物实施了具体的检验、检疫，确认其符合有关检验检疫要求及合同、信用证的规定，货主才能获得相应的准许入境货物销售、使用的合法凭证，完成入境货物的检验检疫工作。异地施检报检时应提供口岸检验检疫机构签发的“入境货物调离通知单”，即“入境货物通关单”（四联）中的第三联流向联。

（3）报检单位。其主要包括有进出口经营权的国内企业、进口货物的收货人或其代理人、出口货物的生产企业、出口货物运输包装及出口危险货物运输包装生产企业、中外合资、中外合作、外商独资企业、国外企业常驻中国代表机构、进出境动物隔离饲养和植物繁殖生产单位、进出境动植物产品的生产、加工、存储、运输单位、对进出境动植物、动植物产品、装载容器、包装物、交通运输工具等进行药剂熏蒸和消毒服务的单位、有进出境交换业务的科研单位、其他需要报检的单位。

（4）报检资格。报检单位首次报检时，须持本单位营业执照和政府进出口经营权批文办理登记备案手续，取得报检单位代码。其报检人员经检验检疫机构培训合格后领取“报检员证”，凭证报检。代理报检单位须按规定办理注册登记手续，其报检人员经检验

检疫机构培训合格后领取“代理报检员证”，凭证办理代理报检手续。代理报检的，须向检验检疫机构提供委托书，委托书由进口商按检验检疫机构规定的格式填写。

（5）报检范围。根据《进出口商品检验法》及其实施条例、《进出境动植物检疫法》及其实施条例、《国境卫生检疫法》及其实施细则、《食品安全法》及其他有关法律法规的规定，由出入境检验检疫机构依法对出入境人员、货物、运输工具、集装箱及其他法定检验检疫物实施法定检验检疫。

（6）进口商在提货后，应立即检查货物。进口商收到货物发现存在与合同规定内容不相符的问题，如发现商品存在内在质量不符合合同要求的，应及时要求检验检疫机构对商品进行质量检验，出具检验（测）报告，凭以对外索赔。

（7）更改手续。申请更改单证时，应填写更改申请单，交附有关函电等证明单据，并交还原单证，经审核同意后方可办理更改手续。品名、数（重）量、检验检疫结果、包装、发货人、收货人等重要项目更改后与合同、信用证不符的，或者更改后与输出、输入国家或地区法律、法规规定不符的，均不能更改。

6）进口报关

一般进出口货物报关程序由四个环节构成，即申报、配合查验、缴纳税费、提取或装运货物。

（1）申报。申报是指进出口货物的收发货人即其代理人，依照《海关法》及有关法律、行政法规和规章的要求，在规定的期限、地点，采用电子数据报关单和纸质报关单的形式，向海关报告实际进出口货物的情况，并接受海关审核的行为。进口货物的申报期限为自装载货物的运输工具申报进境之日起 14 日内。误卸、溢卸进口货物应当自卸货日起 3 个月内向海关申报，经海关批准可延长 3 个月期限。申报期限的最后一天是法定节假日或休息日的，顺延至法定节假日或休息日后的第 1 个工作日。

出口货物的申报期限为货物运抵海关监管区后、装货的 24 小时以前。进口货物的收货人未按规定期限向海关申报的，由海关按规定征收滞报金。滞报金按日计征，其起征日为规定的申报时限的次日，截止日为收货人向海关申报后，海关接受申报的日期。滞报金的日征收金额为进口货物完税价格的 5‰，计征单位为元，不满 1 元的部分免征，起征点为 50 元。

（2）配合查验。海关对进口货物进行查验，检查货物和申报证单是否“单货一致”。

（3）征税。根据《关税条例》、《增值税暂行条例》、《消费税暂行条例》，对进口商品征税。对于征税的进口货物，海关开具“税款缴款书”，纳税人在规定的时间内缴纳税款，否则征收滞纳金。

进口税包括：进口关税、进口环节增值税（简称增值税）、进口环节消费税（简称消费税），其中消费税我国仅对少数进口商品征收。

关税税率包括优惠关税税率和普通关税税率，对于原产地是与中华人民共和国订有关税互惠协议的国家或地区的进口货物，按优惠税率征税。对于原产地是与中华人民共和国未订有关税互惠协议的国家或地区的进口货物，按普通税率征税。

税款计算公式：

进口关税税额=到岸价格×进口关税税率

增值税税额=（到岸价+进口关税税额+消费税税额）×增值税税率

从价消费税税额=［到岸价+关税额/（1-消费税税率）］×消费税税率

从量消费税税额=应征消费税的商品数量×消费税单位税额

其中，从量消费税商品计量单位的换算标准（按体积净重计）如下：

啤酒 1 吨=988 升　黄酒 1 吨=962 升　汽油 1 吨=1 388 升　柴油 1 吨=1 176 升

进口税额=进口关税+增值税+消费税

（4）放行。进出口货物办结海关手续，结束海关监管（表示已经履行完与进出口有关的一切义务）。海关现场放行包括一般进出口货物（海关放行后就可以进入生产和流通领域，放行就是结关）、保税货物、暂准进口货物、特定减免税货物（放行并不等于结关，海关在一定时期内还需进行监管）。

7）进口对外支付费用

（1）国内外运费。在 FOB 价格条件下的海运费。跟单员要根据租船协议认真审核运费，经业务员签字确认后交财务部门支付。

（2）保险费。跟单员在收到保险公司之结算清单后应认真审核国别、险别、费率等内容，在确认无误之情况下经业务员签字确认后交由财务人员对外承付。如发现问题，应及时和保险公司取得联系并妥善解决。

（3）代理进口业务代为支付关税、增值税。

（4）银行费用、码头费、报关费等各项费用。跟单员在拿到付款凭证后交由经办业务员签字，确认合同号、单位，由经理签字交财务支付。

（5）进口结算。包括代理进口业务和自营业务或销售合同。代理业务中根据协议进行结算，尾数多退少补，开具增值税发票。

3.2.4 进口业务的后期管理

1）进口货物入库、出库

进口货物入库后，跟单员要定期到仓库查库，以确保货物存放完好。为控制经营风险，一般情况下对于进口货物的出库提货，要求是款到发货。买方一次性付款，一次性提货；买方部分付款，部分提货；保证金作最后一笔货款。

每笔提货数量由跟单员提出，财务人员审核资金收妥情况进行签字确认，经过经理签字同意发货后。跟单员方可开出出库提单通知仓库及提货人。

2）进口外汇核销

进口外汇核销要求进口企业在规定的时间内（货物进口报关后一个月内）携带进口单据到外管局办理外汇核销手续，杜绝各种形式的套汇、逃汇、骗汇等违法犯罪行为。进口外汇核销的主要单据如下：

（1）进口付汇核销单（银行退回的第二联）；

（2）进口付汇备案表；

（3）进口货物报关单正本；

（4）进口付汇到货核销表（一式两份，加盖公司章）；

（5）结汇水单及收账通知单（必要时）；

（6）外汇局要求提供的其他凭证、文件（如合同、发票等）。

3）进口出险、发生质量争议的索赔和理赔

（1）索赔依据。索赔时应提交索赔清单和有关单据（如商业发票、清洁提单、装箱单/重量单等）。在向出口商索赔时，应提交商检机构出具的检验证书；向承运人索赔时，应提交理货报告和货损货差证明；向保险公司索赔时，除上述各项证明外，还应附加由保险公司出具的检验报告。

（2）索赔金额。合理计算索赔金额，索赔金额应包含货物的价值、为了弥补（处理）损失而支出的各项费用（如检验费、租仓费、利息等）。

（3）索赔对象。一般而言，索赔的对象主要有出口商、承运人、保险公司等。

（4）索赔期限。向出口商索赔应在合同规定的索赔期限之内提出。买方行使索赔期限自其收到货物之日起不超过两年；向船公司索赔期限为货物到达目的港交货后一年之内；向保险公司提出海运货损索赔的期限，则为被保险货物在卸载港全部卸离海轮后两年内。

职场指南3—1

进口跟单涉及的主要单证

（1）申请进口许可证的单证。在申领进口许可证的业务过程中，进口商应向发证机关提供的单证主要有：①填制进口许可证申请表，并加盖进口商的公章（第一次申请进口许可证的进口商，需提供企业批准成立文件的正本复印件、法人代表证书复印件）；②正本合同、确认书或协议；③出口商的形式发票或发票副本；④商品的说明书；⑤无外贸经营权及经营范围的企业，还需提供主管部门的批准文件。进口商除提供上述一般材料外，申请进口许可证时，对于不同商品、不同贸易方式，还应提供各有关部门的证明文件。

（2）申请开立信用证的单证。在进口合同签订并生效后，由进口开证申请人按合同内容填写开证申请书，同时提交以下主要单证：①开证申请书；②进口许可证；③进口合同（备查）；④贸易进口付汇核销单；⑤企业注册登记文件（备查）；⑥企业在银行开证认证登记文件（备查）。

（3）进口报关通关的单证。进口货物报关需要提供的单据主要有：①报关委托书；②商业发票；③装箱单（或重量单）；④报关单；⑤进口许可证；⑥进口合同（备查）；⑦运输单据（如提单、航空运单）；⑧无木质包装证明书或无木质包装申明（必要时）；⑨出口国的原产地证书；⑩技术证明书（包括知识产权证明）。当进口商品的包装为木质材料时，收货人须提供正本熏蒸证明或植物检疫证书。

（4）进口检验检疫的单证。对列入《出入境检验检疫机构实施检验检疫的进出口商品目录》范围内的进口货物（包括转关运输货物），海关一律凭货物报关地出入境检验检疫局签发的入境货物通关单验放。进口货物检验检疫需要的单证主要有：①报检委托书和入境货物报检单；②进口合同；③商业发票；④运输单据（如提单、航空运单）；⑤产品说明书；⑥品质保证书；⑦装箱单（重量单）；⑧理货清单；⑨检疫证明；⑩货物残损单；⑪动植物检验检疫许可证；⑫入境货物通关单。

（5）审单付汇赎单的单证。信用证业务中的结汇单证主要是指为解决货币收付而使用的单据、证明或文件，也包括因进口涉及的运输、保险、商检、报关等单证。进口商申请开出信用证，出口商在装运出口后，制作一整套与信用证相符的单证交议付行议付，议付行审单议付并寄送开证行。在一般情况下，开证行付款时要审核其中以下单据，如发现单据表面有不符点，则联系进口商是否赎单：①商业单据，如商业发票、包装单据（如装箱单/重量单、包装说明等）；②货运单据，如海运提单、多式联运提单、不可转让海运提单、租船合约提单等；③资金单据，如汇票等；④官方单据，如产地证书、检验检疫证、熏蒸证明、质量检验证书等；⑤随附单据，如寄单证明、装运通知、船公司证明、厂商质量证明等；⑥保险单据，如保险单、保险证明等。

（6）进口付汇核销的单证。根据《进口付汇核销监管暂行办法》规定，进口商“应当在有关货物进口报关后一个月内向外管局办理核销报审手续”。进口商在办理到货报审手续时，一般要提供下列单据：①进口付汇核销单；②付汇备案表；③货物报关单正本；④付汇到货核销表；⑤付汇水单及收账通知单；⑥外汇管理机构要求提供的其他凭证、文件。

小思考 3—1

我国内地江西南昌的 A 公司委托沿海浙江宁波的 B 公司从国外进口机器一台，合同规定买方对货物品质不符合合同的索赔期限为货到目的地港 30 天内。货到宁波后，B 公司立即将机器转至江西南昌交给 A 公司。由于 A 公司的厂房尚未建好，机器无法安装，4 个月后，待厂房完工，机器装好，经商检机构检验，发现该机器是二手货，已经不能很好地运转工作，于是 A 公司请 B 公司向外商提出索赔，外商不予理会。对此，我方应吸取什么教训。

精析：向出口商索赔应在合同规定的索赔期限之内提出。如商检工作确有困难可能需要延长时间的，可在合同规定的索赔有效期内向对方要求延长索赔期限，或在合同规定索赔有效期内向对方提出保留索赔权。

在本案中，由于货物为成套机器设备，需要结合安装调试进行检验，而南昌 A 公司的厂房尚未建好，无法在到港后 30 天内进行商检测试。因此，A 公司应该在货物到港后 30 天内通过 B 公司向外商提出延长索赔期限或保留索赔权。本案中，A 公司在 30 天内没有向外商提出正当的延长索赔期限的要求，4 个月后已属逾期，外商有权不受理。

3.3 进口业务跟单实务

3.3.1 进口申报程序与进口跟单实务

1）进口报关资格

有权经营进出口业务的企业向海关申请并办理了报关注册登记手续后才能获得报关权。

2）进口报关地点

根据《海关法》规定，进口货物的报关地点，应遵循以下三个原则：

（1）入境地原则。在一般正常情况下，进口货物应当由收货人或其代理人在货物的入境地向海关申报，并办理有关进口海关手续。

（2）转关运输原则。由于进口货物的批量、性质、内在包装或其他一些原因，经收货人或其代理人申请，海关同意后，进口货物也可以在设有海关的指运地向海关申报，并办理有关进口海关手续。这些货物的转关运输，应当符合海关监管要求，必要时，海关可以派人押运。

（3）指定地点原则。经电缆、管道或其他特殊方式输送进境的货物，经营单位应当按海关的要求定期向指定的海关申报并办理有关进口海关手续。这些以特殊方式输送进境的货物，输送路线长，往往需要跨越几个海关甚至几个省份；输送方式特殊，一般不会流失；有固定的计量工具，如电表、油表等。

3）进口申报前的准备工作

（1）进口须接到进口提货通知。

（2）委托报关者须办理报关委托，代理报关者须接受报关委托。

（3）准备报关单证，包括基本单证、特殊单证、预备单证。

（4）填制报关单及其他报关单证。

（5）报关单预录入。

4）进口申报前看货取样

《海关法》规定，进口货物的收货人经海关同意，可以在申报前查看货物或者提取货样。需要依法检验的货物，应当在检验合格后提取货样。

（1）申报前看货取样的原因。有时由于种种原因导致货物无法得到确认和识别，使所到货物不能及时、准确申报。

（2）申报前看货取样是权利与责任。申报前经海关同意可查看货物或者提取货样，这是收货人的权利。

（3）申报前看货取样的条件。只有在通过外观无法确定货物的归类等情况下，海关才会同意收货人提取货样。

5）进口货物申报原则

《海关法》规定，进口货物的收货人应当向海关如实申报，交验进口许可证件和有关单证。

（1）如实申报。申报内容主要包括进口货物的经营单位、收货单位、申报单位、运输方式、贸易方式、贸易国别以及货物的实际状况（主要包括名称、规格型号、数重量、价格等内容）。

（2）申报时限。进口货物的收货人或其代理人应当自载运该货物的运输工具申报入境之日起 14 天内向海关办理进口货物的通关申报手续。如果在法定的 14 天内没有向海关办理申报手续，海关将征收滞纳金。

进口货物的收货人自运输工具申报入境之日起超过 3 个月未向海关申报的，其进口货物由海关提取依法变卖处理。所得价款在扣除运输、装卸、储存等费用和税款后，尚有余款的，自货物依法变卖之日起 1 年内，经收货人申请，予以发还；其中属于国家对进口有限制性规定的，应当提交许可证件，不能提供的，不予发还；逾期无人申请的，不予发还，上缴国库。

（3）申报方式。办理进口货物的海关申报手续，应当采用纸质报关单或电子数据报关单的形式，电子数据报关单与纸质报关单具有相同的法律效力。

（4）交验单证。交验有关的货运和商业单据，接受海关审核，并由海关审核后加盖印章，作为提取货物的凭证。

①进口货物报关单。进口货物报关单一式两份，一份用于海关内部流转，一份交报关人用于进口付汇核销。进料加工和出料加工复进口各增加一份，交报关人办理保税手续。

②基本单证。基本单证是指与进口货物直接相关的商业和货运单证。主要包括因进口交易而产生的货物成交、包装、运输、结算和保险等进口商业单据，例如发票、装箱单、提单等。

③特殊单证。特殊单证是指国家有关法律、法规规定实行特殊管制的证件。主要包括：进口货物许可证或自动进口许可证、入境货物通关单及其他相关出入境检验检疫证书、其他各类特殊管理证件包括机电产品进口证明文件、药品检验等主管部门签发的证件等。

④预备单证。预备单证主要是指在办理进口货物手续时，海关认为必要时需查阅或收取的证件。主要包括：贸易合同，货物原产地证明，委托单位的工商执照证书，委托单位的账册资料及其他有关单证。

3.3.2　进口查验程序与进口跟单实务

1）进口海关查验

进口货物的海关查验是报关中的一项重要环节。海关查验也称验关，是指海关接受报关申报后，对进口货物进行实际的核对和检查，以确定货物的自然属性、货物的数量、规格、价格、金额及原产地等是否与报关单所列一致。

2）进口货物查验范围与地点

（1）查验范围。进口货物，除海关总署特准免验外，都应接受海关查验。海关查验主要是检查进口货物的名称、品质规格、包装式样、数量、重量、标记唛码、生产或贸易国别等项是否与报关单和其他证件相符，以防止非法进出口物品的流入。

（2）查验地点。海关查验货物，一般在海关监管区内的口岸码头、车站、机场、邮局或海关的其他监管场所进行，对进出口大宗散装货、危险品、鲜活商品、过驳运输的货物，经进口收货人的申请，海关也可结合装卸环节，在作业现场予以查验放行。

3）进口货物查验的方法与要求

海关对进口货物的查验分别采取彻底查验、抽查、外形查验的方法，重点打击进口违法活动。海关查验进口货物后，均要填写一份“海关进口货物查验记录”，货物查验记录由执行查验任务的海关关员填写。

海关在查验时要求：

第一，进口货物的收货人或其代理人必须到场，并按海关的要求负责办理货物的搬移、拆装箱和重封货物的包装等工作。

第二，海关认为必要时，可以径行开验、复验或者提取货样，货物保管人员应到场作为见证人。

3.3.3　进口放行程序与进口跟单实务

1）进口货物放行条件

放行必须以海关审单和查验完毕，并办理了征税手续或提供担保的手续作为前提条件。对有下列情况之一的，海关将不予放行：

（1）违反海关法和其他进境管理的法律、法规，非法入境的。

（2）单证不齐或应税货物未办纳税手续，且又未提供担保的。

（3）包装不良，继续运输足以造成海关监管货物丢失的。

（4）尚有其他未了事情尚待处理的（如违章罚款未交的）。

（5）根据海关总署指示，不准放行的。

2）进口货物放行手续

（1）签印放行。海关在货物的进口货运单据（如进口提单或运单）或特制的放行单上签盖“海关放行章”，进口货物的收货人凭以到海关监管仓库提取货物。同时签发“进口货物证明书”，对属于进口付汇进口货物的报关单，还签发进口付汇进口货物报关单。

（2）担保放行。以向海关提交现金、保函等方式，保证行为的合法性，或保证在一定期限内履行其承诺义务的法律行为。在通常情况下，下列情形可适用海关事务担保：

①海关归类、估价不明确，并因此未能办妥有关进口手续，收货人要求先放行货物的；

②进口货物不能在报关时交验有关单证（如发票、合同等），而货物已运抵口岸，亟待提取，收货人要求海关先放行货物，后补充有关单证的；

③正在向海关申请办理减免税手续，而货物已运抵口岸，亟待提取，收货人要求海关缓办进口纳税手续的；

④应征税货物，收货人请求缓缴税款的；

⑤暂准（时）进口货物（包括 ATA 单证册项下进口货物）；

⑥经海关同意，将海关未放行的货物暂时存放于海关监管区之外场所的；

⑦进口加工贸易保税货物；

⑧除法律、行政法规另有规定外，有违法嫌疑，但依法不予以没收的进口货物、物品，当事人请求先予放行货物的。

因上述原因未办结海关手续，而收货人要求海关放行货物，应当向海关提供担保，这是担保制度的一般原则。

（3）担保人的担保责任。

①担保人应承担的担保责任，主要是被担保人应当在规定的期限内全面、正确地履行其承诺的海关业务。

②担保期间。是指担保人承担担保责任的起止时间。

③担保责任的解除。被担保人如能在规定的期间内履行了其承诺的义务，如按时补交单证，按时缴纳税款、按时缴纳罚款等，担保人的担保责任则依法予以解除，由海关及时办理销案手续，退还有关保证金等。

（4）海关事务担保的方式。《海关法》明确规定了财产或权利担保的范围：

①人民币、可自由兑换的货币；

②汇票、本票、支票、债券、存单等；

③银行或者非银行金融机构出具的保函；

④海关依法认可的其他财产、权利。

（5）担保的手续。以保证函方式申请担保的，由担保人按照海关规定的格式填写保证函一式两份，并加盖担保人印章，一份交海关备案，一份留存。

（6）担保的期限。在一般情况下，担保期不得超过 20 天。否则，海关将对有关进出口货物按规定处理。遇有特殊情况时，担保人应在担保期内向海关申请延长担保期限，由海关审核批准展期。

（7）担保的销案。担保人必须于担保期满前凭“保证金收据”或留存的“保证函”

向海关办理销案手续。

(8) 担保人的法律责任。对未能在担保期限内向海关办理销案手续的，担保人将承担相应的法律责任：

①将保证金抵作税款，责令担保人按规定补办进口手续，并处以罚款；

②责令担保人缴纳税款或通知银行扣缴税款，并处以罚款；

③暂停或取消担保人的报关资格等。

3.3.4 进口转关程序与进口跟单实务

1）进口货物转关运输及转关运输货物

转关运输是指海关为加速口岸进口货物的疏运，方便收货人办理海关手续，依照有关法律法规规定，允许海关监管货物由一个设关地点转运到另一设关地点办理进口海关手续的行为。转关运输货物属于海关监管货物范围，其包含两个方面：其一，由国内一设关地点转运到另一设关地点应受海关监管的货物；其二，入境后运往另一设关地点办理进口海关手续的货物。

2）进口转关运输货物的通关程序

进口转关运输货物程序如下：

第一，进口货物的收货人或其代理人应自运输工具申报入境之日起 14 天内向入境地海关申报转关运输。

第二，申报货物转关运输时，进口货物的收货人或代理人应填制“中华人民共和国海关进口转关运输货物申报单”（以下简称申报单），将数据录入海关计算机报关自动化系统，并打印成正式的申报单（一式三份）。

第三，进口货物的收货人或其代理人应如实向海关申报，并递交申报单、指运地海关签发的“进口转关运输货物联系单”，随附有关批准证件和货运、商业单证（如货物的提单或运单、发票、装箱单等）。

第四，进口货物的收货人或代理人申请办理属于申领进口许可证或自动进口许可证的转关运输货物，应事先向指运地海关交验进口许可证（自动登记证明），经审核后，由指运地海关核发进口转关运输货物联系单，并封交申请人带交进境地海关。

第五，进境地海关在接受进口货物收货人或代理人申报递交的有关单证后进行核对，核准后，要将上述有关单证制作关封，交给进口货物的收货人或其代理人。

第六，进口货物的收货人或其代理人要按海关指定的路线负责将进口货物在规定的时限内运到指运地海关，向指运地海关交验进境地海关签发的关封，并应在货物运至指运地海关之日起 14 日内向指运地海关办理报关、纳税手续。

第七，指运地海关在办理了转关运输货物的进口手续后，按规定向进境地海关退寄回执，以示进口转关运输货物监管工作的完结。

第八，来往港澳地区进境车辆装载的转关运输货物，由车辆驾驶人员向进境地海关交验“载货清单”一式三份，并随附有关货运、商业单证，进境地海关审核后制作关封交申请人带交指运地海关，由指运地海关负责办理该车辆及所载货物的监管手续。

第九，保税仓库之间的货物转关手续，除办理正常的货物进出保税仓库的手续外，亦按上述第一至第七的程序办理手续。但在填报申报单时，在“指运地”一栏应填写货物将要存入的保税仓库名称。

第十，空运转关运输货物的转关手续，当指运地与运单的目的地相同时，可免填申报单，海关可不签发关封，由海关在运单上加盖“海关监管货物”印章。指运地与运单目的地不同时，仍按上述第一至第七的程序办理通关手续。

3.3.5 保税类进口货物报关程序与进口跟单实务

1）保税制度与保税货物

（1）我国海关保税制度的主要形式。目前我国海关保税制度的主要形式有：为国际商品贸易服务的保税仓库、保税区、寄售代销、免税品商店；为加工制造服务的来料加工、进料加工、保税工厂、保税集团、保税区。

（2）保税货物的定义。保税货物是指经海关批准未办理纳税手续进境，在境内储存、加工、装配后复运出境的货物。保税具有三个特征：特定目的；暂免纳税；复运出境。

2）保税货物的范围

保税货物主要有以下三类：

（1）加工贸易项下的来料加工装配、进料加工、进口的料件。

（2）经商务部门批准寄售的外国商品、国外产品维修用的零备件、外汇免税商品。

（3）转口贸易货物，外商寄存、暂存货物，供应国际航行船舶的燃料、物料和零配件，以及在指定地区储存国际天然橡胶组织的天然橡胶。

3）保税货物与减免税货物的区别

第一，性质不同。特定减免税货物是实际进口货物在三个特定条件的情况下给予的优惠政策；保税货物针对进境又复运出境的特点简化了海关税、证手续的一种制度。

第二，前期准备不同。特定减免税货物申领减免税证明；保税货物向海关备案，由海关核发加工贸易登记手册。

第三，监管不同。特定减免税货物监管期满解除监管；保税货物根据不同去向分别办理相应手续。

4）保税货物的通（报）关

保税货物通关的基本程序包括四个环节：合同登记备案、进口货物、储存或加工后复运出口、核销结案。

3.3.6 加工贸易进口料件银行保证金台账与进口跟单实务

1）银行保证金台账基本规定与内容

加工贸易进口料件银行保证金台账制度，是指加工贸易的合同在主管海关登记备案时经营单位持外经贸主管部门批准该加工贸易合同的文件，凭海关核准的手续，按合同备案料件金额，向指定的中国银行申请设立加工贸易进口料件保证金台账，待海关核销合同后，由中国银行核销保证金台账的一种保税业务制度。

海关对从事加工贸易的企业实行分类管理，根据企业年加工实际和遵守国家法律的状况，将企业分为A、B、C、D四类。A类企业不实行银行保证金台账制度；B类企业和C类企业均实行银行保证金台账制度；D类企业是发生过走私行为的企业，不得从事加工贸易。

2）基本运作程序

第一，合同审批。经营加工贸易单位在对外签订加工贸易合同后，应上报外经贸主管部门审批。

第二，合同备案。合同审批后，向所在地主管海关办理合同登记备案手续、主管海关签发“开设银行保证金台账联系单”交经营单位向指定的中国银行办理开设保证金台账手续。

第三，台账开设。持“开设银行保证金台账联系单”向主管海关所在地指定的中国银行办理保证金台账设立手续。

第四，手册核发。主管海关根据中国银行签发的“银行保证金台账登记通知单”或保证金收存凭证及其他有关单证，向经营单位核发加工贸易登记手册。

第五，合同核销。合同执行完毕，经海关审核确认后，签发“银行保证金台账核销联系单”以及退还保证金通知单。

第六，台账销账。持“银行保证金台账核销联系单”向银行办理保证金台账销账手续，领取应该退还的保证金，并按活期存款利率计付利息。海关和中国银行按月对保证金台账的设立、核销情况进行对账。

3）银行保证金台账

根据国家产业政策的要求，为优化加工贸易结构，国家制定了《加工贸易分类管理商品目录》，将加工贸易分为禁止类、限制类、允许类。并将加工贸易企业分为A、B、C、D 4类管理。加工贸易审批机关在审批时将审核确认进出口商品和企业的类别，分类实施银行保证金台账制度。

实施加工贸易进口料件银行保证金台账制度是充分发挥外经贸、海关、银行等部门的监督作用，堵塞加工贸易管理上的漏洞的重要措施。所谓“银行保证金台账”，就是指银行根据海关核准的加工贸易备案进口料件金额建立的台账记录。

保证金台账的运作程序：①合同审批；②合同的登记备案；③台账开设；④登记手册的核发；⑤合同核销；⑥台账销账。

保证金台账的实施与加工贸易项目（商品）的类别及加工贸易企业的类别有密切的联系，并以该两项分类管理为基础，采用保证金台账的“空转”（设账不缴保证金）、“不转”（不纳入台账制度）或“实转”（交保证金或足额或半额）的不同运作方式，如表3—1所示。

表3—1 **加工贸易企业开展三类加工商品贸易时保证金台账的实施方法**

企业 商品	A类企业	B类企业	C类企业	D类企业
禁止类商品	不得开展	不得开展	不得开展	不得开展
限制类商品	空转	半实转	实转	不得开展
允许类商品	空转	空转	实转	不得开展

(1) 保证金台账的“不转”。它是指不纳入保证金台账制度管理。鉴于开展加工贸易的一部分企业资信状况良好，且有更为严密的海关管理措施，以及合同数额较小，适宜简化手续等方面的原因，下列几种情况不纳入保证金台账制度管理：

①海关驻厂监管或主管海关实行计算机联网管理的保税工厂，或从事飞机、船舶等特殊行业加工贸易的企业，或年进出口额在3 000万美元（自营生产型企业出口额1 000万美元）及以上，或年加工出口额1 000万美元以上的企业开展的加工贸易，以及保税区内企业开展加工贸易，不纳入保证金台账制度管理，按“企业分类计算机管理程序”对上

述不实行保证金台账制度的企业，该系统设定的系统代码为AA（故上述企业亦称作为AA类企业）。

②金额在10 000美元及以下的加工贸易合同，如由A类或B类企业经营，不纳入保证金台账制度管理；

③出口企业为履行出口产品合同，由外商免费或有价提供用于出口产品的辅助材料，在规定的辅料品种范围内，且每批合同进口辅料金额在50 000美元以下（含50 000美元），不纳入保证金台账制度管理，且不领手册。

（2）保证金台账的"空转"。它是指加工企业为开展加工贸易在指定的中国银行开设保证金台账，但并不向银行交付保证金的台账运作方式。可适用"空转"方式的有下列两种情况：

①按加工贸易企业分类标准已评定为A类的企业，除前述不纳入保证金台账制度管理的几种情况外，加工限制类或允许类商品均适用保证金台账"空转"的运作方式；

②按加工贸易企业分类标准已评定为B类的企业，加工允许类商品的，可适用保证金台账的"空转"运作方式。

（3）保证金台账的"实转"。它是指企业在中国银行开设保证金台账后，将保证金存于海关在中国银行设立的指定账户，企业在加工产品出口并办理核销手续后，银行退还保证金及其相当活期存款的利息的台账运作方式。应以"实转"方式运作的主要有：

①按加工贸易企业分类标准已评定B类的企业，加工限制类的商品，应以"实转"方式运作。但为了降低企业实施保证金的资金负担，我国对B类企业实行"实转"要求的金额为其应纳税款的50%，也叫"半实转"。

②按加工贸易企业分类标准已评定C类的企业，无论加工限制类的还是允许类的商品，无论合同金额大小，均应以"实转"方式运作。

如加工贸易经营单位与承接委托加工的生产企业管理类别不一致时，以A、B、C、D为顺序，按较后的管理类别适用保证金台账运作方式。

相关链接3—2

加工贸易分类

加工贸易商品分为禁止类、限制类、允许类三类。

（1）禁止类商品（禁止加工贸易、禁止备案）：

①列名的废、旧机电产品和废料；

②化肥；煤炭、烧制木炭的木材；

③仿真枪支的原材料；

④为种植、养殖出口产品而进口的种子、种苗、化肥、饲料、添加剂、抗生素等；

⑤冻的鸡翅尖、鸡爪、鸡肝及其他鸡杂碎，冻鱼翅、干鱼翅、湿鱼翅，燕窝，西洋参，鹿茸及其粉末。

（2）限制类商品：

①钢材中的铁及非合金钢材、不锈钢；

②初级形状的聚乙烯、聚酯切片（塑料原料）；

③天然橡胶；

④涤纶长丝、化学纤维短纤（化纤原料）；

⑤棉花、棉纱、棉坯布；

⑥羊毛；

⑦冻鸡、食糖、植物油（非经化学改性）。

(3) 其他为允许类。

3.3.7 来料加工装配贸易方式与进口跟单实务

常见的加工贸易方式有来料加工、进料加工、出料加工、补偿贸易等。

1) 来料加工的特点

来料加工（Processing with Supplied Materials）是指由外商提供全部或部分原材料（主料辅料、零部件、元器件、配套件和包装物料），必要时还提供设备，由中方加工企业按外商的要求进行加工装配，成品交外商销售，中方收取工缴费，外商提供的设备作价，中方用工缴费偿还价款的贸易形式。这种方式不动用外汇，也不对开信用证（对开信用证的进口合同，视为动用外汇，按主料加工），称为“各作各价对口合同”来料加工。

外商提供原材料，中方加工成品，称“来料加工”；外商提供零部件，中方组装成品称“来料装配”，两者统称为来料加工装配，有时简称来料加工。来料加工装配进口的料件属于海关保税监管货物，中方对货物无处置权。

2) 来料加工的优惠政策与管理规定

(1) 进出口税收。来料加工装配项下外商提供用于加工装配返销出口产品的进口料件，免予缴纳进口关税和进口环节增值税、消费税。

来料加工装配项下进口直接用于加工生产出口产品而在生产过程中消耗掉的燃料油，免予缴纳进口关税和进口环节增值税、消费税。

来料加工装配项下加工成品出口，免于缴纳出口关税。来料加工项下由外商提供的不作价进口设备，除《外商投资项目不予免税的进口商品目录》所列商品外，免征进口关税和进口环节增值税。

(2) 进口、出口许可证。来料加工装配项下用于加工生产返销出口产品的进口料件，免领进口许可证。对开展以进口食糖、棉花、植物油、羊毛、天然橡胶等五种商品为原料的来料加工项目，其进口料件应申领进口许可证。

来料加工装配下进口直接用于加工生产出口产品而在生产过程中消耗的燃料油，应申领并交验进口货物许可证。来料加工装配项下加工成品出口，免领出口货物许可证。但外商或加工企业在我国境内购买供加工成品的原材料，凡属出口许可证管理的商品，应申领出口许可证。对来料加工项目出口属于国家实行配额招标管理的出口商品，应申领出口许可证。实行配额招标管理的出口商品目录，由商务部发布。

3) 来料加工业务的海关手续

(1) 合同登记备案。

①开展来料加工装配业务的资格。凡依照法定程序设立，并在工商行政管理部门注册登记获得营业执照的企业，均可以开展来料加工装配业务。

②合同登记备案的单证。外经贸主管部门批准来料加工装配合同的批件；经营单位或加工企业的工商企业执照、税务登记证；对外签订的来料加工装配合同副本；经营单位填写的“加工装配和中小型补偿贸易进出口货物登记手册”（简称登记手册）。

③海关验厂验库。海关在审核经营单位提供的合同登记备案单证后，如果认为有必要

则可派员到加工企业实地了解情况，如企业的生产能力、管理状况、有无具备海关监管条件的存放进口料机的仓库等，经营单位和加工企业应给予配合。

④开设银行保证金台账。根据《加工贸易进口料件银行保证金台账制度》的要求，主管海关签发“银行保证金台账联系单”，经营单位凭此单据到主管海关所在地指定的中国银行办理银行保证金台账手续。

⑤核发登记手册。在登记手册上签署海关备案意见，并加盖海关业务印章，将登记手册核发给经营单位。经营单位凭登记手册办理有关货物进出口手续和合同的最终核销手续。

（2）进口料件。持海关核发的登记手册及其他有关单证，填写来料加工专用进口货物报关单向进境地海关申报，并在登记手册的“进口料件登记栏”内填明有关进口料件品名、数量、价值等内容。

（3）出口成品。进口料件经加工装配为成品返销出口时，经营单位或其代理人应持海关核发的登记手册及其他有关单证，填写来料加工专用出口货物报关单向出境地海关申报，并在登记手册的“出口成品登记栏”填明有关出口成品的品名、数量、价值等内容。

（4）合同核销结案。主要包括核销单证和核销结案。办理海关合同核销手续必不可少的三个主要单证是登记手册、“进出口货物报关单”、“核销申请表”或“进口料件使用情况表”。海关对经营单位提交的核销单证审查无误后，经审核合同执行情况正常的，海关对合同应予以核销结案。

（5）成品或半成品的结转加工。来料加工装配项下加工的成品如不直接出口，结转给另一承接半成品深加工后出口的企业，应向海关申请办理结转加工手续。

4）来料加工业务的海关监管要求

第一，海关监管期限。来料加工装配项下进口的料件属于保税货物，自进口之日起至加工成品出口之日止，均应接受海关监管。

第二，进口料件和加工成品的内销。来料加工装配项下进口的料件应全部加工成品出口，不得擅自在境内销售。

第三，来料加工装配合同的更改。已在海关登记备案的来料加工装配合同，如发生变更、中止、转让、延期或撤销等情况，经营单位应向原审批合同的外经贸主管部门提出申请并经主管海关核准后办理合同变更手续。

5）来料加工的合同条款

签订进料加工合同时，要注意以下条款：①外商提供料件或设备的名称、原产国、规格及价格，成品的名称及最终消费地、规格、数量、包装、价格等；②加工成品的用料定额、损耗率及工缴费的标准；③合同的有效期和违约、撤约、索赔、仲裁等条款；④进口加工或设备的原产国、规格及价格，成品的名称及最终消费地、规格、数量、包装、价格等。

3.3.8 进料加工装配贸易方式与进口跟单实务

1）进料加工范围

我国有关经营单位用外汇购买进口的原料、材料、辅料、元器件、零部件、配套件和包装物料加工成成品或半成品后再外销出口的贸易业务。

2）进料加工单位

目前，有权经营进料加工业务的单位有：专业外贸公司、工贸公司、经批准有权经营进出口业务的独立的经济实体。

3）来料加工与进料加工的区别

第一，来料加工进口的料件由外商提供，我方不支付外汇；进料加工则是我方经营单位动用外汇购买进口料件。

第二，来料加工装配进口的料件及加工的成品，所有权属外商；进料加工进口的料件，所有权属我方经营单位。

第三，来料加工装配中，我方按合同要求进行加工，赚取工缴费，盈亏由外商承担；进料加工中，我方经营单位则自负盈亏、自担风险。

第四，来料加工装配的进口与出口有密切的内在联系，外商往往既是料件的供应人，又是成品的接受人，是连在一起的一笔交易，其合同不是以货物所有权转移为内容的买卖合同；进料加工则由我方经营单位以买主身份与外商签订进口合同，又以卖主身份签订出口合同，为两笔交易，且都是以货物所有权转移为内容。

4）进料加工优惠政策与管理规定

(1) 进出口税收。专为加工出口产品而进口的料件，按实际加工出口成品所耗用料件的数量准予暂时免缴进口关税和进口环节增值税、消费税。

直接用于加工出口成品而在生产过程中消耗掉的数量合理的进口染化料、触媒剂、洗涤剂、催化剂等化学物品，按实际加工出口产品的消耗比例免予缴纳进口关税和进口环节增值税、消费税。

国外客商免费或有价提供用于生产出口产品所需进口的数量零星的辅料、包装物料，凭出口合同免予缴纳进口关税和进口环节增值税、消费税。

进料加工项下以及由国外客商提供准予暂时免税进口的原料、辅料、零部件和包装物料，需按货物到岸价格的一定比例向海关缴纳海关监管手续费（外商投资企业进口货物暂免缴纳）。

进料加工项下加工成品出口，免予缴纳出口关税。进料加工项下由外商提供的不作价进口设备，除《外商投资项目不予免税的进口商品目录》所列商品外，免征进口关税和进口环节增值税。

(2) 进出口许可证。进料加工项下进口料件，属于国家进口许可证管理商品的，免领进口许可证。但对进料加工项下进口食糖、植物油、羊毛、橡胶、棉花五种商品，须提供经贸委或外经贸主管部门的批件，其中进口棉花须缴纳全额税款的保证金。

进料加工项下出口成品，属于国家出口许可证管理商品的，应申领并交验出口许可证。出口成品属于国家实行配额管理的，经营单位应按国家下达的配额，在向海关办理合同备案前，向发证机关申领出口许可证。

进料加工项下出口成品，属于国家实行被动配额管理的纺织品，应申领并交验纺织品出口许可证。

(3) 经营主体。进料加工经营单位必须是经商务部或其授权的外经贸部门批准的有外贸经营权的企业。加工贸易企业必须是具有能力承接进口料件加工出口产品的生产企业。

5）进料加工合同条款

签订进料加工合同时，应注意下列条款：

第一，进口料件的名称、规格、数量、金额、付款方式、交货期限。

第二，进料加工出口合同，还须写明出口成品所用料件的单耗和总耗。

6）进料加工业务的海关手续

进料加工业务的海关手续主要包括：合同备案登记、进口料件、出口成品、合同核销结案。

3.3.9 进口检验检疫的操作程序与进口跟单实务

1）进口报检程序与跟单实务

（1）入境货物报检所需单据。

①入境报检时，应填写“入境货物报检单”，并提供外贸合同、发票、提（运）单装箱单等有关单证。

②凡实施安全质量许可、卫生注册、强制性产品认证、民用商品验证或其他需经审批审核的货物，应提供有关证明。

③申请品质检验的，应提供国外品质证书或质量保证书、产品使用说明书及有关标准和技术资料；凭样成交的，须附加成交样品；以品级或公量计价结算的，应同时申请重量鉴定。

④报检入境废物的，应提供国家环保总局签发的“进口废物批准证书”、废物利用风险报告和经认可的检验机构签发的装运前检验合格证书等。

⑤报检入境旧机电产品的，应提供与进口旧机电产品相符的进口许可证明。

⑥报检申请残损鉴定的，应提供理货残损单、铁路商务记录、空运事故记录或海事报告等证明货损情况的有关证单。

⑦报检申请重（数）量鉴定的，应提供重量明细单，理货清单等。

⑧货物经收、用货部门验收或其他单位检测的，应随附验收报告或检测结果以及重量明细单等。

⑨报检入境动植检疫其产品的，应提供贸易合同、发票、产地证书的同时，还必须提供输出国家或地区官方的检疫证书；需办理入境审批手续的，还应提供入境动植物检疫许可证。

⑩报检过境动植物及其产品的，应持分配单和输出国家或地区官方出具的检疫证书；运输动物过境时，还应提交国家质检总局签发的动植物过境许可证。

⑪报检入境旅客、交通员工携带伴侣动物的，应提供进境动物检疫审批单及预防接种证明。

⑫报检进口食品的，应按规定提供“进出口食品标签审核证书”或“标签审核受理证明”。

⑬报检进口化妆品的，应按规定提供“进出口化妆品标签审核证书”或“标签审核受理证明”。

⑭报检来自美国、日本、欧盟和韩国的入境货物的，应按规定提供有关包装情况的证书和声明。

⑮因科研等特殊需要，输入禁止入境物的，必须提供国家质检总局签发的特许审批证明。

⑯报检入境特殊物品的，应提供有关的批件或规定的文件。

（2）申请包装检验检疫的报检。申请包装性能鉴定时，申请人须提供有关产品标准和厂检结果单等有关资料。申请包装使用鉴定时，申请人须提供包装性能鉴定报告及有关单证。

（3）申请委托检验检疫的报检。应提交检验检疫样品、列明检验检疫要求，必要时提供有关检验检疫标准或检验检疫方法；国外委托人委托检验检疫和鉴定业务时，应提供有关函电或资料。

（4）进口报检时间。

①输入微生物、人体组织、生物制品、血液及其制品或种畜、禽及精液、胚胎、受精卵的，应当在入境前30天报检；

②输入其他动物的，应在入境前15天报检；

③输入植物、种子、种苗及其他繁殖材料的应在入境前7天报检；

④入境货物需要对外索赔出证的，应在索赔有效期前不少于20天内向到货口岸或货物到达地的检验检疫机构报检；

⑤申请货物品质检验和鉴定的，一般应在索赔有效期前不少于20天内报检；

⑥动植物性包装物、铺垫材料进境时应当及时报检；

⑦其他入境物，应在入境前或入境时向报关地检验检疫机构办理报检手续。

（5）报检地点。

①审批、许可证等有关政府批文中规定检验检疫地点的，在规定的地点报检；大宗散装商品、易腐烂变质商品、废旧物品及在卸货时发现包装破损、数量或重量短缺的商品，必须在卸货口岸检验检疫机构报检。

②需要结合安装调试进行检验的成套设备、机电仪器产品以及在口岸打开包装后难以恢复原样的商品，应在收货人所在地检验检疫机构报检并检验。

③输入动植物、动植物产品和其他检疫物的，应向入境口岸检验检疫机构报检，并由口岸检验检疫机构实施检疫。入境需要办理转关的检疫物，除活动物和来自动植物疫情流行国家或者地区的检疫物须在入境口岸报检和实施检疫外，其他均应到指定检验检疫机构办理报检，并实行检疫。过境的动植物及其产品和其他检疫物，在入境口岸报检，出境口岸不再报检。

④其他入境货物，应在入境前或入境时向报关地检验检疫机构报检。

⑤法律法规规定必须经检验检疫机构检验的进口商品的收货人或者代理人，应当向报关地检验检疫机构报检。

⑥进口粮食、原糖、化肥、硫磺、矿砂等散装货物，按照国际贸易惯例，必须在目的口岸承载货物的船舱内或在卸货过程中，按有关规定抽取代表性样品进行检验，应在口岸报检。

⑦进口化工原料和化工产品，分拨调运后，不易按原发货批号抽取代表性样品，应在口岸报检。

⑧在国内转运过程中，容易造成水分挥发、散失或货物易腐易变的，应在口岸报检。

⑨在卸货时，发现货物残损或短少时，必须向卸货口岸或到达站检验检疫机构报检。

⑩运输工具须在口岸报检。

（6）报检要求。

第一，报检人必须按规定认真填写报检单，按照同一合同、发票、提单填写同一份报检单。做到书写工整，字迹清楚，不得随意涂改；项目填写齐全，译文准确，中英文内容一致，并加盖报检单位公章。

第二，报检人对所需检验检疫证书的内容如有特殊要求的，应预先在报检单上申明。

第三，申请报检时应按规定预缴检验检疫费。

第四，报检人预先约定抽样检验检疫、鉴定的时间，并提供进行抽样和检验检疫鉴定等必要的工作条件。

第五，报检人如因特殊原因需撤销报检时，经书面申明原因后，可办理撤销手续。

（7）证单更改与重新报检。

①凡具有下列情况之一的，应办理证单更改事宜：

其一，检验检疫机构签发的各种证单，报检人有正当理由需要更改或者增减内容时，必须向原签证的检验检疫机构申请，并随附原签发的全部证单，经审核同意后，由原检验检疫机构予以更改或者换发有关证单。

其二，内地检验检疫机构签发的证书，如发现问题，属于检验检疫项目内容的更正和补充，应由报检人与原签证机构联系处理。

其三，已报检的出境货物，如国外开来信用证修改函时，凡涉及与检验检疫有关的条款，报检单位须及时将修改函送检验检疫机构，办理更改手续。

②凡具有下列情况之一的，应重新报检，并交还原签发的证书或证单，并按规定缴纳检验检疫费：

其一，超过检验检疫有效期限。

其二，更改不同输出国或地区而有不同检疫要求的。

其三，入境改换包装或又重新拼装的货物需重新检验检疫的。

其四，报检后在30天内未联系检验检疫事宜或自动撤销报检的。

2）进口货物抽样、制样程序

（1）抽样。检验检疫并出具结果的入境货物，均需检验检疫人员到现场抽取样品。样品必须按有关规定抽取，方法为：

第一，进口合同中规定抽样方法的入境货物，按合同规定的标准或方法抽取；

第二，合同没规定抽样方法的入境货物，按有关标准进行抽样；

第三，所抽取的样品必须具有代表性、准确性、科学性；

第四，抽取后的样品必须及时封识送检，以免发生意外并及时填写现场记录。

（2）制样。凡需对所抽取样品经加工方能进行检验的称制样（样品制备）。制样场地包括机构实验室内制样和无条件的可在社会认可实验室制样。样品制备的一般方法：

其一，按部位制取，如纸张、面料性能检测；

其二，按几何形状制取，如金属材料的拉力等性能检测；

其三，按分析要求的化学成分制样，如粮谷、矿产品、铁合金等类的化学成分检验，需经粉碎—缩分—再粉碎—再缩分，直至全部通过规定数目的筛子用于检验检疫。

（3）样品的封识及留存。样品及制备的小样经检验检疫后重新封识，超过样品保存期后销毁；需留中间样品的按规定定期保存。

3）进口检验检疫方法

进口检验检疫方法有：①感官方法；②物理方法；③化学方法；④微生物方法；⑤隔离检验检疫；⑥鉴定。

4）进口动物及动物产品报检与进口跟单实务

（1）报检范围。入境的动物、动物产品及其他检疫物。

（2）审批手续。《动植物检疫法》第十条规定：输入动物、动物产品、植物种子、种苗等其他繁殖材料的，必须事先提出申请，办理检疫审批手续。在签订进口动物、动物产品的外贸合同时应注意以下两点：

第一，在签订外贸合同前，应到检验检疫机构办理检疫审批手续，取得准许入境的审批证书后再签外贸合同。

第二，应当在合同或协议中订明中国法定的检疫要求，并订明必须附有输出国家或者地区政府动植物检疫机关出具的检疫证书。一般输入国家规定的禁止或限制入境的动植物、动植物产品及其他检疫物等，还需持特许审批单报检。

（3）报检程序。货主或其代理人应在货物入境前向口岸检验检疫机构报检，约定检疫时间。经现场检疫合格的，允许卸离运输工具，对运输工具、货物外包装污染场地进行消毒处理并签发入境货物通关单，将货物运往指定存放地点。该批货物在取得检验检疫机关实验室检验检疫结果前，不得加工、使用或调离。

（4）报检地点。在检疫审批单中对检疫地点规定的一般性原则为：

第一，输入动物、动物产品和其他检疫物，向入境口岸检验检疫机关报检，由口岸检验检疫机关实施检疫。

第二，入境后需办理转关手续的检疫物，除活动物和来自动植物疫情流行国家或地区的检疫物由入境口岸检疫外，其他均由指运地检验检疫机关实施检疫。

（5）报检单证。除了填写报检单外，还需按检疫要求出具下列单证：①输出国家或地区政府出具的检疫证书（正本）。②入境动物、动物产品审批证明。③有关外贸单据如合同、发票、装箱单、海运提单或空运运单等。④输入活动物的应提供隔离场审批证明。⑤输入动物产品的应提供加工厂注册登记证书。

5）进口植物及植物产品报检与进口跟单实务

（1）种子、苗木。

①报检程序。进口植物种子、种苗，货主或代理人应当按照我国引进种子的审批规定，事先向农业部、各省市植物保护站、国家林业局、森林保护站等有关部门申请办理“引进种子、苗木检疫审批单”。入境后，需要进行隔离检疫的，还要向出入境检验检疫机构申请隔离场或临时隔离场。在植物种子入境前货主或其代理人应持有关资料向出入境检验检疫机构报检，预约检疫时间。经出入境检验检疫机构实施现场检疫或处理合格的，由出入境检验检疫机构签发入境货物通关单。

②报检单据。货主或其代理人报检时应填写入境货物报检单并随附合同、发票、提单、审批单及输出国官方检疫证书等有关文件。

（2）水果、烟叶与茄科蔬菜。

①报检程序。进口水果、烟叶和茄科蔬菜（主要有番茄、辣椒、茄子等）须事先提出申请，办理检疫手续，取得入境植物产品审批单。在入境前货主或其代理人应持有关资

料向口岸出入境检验检疫机构报检，约定检疫时间，入境果蔬经口岸入境检验检疫合格的，由该检验检疫机构签发通关单准予入境。

②报检单据。货主或其代理人报检时应填写入境货物报检单并随附合同、发票、提单、入境植物产品审批单及输出国官方检疫证书等文件。

（3）其他植物产品。

①进口原木。须附有输出国家或地区官方检疫部门出具的植物检疫证书，证明不带有中国关注的检疫性有害性生物或双边检疫协定中规定的有害生物和土壤。进口原木带有树皮的，应在检疫证书中注明除害处理方法、使用药剂、剂量、处理时间和温度；进口原木不带树皮的，应在检疫证书中作出声明。

②进口干果、干菜、原糖、天然树脂、土产类等。货主或者代理人应当根据这些货物的不同种类，对于那些需要办理检疫审批的货物，如干辣椒等，在货物入境前事先提出申请，办理检疫审批手续，取得许可证。在进口上述货物前应当持合同、输出国官方出具的植物检疫证书，向有关出入境检验检疫机构报检，约定检疫时间。经出入境检验检疫机构实施现场检疫、实验室检疫合格或经检疫处理合格的，由该检验检疫机构签发植物检疫证书及“入境货物通关单”，准予入境。

③进口植物性油类及植物性饲料包括草料、颗粒状或粉状成品饲料的原料以及随动物出入境的饲料货主或其代理人在进口上述货物前，应持合同、发票、输出国官方植物检疫证书等有关资料向出入境检验检疫机关报检，约定检验检疫时间。经检验检疫机构实施和实验室检疫合格的，由该检验检疫机构签发植物检疫证书及“入境货物通关单”，准予入境。

6）进口货物卫生除害处理与进口跟单实务

按照《国境卫生检疫法》及其实施细则、《食品卫生法》、《进出境动植物检疫法》及其实施条例的有关规定，检验检疫机构所涉及的卫生除害处理的范围和对象是非常广泛的，它包括：入出境的货物、动植物、运输工具、交通工具的卫生除害处理以及公共场所、病源地和疫源地的卫生除害处理等。

（1）对入出境的货物、集装箱具有下列情形之一的应实施卫生除害处理：

①来自检疫传染病疫区的。

②被检疫传染病污染的。

③发现与人类健康有关的啮齿动物或者病媒虫超过国家卫生标准的。

④装载的是废旧物品或可能携带致病微生物对人类健康造成危害的其他物品。

⑤对在到达本口岸前的其他口岸已实施卫生处理的货物、集装箱，但有下列情形之一的，应进一步实施卫生处理。其一，运载过程中发生流行病学上有重要意义事件的。其二，经卫生检查判定原卫生处理没有实际效果的。

⑥经检验不符合进口食品卫生标准的。

⑦来自动植物疫病流行国家或地区以及装载动物、动物产品的集装箱。

（2）对入出境的动植物及其产品和其他检疫物的卫生除害处理要求。

①输入的动物检出中国政府规定的一类传染病、寄生虫病的其阳性动物及与其同群的其他动物全群扑杀，并销毁尸体；检出中国政府规定的二类传染病、寄生虫病的其阳性动物退回或扑杀。

②输入的动植物、动植物产品和其他检疫物，经检疫发现危险性病虫害，无有效除害处理方法的，作退回或销毁处理。

③输入的动植物、动植物产品和其他检疫物，经检疫发现危险性病虫害，有有效除害处理方法的，作卫生除害处理。

④输入的动植物、动植物产品和其他检疫物，经检疫发现一般性病虫害超过规定标准的，作卫生除害处理。

⑤输入动植物产品、动植物性包装、铺垫材料必要时进行外包装消毒处理。

⑥输入出境动植物、动植物产品和其他检疫物，经检疫不合格，可通过除害处理达到出口要求的，作卫生除害处理。

(3) 实施卫生除害处理的方法。卫生除害处理的方法主要包括：物理方法：超声波、紫外线照射、加热处理、冷冻处理、捕杀、焚烧、深埋等；化学方法：药物蒸熏除害、药物表面喷洒；另外，人为措施有禁止入出境、过境和封存等。

(4) 卫生除害处理的标准和效果。

①病媒昆虫成虫全部死亡。

②啮齿动物全部死亡或未发现。

③货物表面和集装箱内表面根据流行病学的原则，不得检出检疫传染病或监测传染病的病原体。

(5) 实施卫生除害处理要求。

第一，所用药物必须经过检验检疫机构认证，具有科学、安全、高效等优点。

第二，要有专门从事卫生除害处理工作的技术人员，严格按照规程实施。

第三，采用先进的卫生除害处理设备，科学计量。

第四，做好卫生除害处理的效果检测和效果评价记录。

(6) 实施卫生除害处理应注意的有关事项。

其一，防止对任何人的健康造成危害。

其二，防止对交通工具的结构和设备造成损害。

其三，防止发生火灾。

其四，防止对行李、货物发生损害。

7）进口货物检验检疫收费与进口跟单实务

出入境检验检疫收费是根据《进出口商品检验法》及其实施条例、《进出境动植物检疫法》及其实施条例、《国境卫生检疫法》及其实施细则、《食品卫生法》的有关规定实施的。收费办法及收费标准是国家计划委员会、财政部联合制定的。收费对象是向出入境检验检疫机构申请检验、检疫、鉴定等业务的货主及其代理人。

检验检疫收费包括：出入境检验检疫费、考核、注册、认可认证、签证、审批、查验费、出入境动植物实验室检疫项目费、鉴定业务费、检疫处理费等。

检验检疫收费基本上是以货物总值为基础，按费率计收或以重量、数量、检验检疫或鉴定项目为基础按定额计收。

计费时根据不同的申请类别、不同的货物类别、不同的检验检疫内容、不同的检验检疫项目，采取不同的费率和定额。然后再根据检验检疫、鉴定的结果、检验检疫方式、货物的性质、检验检疫鉴定费金额大小（检验内容的相关性）、贸易方式及签证要求，对照规定计算出最后的收费金额。

收费基本上采取预收费或月底结算两种方式。对预收费者，申请人取证（单）时，根据检验检疫结果，采取多退少补的补救措施。

检验检疫机构必须严格按照《出入境检验检疫收费管理办法》的规定执行，不得擅自变更收费项目、提高或降低收费标准。出入境检验检疫的计收费依据是现行检验检疫机构执行的收费依据是国家发改委和财政部于2003年12月31日下发，并于2004年4月1日正式实施的《出入境检验检疫收费办法》（发改价格［2003］2357号）。主要收费规定：

第一，检验检疫机构对出入境货物的计费以“一批”为一个计算单位。“一批”是指同一品名在同一时间，以同一个运输工具，来自或运往同一地点，同一收货、发货人的货物。列车多车厢运输，满足以上条件的，按一批计；单一集装箱多种品名货物拼装，满足以上条件的，按一批计。

第二，同批货物涉及多项检验检疫业务的，应根据检验检疫业务工作实际情况，以检验检疫为一项，数量、重量为一项，包装鉴定为一项，实验室检验为一项，财产鉴定为一项，安全监测为一项，检疫处理为一项，分别计算，累计收费。

其中货物检验检疫费按品质检验、动植物临床检疫、植物现场检疫、动植物产品检疫、食品及食品加工设备卫生检验、卫生检疫分别计算，累计收费。

第三，进料加工的出境货物品质检验费按收费标准的70%计收，来料加工的入境货物不做品质检验的，不收品质检验费。

第四，检验检疫机构依据有关规定对出口货物做型式试验的，按本办法及其收费标准收取型式试验费。完成型式试验的出口货物品质检验费，按收费标准的70%计收。

第五，对危险品、有毒有害货物的品质检验、重量鉴定、包装使用鉴定以及装载上述货物的运输工具装运条件的鉴定按本办法及其收费标准加一倍收费。

第六，同批货物检验检疫费超过5 000元的，超过部分按80%计收。

第七，出入境货物每批总值不足2 000元的，免收品质检验费，只收证书（单）工本费；涉及其他检验检疫业务的，按规定收取相应费用。主要收费标准：

其一，品质检验按货值的1.5‰计收；

其二，动植物检疫按货值的1.2‰计收；

其三，进口食品卫生检验按货值的1.2‰（小批量食品4‰）计收。

出入境货物检验检疫费按上述各项分别计算，累计收费。累计不足60元，按60元计收。

8）进口货物检验检疫签证与放行

签证、放行是检验检疫机构检验检疫工作的最后一个环节。

（1）检验检疫的签证与放行。凡法律、行政法规、规章或国际公约规定须经检验检疫机构检验检疫的入境货物，检验检疫机构接受报检后，先签发“入境货物通关单”，海关据以验放货物。然后，经检验检疫机构检验检疫合格的，由检验检疫机构签发“入境货物检验检疫情况通知单”；不合格的由验检疫机构对外签发检验检疫证书提供有关方面对外索赔。须异地实施检验检疫的，口岸检验检疫机构办理异地检验检疫手续。

（2）入境鉴定业务的检验检疫签证。检验检疫机构根据有关合同和报检人的申请，对入境货物的品质、卫生、重量等项目进行检验检疫鉴定，对外签发相应的检验检疫证书。凭检验检疫机构的检验检疫结果进行结算的入境货物，由检验检疫机构签发检验检疫证书。其他鉴定业务按照有关规定办理。

（3）国内外委托的检验检疫签证。经检验检疫签发委托检验检疫结果单。

（4）签证的领取。报检人领取证书时应如实签署姓名和领证时间，对证书应妥善保管。各类证书应按其特定的范围使用，不得混用。

◆ 本章小结

本章在介绍了进口业务工作流程的基础上，通过对进口业务跟单实务的学习，从而掌握进口跟单的基本要领，为做好进口跟单打下基础。

◆ 基础训练

一、选择题

1. 对于申报前看货取样，以下说法错误的是(　　)。

A. 收货人放弃行使看货取样权利所产生的法律后果（如申报不实）由收货人自己承担

B. 如果货物有走私违法嫌疑并被海关发现，海关将不予同意收货人看货取样

C. 只有在通过外观无法确定货物的归类等情况，海关才会同意收货人提取货样

D. 看货取样是进口商的权利，任何情况下进口商都可以在申报前看货取样

2. 对于海关事务担保的财产或权利担保的范围，以下正确的是(　　)。

A. 人民币、可自由兑换的货币

B. 汇票、本票、支票、债券、存单等

C. 银行或者非银行金融机构出具的保函

D. 海关依法认可的其他财产、权利

3. 下列哪些情况应重新报检，并交还原签发的证书或证单，并按规定缴纳检验检疫费(　　)。

A. 超过检验检疫有效期限

B. 更改不同输出国或地区而有不同检疫要求的

C. 入境改换包装或又重新拼装的货物需重新检验检疫的

D. 报检后在 30 天内未联系检验检疫事宜或自动撤销报检的

4. 从国外订购的货物即将到港前，跟单员必须做好提货准备。以下进口环节中不正确的操作步骤是(　　)。

A. 关注并获知运输工具抵港动态，付清运费和海关环节税费及其他相关费用，及时提取货物以免产生仓储等费用

B. 及时委托报关行或货运代理公司办理进口申报纳税手续

C. 提取货物并察看货物的质量后再决定是否办理报关手续

D. 备妥一切必要的单证，向海关或商检部门办理进口手续

5. 下列哪些是属于我国商品进出口报检的依据( )。

A.《中华人民共和国进出口商品检验法》及实施条例

B.《中华人民共和国进出境动物检疫法》及实施条例

C.《中华人民共和国国境卫生检疫法》及实施细则

D.《中华人民共和国食品卫生法》

二、判断题

1. 进境流向报检和一般进口报检是同一个概念。 ( )

2. 加工贸易企业的资金周转失灵时，可以使用保税货物向银行抵押申请短期贷款。 ( )

3. 对于进出口大宗散货、危险品、鲜活商品、过驳运输货物，收发货人或其代理人可向海关申请综合装卸环节在作业现场予以查验放行，但必须在申报时提供担保。 ( )

三、名词解释

1. 进境流向报检

2. 一般进口报检

四、简答题

1. 简述进口跟单工作特点和要求。

2. 简述进料加工与来料加工的区别。

3. 简述进口报检地点的确定主要有哪些规定。

◆ 实操演练

演练一：

【背景资料】

北京亚明照明电器有限公司（简称“北京亚明”）是具有进出口经营权和海关报关权的生产制造企业。2008 年初，“北京亚明”接到了为北京“奥运会”比赛场地生产照明器具的订单。为了按时保质完成这项订单，需要对所生产的照明器具进行检测，以确定是否达到国际奥委会的照明要求。“北京亚明”决定从美国进口某关键检测设备——三基色光源检测设备（注：该设备属于一种单相交流电动机设备），同时办理了海关等相关部门的“免税”文件。经过洽谈，美方要求预付 10% 的定金，余款以信用证支付，同时还约定设备安装调试和中方操作人员培训及三个月运营维护均由美方负责，并承诺保质期为一年，为此，双方签订了买卖合同。

【实操要求】

根据业务背景资料，回答第（一）~（二）题的相关问题。

【模拟时间】

完成本业务操练时间以不超过 25 分钟为准。

【实操内容】

1. 进口环节跟单

（1）三基色光源检测设备进口后，是否属于“保税货物”？为什么？

(2) 按照海关总署"中国海关实用报关手册"的内容(见表3—2、表3—3),外贸跟单员在天津新港海关办理该检测设备进境申报前,应该先办妥什么手续?

表3—2 **商品税率表**

商品编码	商品名称	进口关税税率(%)		增值税	消费税	计量单位	监管条件
		最惠国	普通				
8501400000	单相交流电动机设备	12	35	17%		台	AB

表3—3 **监管条件对照表**

代码	含义
A	入境货物通关单
B	出境货物通关单
1	进口许可证
2	出口许可证

(3) 该检测设备在天津新港委托天津四海报关行向海关报关时,需要出具哪些单据?

(4) 请列出该检测设备的海关监管时间。

2. 安装和后期跟单

(1) 该检测设备经过美方的安装、调试和初步运行,达到了合同约定的各项技术要求,2008年2月5日美方与"北京亚明"签字交接。2008年10月15日该设备出现故障。请问美方是否应该承担责任?为什么?

(2) 2009年5月,"北京亚明"将该设备转售给佛山FST照明有限公司(非海关特殊监管区),同时收回货款。请问该行为是否正确?为什么?

演练二:

【背景资料】

2006年12月10日,大连康维有限公司与德国KJU公司签订进口6 000台电子测距仪的合同,每台单价为300欧元,FOB汉堡,支付方式为即期付款信用证,2007年每月各装运500台。跟单员陈明通过查询,进口该产品需办理进口许可证和进口商检。

【实操要求】

根据业务背景资料,回答第(一)~(二)题的相关问题。

【模拟时间】

完成本业务操练时间以不超过25分钟为准。

【实操内容】

1. 工作流程跟单(如图3—2所示)。请把下列右边圆框内各进口环节的英文代码,按步骤填入左边横线上。

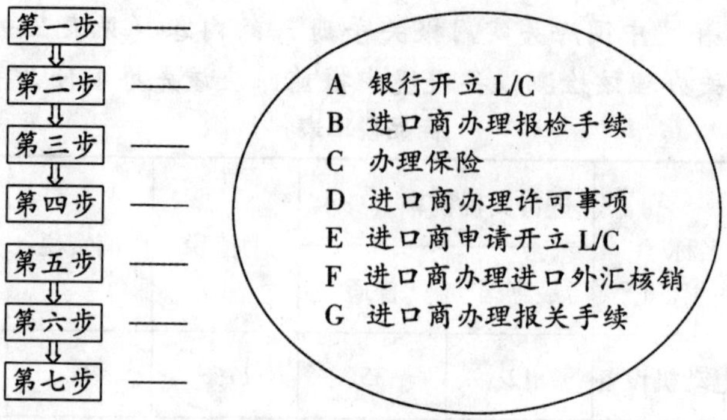

图3—2 工作流程跟单

2. 质量跟单。2007年1月至4月的4批货都顺利收到并付汇。5月10日德国KJU公司第5批电子测距仪生产完毕，通知大连康维有限公司驻汉堡办事处的跟单员陈明进行装运前检验（第4批货在装运前检验时不合格）。订单的产品质量抽检若使用GB2828，且MAJOR（重大缺陷）和MINOR（次要缺陷）的AQL分别为0.65和2.5，检验水平（IL）为II（属于正常检验），见表3—4、表3—5。

表3—4 **批量范围、检验水平与样本量字码之间关系表**

批 量	特殊检验水平				一般检验水平		
	S-1	S-2	S-3	S-4	I	II	III
2～8	A	A	A	A	A	A	B
9～15	A	A	A	A	A	B	C
16～25	A	A	B	B	B	C	D
26～50	A	B	B	C	C	D	E
51～90	B	B	C	C	C	E	F
91～150	B	B	C	D	D	F	G
151～280	B	C	D	E	E	G	H
281～500	B	C	D	E	F	H	J
501～1 200	C	C	E	F	G	J	K
1 201～3 200	C	D	E	G	H	K	L
3 201～10 000	C	D	F	G	J	L	M
10 001～35 000	C	D	F	H	K	M	N
35 001～150 000	D	E	G	J	L	N	P
150 001～500 000	D	E	G	J	M	P	Q
500 001及其以上	D	E	H	K	N	Q	R

表3—5　　**加严检验一次抽样方案**

样本量字码	样本量	接收质量跟（AQL）																									
		0.010	0.015	0.025	0.040	0.065	0.10	0.15	0.25	0.40	0.65	1.0	1.5	2.5	4.0	6.5	10	15	25	40	65	100	150	250	400	650	1000
		Ac Re	Ac Re	Ac Re	Ac Re	Ac Re	Ac Re	Ac Re	Ac Re	Ac Re	Ac Re	Ac Re	Ac Re	Ac Re	Ac Re	Ac Re	Ac Re	Ac Re	Ac Re	Ac Re	Ac Re	Ac Re	Ac Re	Ac Re	Ac Re	Ac Re	Ac Re
A	2	↓	↓	↓	↓	↓	↓	↓	↓	↓	↓	↓	↓	↓	↓	↓	0 1	↓	↓	1 2	2 3	3 4	5 6	8 9	12 13	18 19	27 28
B	3	↓	↓	↓	↓	↓	↓	↓	↓	↓	↓	↓	↓	↓	↓	0 1	↓	↓	1 2	2 3	3 4	5 6	8 9	12 13	18 19	27 28	41 42
C	5	↓	↓	↓	↓	↓	↓	↓	↓	↓	↓	↓	↓	↓	0 1	↓	↓	1 2	2 3	3 4	5 6	8 9	12 13	18 19	27 28	41 42	↑
D	8	↓	↓	↓	↓	↓	↓	↓	↓	↓	↓	↓	↓	0 1	↓	↓	1 2	2 3	3 4	5 6	8 9	12 13	18 19	27 28	41 42	↑	↑
E	13	↓	↓	↓	↓	↓	↓	↓	↓	↓	↓	↓	0 1	↓	↓	1 2	2 3	3 4	5 6	8 9	12 13	18 19	27 28	41 42	↑	↑	↑
F	20	↓	↓	↓	↓	↓	↓	↓	↓	↓	↓	0 1	↓	↓	1 2	2 3	3 4	5 6	8 9	12 13	18 19	↑	↑	↑	↑	↑	↑
G	32	↓	↓	↓	↓	↓	↓	↓	↓	↓	0 1	↓	↓	1 2	2 3	3 4	5 6	8 9	12 13	18 19	↑	↑	↑	↑	↑	↑	↑
H	50	↓	↓	↓	↓	↓	↓	↓	↓	0 1	↓	↓	1 2	2 3	3 4	5 6	8 9	12 13	18 19	↑	↑	↑	↑	↑	↑	↑	↑
J	80	↓	↓	↓	↓	↓	↓	↓	0 1	↓	↓	1 2	2 3	3 4	5 6	8 9	12 13	18 19	↑	↑	↑	↑	↑	↑	↑	↑	↑
K	122	↓	↓	↓	↓	↓	↓	0 1	↓	↓	1 2	2 3	3 4	5 6	8 9	12 13	18 19	↑	↑	↑	↑	↑	↑	↑	↑	↑	↑
L	200	↓	↓	↓	↓	↓	0 1	↓	↓	1 2	2 3	3 4	5 6	8 9	12 13	18 19	↑	↑	↑	↑	↑	↑	↑	↑	↑	↑	↑
M	315	↓	↓	↓	↓	0 1	↓	↓	1 2	2 3	3 4	5 6	8 9	12 13	18 19	↑	↑	↑	↑	↑	↑	↑	↑	↑	↑	↑	↑
N	500	↓	↓	↓	0 1	↓	↓	1 2	2 3	3 4	5 6	8 9	12 13	18 19	↑	↑	↑	↑	↑	↑	↑	↑	↑	↑	↑	↑	↑
P	800	↓	↓	0 1	↓	↓	1 2	2 3	3 4	5 6	8 9	12 13	18 19	↑	↑	↑	↑	↑	↑	↑	↑	↑	↑	↑	↑	↑	↑
Q	1 250	↓	0 1	↓	↓	1 2	2 3	3 4	5 6	8 9	12 13	18 19	↑	↑	↑	↑	↑	↑	↑	↑	↑	↑	↑	↑	↑	↑	↑
R	2 000	0 1	↑	↓	1 2	2 3	3 4	5 6	8 9	12 13	18 19	↑	↑	↑	↑	↑	↑	↑	↑	↑	↑	↑	↑	↑	↑	↑	↑
S	3 150			1 2																							

注：↓ —— 使用箭头下面的第一个抽样方案。如果样本量等于或超过批量，则执行100%全检。

↑ —— 使用箭头上面的第一个抽样方案。

Ac —— 接收数。

Re —— 拒收数。

请回答以下问题：

1. 假如对第5批生产完成的500台测距仪采用一次正常检查抽样方案，需要抽检多少台测距仪？请分别找出MAJOR和MINOR的Ac、Re（要求写出详细步骤）。

2. 如果实际抽检中MAJOR和MINOR的不合格产品数量为1台和4台，检验能否通过？为什么？

3. 从第6批开始，跟单员陈明对德国KJU公司测距仪检验的严格度应作何调整？为什么？

4. 在满足什么条件时，对德国KJU公司测距仪检验才能恢复正常检验？

第4章

外贸跟单的商品知识

【学习目标】

通过本章的学习，了解外贸商品学基础常识；熟悉商品学中的典型商品的鉴别分析能力；掌握商品的标准体系及其组织。

4.1 外贸商品学基础

商品学是以商品为研究对象，以商品质量为中心内容，研究商品使用价值的学科。它是随着商品经济和对外贸易的发展而逐步发展起来的。

4.1.1 外贸商品的概念及分类原则

商品是社会生产发展到一定历史阶段的产物，是用来交换并能满足人们某种需要的劳动产品。一切商品都具有使用价值和价值两种属性。商品的二重性是由劳动的二重性决定的，即具体劳动产生使用价值，抽象劳动产生价值。

在商品国际分类体系中，商品分类的基本原则为科学性原则、系统性原则、实用性原则、可扩展性原则、兼容性原则、唯一性原则。

4.1.2 外贸商品的分类和归类

1）外贸商品的分类

（1）《商品分类及编码协调制度》（The Harmonized Commodity Description and Coding System）

《商品分类及编码协调制度》（以下简称协调制度），又称“HS”。它是在《海关合作理事会商品分类目录》（CCCN）和联合国《国际贸易标准分类目录》（SITC）的基础上，协调国际上多种商品分类目录而制定的一部多用途的国际贸易商品分类目录。它是一个完整、系统、通用、准确的国际贸易商品分类体系，具有严密的逻辑性和科学性。它广泛应用于海关征税、国际贸易统计、原产地规则、国际贸易谈判（如 WTO 关税减让表）、运输税费及统计、贸易管制（如对废物、麻醉药物、化学武器等的管制）、风险管理等多种领域。

协调制度作为“国际贸易语言”，大多数国家和地区采用协调制度目录作为本国和本地区的海关税则和贸易统计目录。

我国海关采用的 HS 分类目录，前 6 位数是 HS 国际标准编码，第 7、8 两位是根据我国关税、统计和贸易管理的需要加列的本国子目。为满足中央及国务院各主管部门对海关监管工作的要求，提高海关监管的计算机管理水平，在8位数分类编码的基础上，根据实际工作的需要，对部分税号又进一步分出了第9、10位数编码的HS编码制度。

目前，我国海关通关系统使用的《商品综合分类表》中的商品编码为10位码编号，前8位代码与《进出口税则》中的税则列号和《统计目录》中的商品编号一致。第9、10位代码是根据进口环节税、进口暂定税和贸易管制的需要而增设的。

协调制度将国际贸易涉及的各种商品按照生产类别、自然属性和不同功能用途等分为22类98章（其中第77章为保留章）。第1—24章为农业品，第25—97章为工业品，第98章为特殊交易品。有的章，如第28、29、36、63和72章内设有分章。

HS的总体结构由三部分组成：

①归类总规则。归类总规则共六条，规定了分类原则和方法，以保证对HS使用和解释的一致性，使某一具体商品能够始终归入一个唯一编码。

②类注释、章注释及子目注释。协调制度将商品根据不同的生产部门（行业）分成不同的类，类下又根据商品的自然属性或用途（功能）分成不同的章。章的序号总是用阿拉伯数字表示，如第一章写成“01”、第二章写成“02”、第二十五章写成“25”；各章分为不同的品目，同样用两位阿拉伯数字表示所在章的位置，如第一章的第一个品目写成“0101”表示马、驴、骡；第八章的第五个品目写成“0805”表示鲜或干的柑橘属水果；品目下分为不同的一杠子目（又称一级子目），用一位阿拉伯数字表示所在品目下的位置，子目的最重要的结构特点是分级。如品目0805下的第一个一杠子目写成“08051”代表橙，第四个一杠子目写成“08054”代表柚。

至于排在最末一杠子目（“其他”）则尽量以数字“9”表示。如品目0805中最末的一杠子目（其他）写成“08059”。

采用以上编排方式的好处是可以在不改变现行子目编码（结构）的情况下加入新的子目。同理一杠子目下分为不同的二杠子目，二杠子目的编码方式同一杠子目。品目下或子目下若没有再细分，则用数字“0”表示。

协调制度最多分为二杠子目，所以加上前面的品目号，商品编码共有六位。我国税则根据本国的实际情况在二杠子目的基础上又细分为三杠子目和四杠子目，所以最后的商品编码由八位组成。

③按系统顺序排列的商品编码表，该表由商品名称和商品编码两部分，一般商品编码排列在左侧，商品名称在右侧。

职场指南4—1

协调制度中商品编码的编排规律

协调制度商品分类目录将国际贸易商品分为21类、97章、5 000多个6位数级编码，整个分类体系由归类总归则、注释（类注释、章注释、子目注释）和商品编码表三部分组成。

例：鳗鱼苗							
	编码	03	01	9	2	1	0
	位数	12	34	5	6	7	8
	含义	章号	顺序号	1级子目	2级子目	3级子目	4级子目

前两位表示品目所在章，后两位表示此品目在该章的排列次序。

例：62.05 代表第 62 章（机织服装），05 顺序号下的商品，即机织男衬衫。

（2）HS 编码中，“类”的编排原则

“类”基本上是按经济部门划分的，协调制度将商品分为 21 类。

（3）HS 编码中，“章”的编排原则

协调制度将商品分为 97 章。

第一，商品原材料的属性原则：按商品原材料的属性分类，不同原料的产品一般归入不同的章内。

第二，加工程度的原则：章内按产品的加工程度从原料到成品顺序排列。

第三，商品的用途或性能的原则：国际上的 HS 编码的编排是在商品的大类前提下，由六位数字组成，前两位数代表“章”，三、四位数代表“目”，五、六位数代表“子目”。

第四，注释的原则：注释包括类注、章注、子目注释，“注释”是最终确定商品归属的依据，对正确归类商品和确定 HS 编码十分重要，尤其是要特别关注“注释”中的例外情况。

（4）国际危险货物分类

凡具有爆炸、易燃、毒害、腐蚀、放射性等特性，在运输、装卸和储存保管过程中，容易造成人身伤亡和财产毁损而需要特别防护的货物，均属危险货物。

《国际海上危险货物运输规则》将危险货物划分 9 大类 24 小类，共计 2 500 多种。

相关链接 4—1

商品归类总规则

规则一

类、章及分章的标题，仅为查找方便而设。具有法律效力的归类，应按品目条文和有关类注或章注确定，如品目、类注或章注无其他规定，按以下规则确定。

规则二

（一）品目所列货品，只要在进口或出口时该项不完整品或未制成品具有完整品或制成品的基本特征（或按本款可作为完整品或制成品归类的货品），应视为包括该项货品的完整品或制成品；在进口或出口时的未组装件或拆散件，应视为包括该项货品的不完整品或未制成品。

（二）品目中所列材料或物质，应视为包括该种材料或物质与其他材料或物质混合或组合的物品，品目所列某种材料或物质构成的货品，应视为包括全部或部分由该种材料或物质构成的货品，由一种以上材料或物质构成的货品，应按规则三归类。

规则三

当货品按规则二的条文（二）或由于其他任何原因看起来可归入两个或两个以上品目时，应按以下规则归类：

（一）列名比较具体的品目，优先于列名一般的品目。但是如果两个或两个以上品目都仅述及混合或组合货品所含的某部分材料或物质，或零售的成套货品中的某些货品，即使其中某个品目对该货品描述得更为全面、详细，这些货品在有关品目的列名应视为同样具体。

（二）混合物，不同材料构成或不同部件组成的组合物以及零售的成套货品，如果不能按照规则三（一）归类时，在本款可适用的条件下，应按构成货品基本特征的材料或部件归类。

（三）货品不能按照规则三（一）或（二）归类时，应按号列顺序归入其可归入的最末一个品目。

规则四

根据上述规则无法归类的货品，应归入与其最相类似的品目。

规则五

除上述规则外，本规则适用于下列货品的归类：

（一）制成特殊形状仅适用于盛装某个或某套物品并适合长期使用的，如照相机套、乐器盒、枪套、绘图仪器盒、项链盒及类似容器，如果与所装物品同时进口或出口，并通常与所装物品一同出售的，应与所装物品一并归类。但本款不适用于本身构成整个货品基本特征的容器。

（二）除规则五（一）规定的以外，与所装货品同时进口或出口的包装材料或包装容器，如果通常是用来包装这类货品的，应与所装货品一并归类，但明显可重复使用的包装材料和包装容器不受本款限制。

规则六

货品在某一品目项下各子目的法定归类，应按子目条文或有关的子目注释以及以上各条规则来确定，但子目的比较只能在同一数级上进行。除协调制度条文另有规定的以外，有关的类注，章注也适用于本规则。

2）外贸商品归类简介

（1）农产品。农产品即活的动物、植物及其产品，它涉及第一至第四类共有二十四章。但是，以上类、章不包括流动马戏团、动物园中的活动物以及木材和专供某些生产行业使用的动、植物产品（如皮张、纺织用原料），这些货品应归在其他类、章里。

（2）矿产品。其主要包括处于原料状态或初级加工的矿产品，它涉及第五类共有三章。

（3）化工产品和高分子化合物。其主要包括各种各样的化学品及其相关产品和塑料、橡胶制品，它涉及第六类和第七类，从第二十八章到第四十章共有十三章。其中，第三十八章和第四十章分别是塑料、橡胶等高分子化合物。

（4）轻工业产品，包括两部分。①轻工业产品，涉及第八至十类，包括从第四十一章到第四十九章共九章。主要有第八类（第四十一章到第四十三章）皮革工业的产品，包括生皮、皮革及其制品和毛皮及其制品。②有关鞋、帽、伞、杖、鞭及其零件、已加工的羽毛及其制品、人造花、人发制品是在第十二类，从第六十四章到第六十七章共有四章。

（5）纺织服装，涉及第十一类的第五十章至第六十三章共有十四章。按原料、半成品到制成品顺序排列（如棉花—纱线—普通织物）。在这十四章中，可以分成两部分：第一部分从第五十章至五十五章，包括各种纺织原料、纱线和普通织物；第二部分从第五十六章至六十二章，包括特种织物及各种纺织制成品。这一类范围较广，基本上包括了纺织工业上用的各种纺织原料（如丝、棉花、麻、化纤），也包括纺织行业生产的半制成品（如纱线）和制成品（如织物及其制成品）。

（6）陶瓷、玻璃。其涉及从第十三类的第六十八章至第七十章，共三章。主要是石料、石膏、水泥、石棉、云母及类似材料的制品；陶瓷产品；玻璃及其制品。

（7）珠宝。其涉及第十四类的第七十一章，只有一章。主要是天然或养殖珍珠、宝石或半宝石、贵金属、包贵金属及其制品；仿首饰；硬币。贵金属包括金、银、铂及铂族金属（如钯、铱、铱、钌、铑）。

（8）贱金属及其制品。其涉及第十五类的第七十二章至第八十三章，共有十二章（其中一章留空，实为十一章）。这一类有两个部分：第一部分从第七十三章到八十一章，主要按金属的种类分类（如铁、铜、镍、铝、铅、锌）；第二部分是第八十二章、八十三章，这两章是按产品的用途来分章列目的。

（9）机械、电气设备。其涉及第十五类的第八十四章和八十五章两章，共有两章。除了例外（第八十四章的电子计算机和第八十五章的电动机械工具），它们各有特点：第八十四章的货品，主要是靠机械能做功的机械、器具及其零件。第八十五章的货品，主要是靠电能做功的电气设备及其零件。

（10）运输工具及其类似设备。其涉及第十七类的第八十六章到八十九章，共有四章。每章包括一种类型的运输工具，分别为火车、汽车、飞机、船舶。其中的类似设备，是指集装箱、交通管理用的机械信号及控制装置、降落伞等。

（11）仪器、钟表和乐器。其涉及第十八类的第九十章到九十二章，共三章。这里主要关注的是仪器零件、附件、功能机组、光缆等的归类。

（12）武器、弹药、家具、灯具、艺术收藏品。其涉及第十九至二十一类的第九十三章到第九十七章，共有五章。其中第十九类只有第九十三章，包括武器、弹药。第二十类共有三章，包括家具、灯具、活动房屋、玩具、运动用品及其他杂项制品。第二十一类也只有第九十七章，包括艺术品、收藏品、古物。

4.1.3 商品的特性

1）食品

在食品中有维持人体生存或延续所需的物质或能量，所以它是人类生存的最基本的生活资料。食品按其来源分为动物性食品、植物性食品、矿物型食品；食品按其加工程度分为原料食品和加工食品；食品按其在饮食中的比重分为主食和副食；食品按其食用功能分为普通食品、强化食品、保健食品、绿色食品。

2）纺织品

（1）纺织品。纺织品指单纱、股线、绒线、拈丝、绳索、机织物、针织物、编织物、各种纺织复制产品、毡毯、无纺布等，可直接应用或进一步加工。

生态纺织品是指那些采用对周围环境无害或少害的原料制成的并对人体健康无害的纺织产品。这类纺织品是经过毒理学测试的并具有相应的标志，即生产商、经销商及纺织协会及其成员机构，按《Oeko-Tex Standard 100》体系和要求进行特定认证。符合要求的发给特定证书及特定标签，证书的有效期是一年。

成为生态纺织品要符合下列条件：生产生态性、消费生态性、处理生态性、监督全过程化。

（2）纺织纤维。纤维是天然或人工合成的细丝状物质，纺织纤维则是指用来加工纺织布的纤维。

纺织纤维特点：纺织纤维具有一定的长度、细度、弹性、强力等良好物理性能。还具有较好的化学稳定性，例如：棉花（Cotton）、毛（Wool）、丝（Silk）、麻（Line）等天然纤维是理想的纺织纤维。纺织纤维的种类很多，具体分类如图 4—1 所示。

- 纺织纤维
  - 天然纤维
    - 植物纤维
      - 种子纤维：棉纤维、木棉纤维
      - 韧皮纤维（茎纤维）：亚麻、黄麻、洋麻、兰麻、罗布麻、大麻
      - 叶纤维：剑麻、蕉麻
      - 果实纤维：椰子纤维
    - 动物纤维
      - 毛发纤维：绵羊毛、山羊绒（毛）、兔毛、骆驼毛（绒）、牦牛绒等
      - 蚕丝纤维：桑蚕丝、柞蚕丝、蓖麻蚕丝
    - 矿物纤维：石棉
  - 化学纤维
    - 合成纤维：果酯纤维（涤纶）、聚酯胺纤维（锦纶 6、锦纶 66）、聚丙烯脂纤维（脂纶）、聚丙烯纤维（丙纶）、聚乙烯醇甲醛纤维（维纶）、聚氯乙烯纤维（氯纶）、聚氨酯弹性纤维（氯纶）等
    - 再生纤维
      - 再生纤维素纤维：粘胶纤维、铜氨纤维、Modall 纤维、Lyocell 纤维等
      - 再生蛋白质纤维：大豆纤维、牛奶纤维
    - 醋酯纤维：二醋酯纤维、三醋酯纤维
    - 无机纤维：碳纤维、玻璃纤维、金属纤维、陶瓷纤维、硼纤维等

图 4—1　纺织纤维的种类

鉴别不同种类的纺织纤维，可通过感官法、燃烧法、显微镜法、溶解法、药品着色法以及红外光谱法等方法加以鉴别。鉴别时往往需要从定性和定量两方面进行分析。鉴别一般采用以下步骤：

其一，用燃烧法或感官法初步判断出是何种纤维（天然纤维还是化学纤维）。用燃烧法判断常见纤维的燃烧性质的方法见表 4—1。感官法是用人的感觉器进行的，主要是通过手摸、眼等确定纤维种类。

表 4—1　**常见纤维的燃烧性质**

纤维	近焰现象	在焰中	离焰以后	气味	灰烬
棉	近焰即燃	燃烧	续燃、有余辉	烧纸味	灰烬极少、柔软黑灰
毛	熔离火焰	熔并燃	难续燃、自熄	烧毛味	易碎、脆蓬松黑
丝	熔离火焰	咝咝声	难续燃、自熄	烧毛味	易碎、脆蓬松黑
涤纶	近焰熔缩	滴落	起泡、续燃	弱香味	硬圆、黑淡褐色
腈纶	熔近焰灼烧	熔并燃	速燃、飞溅	弱香味	硬圆、不规则或珠状

其二，如果是天然纤维，则可用显微镜观察法鉴别是植物纤维还是动物纤维。如果是化学纤维，则结合纤维的熔点、比重、折射率、溶解性能等方面的差异逐一区别出来。用显微镜鉴别，必须在专业实验室由专业人员进行，主要是观察其纵向和横向的组织结构。

其三，在鉴别混合纤维和混纺纱时，一般可用显微镜观察确认其中含有几种纤维，然后再用适当方法逐一鉴别。

其四，对于经过染色或整理的纤维，一般先要进行染色剥离或其他适当的预处理，才可能保证鉴别结果可靠。

(3) 纺织纱线。纱线是指由纺织纤维组成的、具有一定的细度的、连续的、加过捻的线型集合体。

纱线质量取决于原料质量和工艺质量，纱线质量的好坏直接影响织物的美观和使用价值，衡量纱线的主要技术指标主要有纱线的粗细度和均匀度、强度和伸度、捻度和捻向等。

①粗细度和均匀度。纱线有粗细之分，其含义是指纱线的质量和其长度的关系，通常用定重制和定长制来表示。定重制是指规定重量的纱线所具有的长度，而定长制是指规定长度的纱线所具有的重量。

②强度和伸度。纱线的抗拉能力称为强度，在其他条件相同的情况下，纱线的强度越大，则织品越坚固耐用。单纱强度测定是在单纱强力测试机上进行，纱线的强度用拉断纱线的荷重克数或千克数表示。纱线受到外力拉伸时，即发生伸长变形，纱线在一定荷重下拉伸长度对原长度的百分比称为纱线的伸度。纱线应具有适当的伸度，才能使纱线具有弹性和柔韧性。伸度过大，会使纱松弛降低强度；伸度过小可使纱的强度提高，但使织物变硬。

③纱线的捻度和捻向。捻度是指纱线加捻的程度。通常用单位长度内，纱线加捻的回数来表示。当纱线的细度单位分别用公制支数、英制支数、号数表示时，对应的捻度单位为捻数/米，捻数/英寸、捻数/厘米。

捻向是指纱线的捻转方向，即纤维在纱线中的倾斜方向。加捻后纤维自左上方向右下方倾斜的称为Z捻，俗称反手捻。

纺织纱线质量的常用指标。可以按国家有关标准对纺织纱线质量的优劣进行评判，也可以从纱线的粗细均匀度、疵点（如杂质、棉结）等外观进行直观评判。

3）玻璃制品

玻璃是由以石英砂、纯碱、石灰石、长石等为主要原料，经过1 550℃ ~1 600℃高温熔融，并经快速冷却制成的硬而脆的固体无机非金属材料。

玻璃的特性为：致密性好；透光性、反射性、折光性好；热稳定性好；硬度大；易破碎；化学稳定性好。

玻璃制品的分类，见表4—2。

表4—2 玻璃制品的分类

分类原则	品　种
按用途分	瓶罐玻璃、日用器皿玻璃、窗用玻璃、镜子玻璃、平板玻璃、仪器玻璃、光学玻璃、特种玻璃等
按成型方法分	吹制玻璃、压制玻璃、拉制玻璃、铸造玻璃等
按式样和形状分	平板玻璃、空心玻璃、玻璃砖等
按特征分	平板玻璃、瓶罐玻璃、石英玻璃、含氧化铝玻璃、化学玻璃、光学玻璃、有色玻璃、不透明玻璃、釉玻璃、纤维玻璃、多孔状玻璃等
按化学成分分	钠玻璃、钾玻璃、铝玻璃、石英玻璃、硼硅玻璃、铝硅玻璃、铝镁玻璃等

4）皮革类

皮革可分为人造皮革和天然皮革。人造皮革也叫仿皮或胶料，是 PVC 和 PU 等人造材料的总称。它是在纺织布基或无纺布基上，由各种不同配方的 PVC 和 PU 等发泡或覆膜加工制作而成，可以根据不同强度、耐磨度、耐寒度和色彩、光泽、花纹图案等要求加工制成，具有花色品种繁多、防水性能好、边幅整齐、利用率高和价格相对真皮便宜的特点。但绝大部分的人造皮革，其手感和弹性无法达到真皮的效果；它的纵切面上可看到细微的气泡孔、布基或表层的薄膜和干干巴巴的人造纤维。

天然皮革按其种类来分主要有猪皮革、牛皮革、羊皮革、马皮革、驴皮革和袋鼠皮革等，另有少量的鱼皮革、爬行类动物皮革、两栖类动物皮革、鸵鸟皮革等。其中牛皮革又分黄牛皮革、水牛皮革、牦牛皮革和犏牛皮革；羊皮革分为绵羊皮革和山羊皮革。按其层次分，有头层革和二层革，其中头层革有全粒面革和修面革；二层革又有猪二层革和牛二层革等。在主要几类皮革中，黄牛皮革和绵羊皮革，其表面平细，毛眼小，内在结构细密紧实，革身具有较好的丰满感和弹性感，物理性能好。因此，优等黄牛皮革和绵羊皮革一般用做高档制品的皮料，其价格是大宗的皮革中较高的一类。

5）机电产品

机电产品是指使用机械、电器、电子设备所生产的各类农具机械、电器、电子性能的生产设备和生活用机具。机电产品涉及面广泛，门类繁多，既是技术知识密集型也是劳动密集型的商品。

机电产品的特征可分为固有特征、市场销售特征、生产特征。机电产品在现代家庭生活和化工厂中无处不在，种类繁多，按自然属性分为普通机械商品、交通运输机械、仪器仪表等；按作用和特征分为重大技术设备、电工机械、专用机械、基础零件、搬运机械等。

机电产品一般由石油机械、气动、电器、液压、数控等系统组成，从整体来看，机电设备是机电产品的主体。

6）家具

家具主要有实木（全木）家具、金属家具、玻璃钢家具、人造板家具、弯曲家具、聚氨酯发泡家具等。

4.2　外贸出口部分商品简介

4.2.1　机电商品

1）电声器材

电声器材是用于无线电通讯的各种器具和材料的统称。其种类很多，主要包括收音机、扩音机、录音机、电视机及有关零配件等，限于篇幅这里仅介绍汽车功放、扬声器。其工作原理如图 4—2 所示。

图 4—2　汽车功放和扬声器的工作原理

(1) 汽车功放。其主要技术参数有：额定功率、频率响应、失真度、声道分离度、输入灵敏度、信噪比等几方面。检验汽车功放的质量，是要靠专业仪器（音频分析仪）来测试，当然也可以通过下列方法进行粗略判断：

第一，目测。用眼睛看是一种最直接的评判质量的方法。目测包装、外观和内部线路板结构。

第二，手感。一台好的汽车功放手感一定要好。不允许机壳表面有毛刺和划痕。

第三，试听。失真度是辨别汽车功放好坏的直接的感官参数。经功率放大器传送出来的音乐动听令人心情舒畅。

(2) 扬声器。它是一种将电能转换成声能的电声器件，它的作用是将电能转换成声能并辐射出去。扬声器的主要技术参数：额定功率、灵敏度、谐振频率、品质因数、阻抗等。检验扬声器的质量，是要靠专业仪器（电声测试仪）来测试，当然也可以通过下列方法进行粗略判断：目测和试听。

(3) 有关电声产品的国际标准。

其一，欧洲：CE（强制）、GS 等认证或检测；

其二，北美：UL，CSA，FCC（强制）；

其三，其他国家和地区：日本 PSE（强制）、英国 BSI、法国 NF 等。

2）通用机械

通用机械是指通用性强、用途较广泛的机械商品。它一般是指泵、气体压缩机、阀门、制冷设备和空气分离设备等商品。

(1) 泵（Pump）。泵是受原动机控制，驱使介质运动，将原动机输出的能量转换为介质压力能的能量转换装置。泵主要输送液体，包括水、油、酸碱液、乳化液、悬乳液和液态金属等，也可输送液体、气体混合物以及含悬浮固体物的液体。

泵的基本性能参数主要有：流量 Q、扬程 H、功率 N、泵的特性曲线、汽蚀余量 r、转速 n、效率 η 等。泵的分类见表 4—3。

表 4—3 泵的分类

分类原则	名称
按工作原理分	动力式泵、容积式泵、其他类型泵等
按输送液体的性质分	清水泵、污水泵、油泵、酸泵、液氨泵、液态金属泵等
按工作压力分	低压泵、中压泵、高压泵和超高压泵等
按驱动方法分	电动泵和水轮泵等
按用途分	锅炉给水泵和计量泵等
按结构分	单级泵和多级泵

(2) 阀门（Valves）。阀门是流体输送系统中的控制部件，具有截止、调节、导流、防止逆流、稳压、分流或溢流泄压等功能。用于流体控制系统的阀门，从最简单的截止阀到极为复杂的自控系统中所用的各种阀门，其品种和规格相当繁多。阀门可用于控制空气、水、蒸汽、各种腐蚀性介质、泥浆、油品、液态金属和放射性介质等各种类型流体的流动。

阀门的几项主要技术性能：强度性能、密封性能、流动介质、启闭力和启闭力矩、启闭速度、动作灵敏度和可靠性、使用寿命。

4.2.2 纺织面料与服装

1）面料

面料就是用来制作服装的材料。作为服装三要素之一，面料不仅可以诠释服装的风格和特性，而且直接左右着服装的色彩、造型的表现效果。

（1）梭织面料。它也称机织物，是把经纱和纬纱相互垂直交织在一起形成的织物，其基本组织有平纹、斜纹、缎纹三种，不同的梭织面料也是由这三种基本组织及由其变化多端的组织而构成。主要有雪纺（Chiffon）、牛津布（Oxford）、牛仔布（Denim）、斜纹布（Drill）、法兰绒（Flannel）、花缎（Damask）等。

（2）针织面料（Knitted Fabric）。用织针将纱线或长丝构成线圈，再把线圈相互串套而成，由于针织物的线圈结构特征，单位长度内储纱量较多，因此大多有很好的弹性。针织面料有单面和双面之分。主要有汗布（Single Jersey）、天鹅绒、网眼布等。针织面料可分为纬编针织物与经编针织物两大类。

第一，纬编针织面料是将纱线由纬向喂入，同一根纱线顺序弯曲成圈并相互串套而成的面料。最常见的毛衣即为纬编针织物。

第二，经编针织面料线圈的串套方向正好与纬编相反，是一组或几组平行排列的纱线，按经向喂入，弯曲成圈并相互串套。

（3）非织造面料（Non-Woven Fabric）。它由纺织纤维经粘合、熔合或其他机械、化学方法加工而成。主要有无纺布、粘合布等。

（4）涂层面料。它是在织物表面涂覆或粘合一层高聚物材料，使其具有独特的外观或功能的面料。涂层面料的代表织物有防（羽）绒涂层面料、防水透湿涂层面料（如PVC或PU）、阻燃涂层面料、导电以及仿皮革等织物。

（5）印花面料。它是用染料调制成色浆直接印在白色或浅色织物上形成花纹图案，工艺简单，成本低，应用最多。通常的印制方法有平网印花、圆网印花、转移印花等。

（6）色织面料。它是指先将纱线或长丝染色，然后使用色纱进行织布的工艺方法，这种面料称为色织布，生产色织布的工厂一般称为色织厂，如牛仔布及大部分的衬衫面料都是色织布。

2）面料的主要技术指标

（1）长度指标：

①经向（Warp）、经纱密度。面料长度方向纱线称作经纱，其1英寸内纱线的排列根数为经密（经纱密度）。

②纬向（Weft）、纬纱密度。面料宽度方向纱线称作纬纱，其1英寸内纱线的排列根数为纬密（纬纱密度）。

（2）经纬密度（Threads per Unit Length）。经纬密度是用于表示梭织物单位长度内纱线的根数，一般为1英寸或10厘米内纱线的根数，我国国家标准规定使用10厘米内纱线的根数表示密度，但纺织企业仍习惯沿用1英寸内纱线的根数来表示密度。如通常见到的“45×45/108×58”表示经纱、纬纱的纱线支数（Yarn Count）分别为45支纱线，经纬密度为108、58。

（3）幅宽（Fabric Width）。幅宽是指面料的有效宽度，一般习惯用英寸或厘米表示，

1英寸=2.54cm。常见的有窄幅36英寸（91.44cm）、中幅44英寸（14cm）、宽幅57~60英寸（144~152cm）等等，高于60英寸（152cm）的面料为特宽幅，一般常叫做宽幅布，当今我国特宽面料的幅宽可以达到360cm。幅宽一般标记在密度后面，如“45×45/108×58/60”即表示面料的幅宽为60英寸（152cm）。

（4）克重（Fabric Weight）。面料的克重一般为平方米面料重量的克数，克重是针织面料的一个重要的技术指标，粗纺毛呢通常也把克重作为重要的技术指标。牛仔面料的克重一般用“盎司（OZ）”来表达。

（5）色牢度（Colour Fastness）。它是指纺织品的颜色对在加工和使用过程中各种作用的抵抗力。根据试样的变色和未染色贴衬织物的沾色来评定牢度等级。纺织品色牢度测试是纺织品内在质量测试中一项常规检测项目。包括日晒牢度、洗涤牢度、摩擦牢度、汗渍牢度、熨烫牢度、升华牢度等。正常织物的染色牢度，一般要求达到4级或4级以上才能符合需要。

（6）尺寸稳定性。又称缩水率（Shrinkage）。它是指面料在洗涤或浸水后，面料收缩的百分数。一般来说，缩水率最小的面料是合成纤维及其混纺织品，其次是毛织品、麻织品，棉织品居中，而缩水率最大的是粘胶纤维、人造棉、人造毛类织品等。

缩水率可以分成水洗缩率（Washing Shrinkage）和干洗缩率（Dry Cleaning Shrinkage）两种。

在实际检验时，如果采用不同的检验方法和步骤，就会得出不同的试验结果。ISO标准、中国国家标准（GB）将洗涤程序分为10种，温度有30℃、40℃、50℃、60℃、92℃五档，洗涤方式、漂洗次数、洗涤时间各有不同，洗后的晾干方式也不同，这些参数都会影响缩水率值。将温度为200℃±2℃，相对湿度为65%±3%的测试条件称为标准状态。测试时参数的选择要将纤维类别、所用染料、织物组织，成品风格、用途等结合起来考虑。

产生缩水的主要因素有以下几个方面：

①面料的纤维成分。一般来说，吸湿性大的纤维，浸水后纤维膨胀，直径增大，长度缩短，缩水率就大。如有的粘胶纤维吸水率高达13%，而合成纤维织物吸湿性差，其缩水率就小。

②面料纱支粗细不同，缩水率也不同。纱支粗的织物缩水率就大，纱支细的织物缩水率就小。

③面料生产工艺不同，缩水率也不同。一般来说，面料在织造和染整过程中，纤维要拉伸多次，加工时间长，施加张力较大的织物缩水率就大，反之就小。

④面料的密度不同，缩水率也不同。如经纬向密度相近，其经纬向缩水率也接近。经密度大的织品，经向缩水就大，反之，纬密大于经密的织品，纬向缩水也就大。

⑤面料预缩（Pre-shrinking），预缩是用物理方法减少植物浸水后的收缩以降低缩水率的工艺过程，经预缩后的面料制成的成衣的尺寸稳定性就大大增强了。

3）面料的检验

通过对面料的检验和测定，可有效地提高成衣的正品率，降低次品率和返修率。因此，面料检验是控制成衣生产成品质量的重要一环。

（1）检验内容

第一，品名、数量、颜色和规格检验。

第二，外观质量检验。面料的外观质量检验，是通过实物质量检验的方法，重点检查污渍、纬斜、左中右色差、头尾色差、手感、断经、断纬、经痕、油污、色花、粗纱、色污、并经并纬、胶条、胶痕、漏胶、胶粒、缩水率等。检查时，对照原样（或买卖双方的封样，下同），采用眼看、手摸的办法。

看：布面是否光洁、匀净，织纹是否清晰、饱满，边道是否平直，并与原样对照，基本符合者为一等品即合格品，明显有差异者为不合格品。

摸：通过对布面接触感觉，即在手掌中紧握或松开时的感觉，评定织物硬软程度，有无身骨、平滑性和折皱的回复程度，并与原样对照，基本符合者为一等品（合格品），明显差异者为不合格品。

第三，内在质量。内在质量主要指面料色牢度、甲醛含量、偶氮染料、气味、PH 值等五项安全指标检查，以及标识和纤维成分含量是否符合合同或信用证的要求。

第四，包装检验。包装检验主要是对包装材料、包外唛头、包装体积的检验。

（2）具体的检查方法

第一，色差检查。色差检查主要检查织物与原样色差、左中右色差、正反面色差、前后色差、匹差、批差等。色差的评定一般采用变色用灰色样卡评定。评定时一律以布的正面为准。

第二，匹长检查。对于筒形包装的面料（包括里料），宜放在滚筒形量布机械架上检查，这种检查方式的好处是检验完后，材料又恢复为筒形；对于折叠包装的面料（包括里料），一般先量两折叠处之间的长度，再数一数面料折叠的层数，用两折叠之间的长度乘以折叠的层数，就可得出其匹长，然后看其匹长是否与标签的长度一致；对于以重量方式作为计算单位的针织面料，首先应选取至少三个不同的部位，测量针织面料的单位面积重量，即每平方米克重（g/mz）。然后，根据其是定重方式（即每匹织物重量一定，一般经编针织物常采用此方式）还是定长方式（即每匹织物长度一定，一般纬编针织物常采用此方式），过秤检查时，看其重量与标签上标的重量是否一致。

第三，幅宽检查。幅宽的检查可在检查面料匹长时同时进行，检查面料幅宽时，应做好详细记录和标识。并在入库时分别堆放。检查时应特别注意有效幅宽差值，因为面料在裁减时有时是利用电脑设备控制的。幅宽的检查应选取至少三个不同的部位：头、中、尾。

4）服装

服装按照面料与工艺制作分为中式服装、毛皮服装、针织服装等；按照穿着组合分为整件装、外套、背心等；按服装基本形态分为体形型、混合型、样式型。服装的主要技术指标有以下几个方面：

第一，织物缩水率。它是指织物在标准状态下，通过一定程度洗涤后，经纬向尺寸相对于原始尺寸的变化情况。缩水率指标为成品服装检测的首选项目。机可洗应满足：①织物洗后风格不会有大的改变，如不能损伤织物强力，不引起纱线滑移纰裂和织物表面磨损起球等；②经 3 次水洗后，织物单位面积的变化率不大于 15%，由此推算经纬向缩水率各不大于 8%。

第二，织物缝纫强力。织物缝纫强力是表述织物纱线的抗滑移性能（纰裂）及织物缝制后接缝强力的指标。长丝纤维织造的面料，如丝绸、仿丝绸和缎类织物，其面料由长丝纱线织造而成，长丝纤维之间的摩擦阻力远远小于短纤维，所以织物的组织规格很大程度上影响着缝纫强力。

提高织物缝纫强力的方法主要是从织物组织规格设计上考虑，提高经纬密度、纱线捻度，采用异型截面纤维等。此外，对织物施以抗纰裂整理剂在一定程度上可提高织物的缝纫强力。

第三，织物断裂强力和撕破强力。织物的这两项强力实际上是从织物纱线的角度表示织物物理机械性能的。实际测试时是在织物的经向或纬向施以定向拉伸力，在外力的作用下，纱线完全断裂时的强度，为此织物的断裂强力。撕破强力是指织物在已有撕口时纱线顺序断裂所需的最大外力。织物的这两个强力通常是成正比的。

一般认为撕破强力小于8N（牛顿），已不适用做服装，而对服饰类的织物，往往要求断裂强力大于200N。

第四，织物色差。这项指标是将标准的比色用灰色样卡来对比织物进行评判，并给出等级。当织物染色时，对于同品种、不同批次的染色布会有批次差；连续式生产的染色布，头尾会产生色差；卷染工艺染色时，卷染织物左右张力不一致或染缸内左右温度不一致，织物的左右边会出现色差。

5）成衣

第一，规格尺寸。服装成品规格检验是用皮尺测量成品服装主要部位的规格尺寸，并与订单中的规格尺寸对照比较，检验误差要控制在允许范围内，并确定其缺陷类别和成品等级。服装成品规格测量部位和方法见表4—4。

表4—4 **服装成品规格测量部位和方法**

部位名称	测量方法
领宽	领子平摊横量，立领量上口，其他领量下口
衣长（连衣裙长）	由前左侧肩缝最高点垂直量至底边（连衣裙量至裙底边）
胸围	扣好纽扣，前后身摊平，沿袖笼底缝横量（以周围计算）
袖长	由左袖最高点量至袖口边中间（衬衫量至袖头边）
连肩袖长	由后领窝中点量至袖口中间
总肩宽	由肩袖缝交叉处横量（男衬衫解开纽扣放平，由过肩两端1/2处横量）
袖口	袖口摊平横量（以周围计算）
裤长（裙长）	从腰上口沿侧缝摊平垂直量至裤脚口（裙子量至裙底边）
腰围	扣好裤钩（纽扣），沿腰宽中间横量（以周围计算）
臀围	从侧袋下口处前后身分别横量（以周围计算）

第二，纺织服装中有害化学品和金属元素。

第三，纺织服装中的标识（如图4—3所示）。

图4—3　纺织服装中的标识

4.2.3　工艺礼品类（文体、玩具）

这类主要指圣诞工艺礼品出口，有装饰用品、节日用品、旅游用品、玩具、雕刻用品、编织品、布艺产品等系列产品。

4.2.4　五金类

五金是指铁、钢、铝等金属经过锻造、压延、切割等物理加工制造而成的各种金属器件。例如五金工具、五金零部件、日用五金、建筑五金以及安防用品等。

4.2.5　农副产品类

农副产品是由农业生产所带来的副产品，包括农、林、牧、副、渔五业产品，分为粮食、经济作物、竹木材、工业用油及漆胶、禽畜产品、蚕茧蚕丝、干鲜果、干鲜菜及调味品、药材、土副产品、水产品等若干大类，每个大类又分若干小类。

4.2.6　化工塑料陶瓷类

（1）陶瓷及制品。陶瓷是陶器和瓷器的总称。从硬度上可分为硬瓷和软瓷。从用途上可分建筑瓷器、日用瓷器、工艺美术瓷器；日用瓷器、工艺美术瓷器又可分为青瓷、白瓷和彩瓷等，其品种花色繁多。

我国生产陶瓷制品历史悠久，工艺精湛，素有“瓷器之国”之称。著名陶器有石湾美术陶、宜兴紫砂陶、淄博和邯郸的彩花美术陶等。著名的瓷器有江西景德镇的青花、粉彩、古彩、雕瓷、薄胎瓷，湖南醴陵的釉下彩、唐山的喷彩、广东的广彩、福建德化的牙白瓷、山东淄博的奶油黄和滑石瓷、浙江龙泉的青瓷等。

（2）玻璃及制品。玻璃类产品依不同生产工艺有平板玻璃、吹制玻璃两大类。吹制玻璃做工艺品等立体造型较多。玻璃类产品的特点是耐酸（除氟酸外）、耐碱、耐油、防火，钢化后可耐300℃高温。

其种类繁多，按其特征可分为平板玻璃、瓶罐玻璃、石英玻璃、化学玻璃、有色玻璃、不透明玻璃、珐琅玻璃等；按其成分可分为钠玻璃、钾玻璃、铅玻璃、硼玻璃等；按其用途分为日用玻璃、建筑用玻璃、技术用玻璃等。

（3）塑料。塑料主要包括：聚乙烯塑料（PE）、聚氯乙烯塑料（PVC）、聚苯乙烯塑料（PS）、ABS塑料、聚丙烯塑料（PP）、有机玻璃塑料（PMMA）、硝酸纤维素塑料（赛璐路，CN）、尼龙塑料（PA）、密胺塑料（MF）、酚醛塑料（PF）、脉醛塑料（UF）。

4.3 商品的质量标准体系及其组织

4.3.1 国际标准组织及其质量标准

1）国际标准的含义

国际标准是指国际标准化组织（ISO）、国际电工委员会（IEC）和国际电信联盟（ITU）所制定的标准，以及ISO为促进《关贸总协定——贸易技术壁垒协议》（即《标准守则》）的贯彻实施所出版的《国际标准题内关键词索引》（KWIC Index）中收录的其他国际组织制定的标准。

2）主要国际标准组织

（1）国际标准化组织（International Standard Organization，ISO）。它是一个由国家标准化机构组成的世界范围的联合会，现有140个成员国。根据该组织章程，每一个国家只能有一个最有代表性的标准化团体作为其成员，我国已参加ISO组织。

（2）国际电工委员会（International Electrotechnical Commission，IEC）。它起源于1904年在美国圣路易召开的一次电气大会上通过的一项决议，根据该决议，1906年成立了IEC，它是世界上成立最早的一个标准化国际机构。我国于1957年加入IEC。

国际电工委员会负责制定电工和电子产品的国际标准。IECEE是IEC内负责电工和电子产品安全认证的组织，CTL是IEC下属负责处理所采用标准的细则化测试规范和测量方法的组织，CB体系是电子电工产品按安全标准测试结果的相互承认体系。

（3）国际电信联盟（International Telecommunication Union，ITU）。其总部位于瑞士日内瓦，是一个联合国系统内的国际组织，是各国政府和民间领域协调全球电信网络和服务的机构。其主要职责是完成国际电信联盟有关电信标准化的目标。

3）ISO质量与环境标准体系

（1）IS0 9000概述。它是由ISO/TC176技术委员会制定的涉及质量管理和质量保证的国际标准。现已被90多个国家采用并转化为本国的国家标准，我国1992年开始采用这套标准。IS0 9000不是指一个标准，而是一组标准的统称。IS0 9000包括四种：

①IS0 9001质量体系——设计、开发、生产、安装和服务的质量保证模式。当需要证实供方设计和生产合格产品的过程控制能力时，应选择和使用此种模式的标准。

②ISO 9002 质量体系——生产、安装和服务的质量保证模式。当需要证实供方生产合格产品的过程控制能力时，应选择和使用此种模式的标准。

③ISO 9003 质量体系——最终检验和试验的质量保证模式。当仅要求供方最终检验和试验符合规定要求时，应选择和使用此种模式的标准。

以上都是质量保证标准，用于供方证明其能力和外部（如客户、第三方）对其能力进行评定。

④ISO 9004 质量管理和质量体系——用于指导组织进行质量管理和建立质量体系。

ISO 9000 对国际贸易的作用如下：

第一，强化质量管理，提高企业效益；增强客户信心，扩大市场份额。

第二，获得了国际贸易“通行证”，消除了国际贸易壁垒。

第三，是提高产品竞争力的重要手段之一。

第四，有利于国际间的经济合作和技术交流。

（2）ISO 14000 概述。1993 年 6 月，国际标准化组织（ISO）成立了第 207 技术委员会（TC207），主要工作目的是支持环境保护，改善并维持生态环境的质量，减少人类各项活动所造成的环境污染，使之与社会经济发展达到平衡。标准标号为 ISO 14001—14100，统称为 ISO 14000 系列标准。

ISO 14000 对国际贸易的作用：采用 ISO 14000 管理模式有助于提高管理者和员工的环境意识，改善企业形象，减少法律纠纷和环境投诉，申请银行贷款，降低保险费，改进工艺，提高技术水平，节能降耗，减少排污收费，避免环境事故和环保处罚，遵守环境法律法规要求，通过环境方面的竞争优势来赢得客户，提高国际竞争力，扩大市场份额等。

4）质量体系认证

质量体系认证是经过认证机构对企业质量体系的检查和确认并颁布证书，证明企业质量保证能力符合相应要求的活动。目前最主要的国际体系认证有国际标准化组织制定并实施的 ISO 9000 质量管理体系认证和 ISO 14000 环境管理体系认证；行业体系认证有 QS 汽车行业质量管理体系认证、TL 9000 电信产品质量体系认证等。

5）产品质量认证

产品质量认证经认证合格的，由认证机构颁发产品质量认证证书，准许企业在产品或者其包装上使用产品质量认证标志。产品质量认证包括合格认证和安全认证。

4.3.2　CE 与 GS 认证

（1）CE。CE 标志是一种安全认证标志，被视为制造商打开并进入欧洲市场的护照。凡是贴有 CE 标志的产品就可在欧盟各成员国内销售，无须符合每个成员国的要求，从而实现了商品在欧盟成员国范围内的自由流通。

在欧盟市场 CE 标志属强制性认证标志，不论是欧盟内部企业生产的产品，还是其他国家生产的产品，要想在欧盟市场上自由流通，就必须加贴 CE 标志，以表明产品符合欧盟《技术协调与标准化新方法》指令的基本要求。这是欧盟法律对产品提出的一种强制性要求。CE 标志加贴的商品表示其符合安全、卫生、环保和消费者保护等一系列欧洲指令所要表达的要求。

CE 标志的广泛使用性，不仅可以使产品适应欧洲的市场，同时也适应欧洲以外的国际市场。

（2）GS。GS的含义是德语 Geprufte Sicherheit（安全性已认证），也有 Germany Safety（德国安全）的意思。GS认证以《德国产品安全法》（SGS）为依据，按照欧盟统一标准EN或德国工业标准DIN进行检测的一种自愿性认证，是欧洲市场公认的德国安全认证标志。

GS标志表示该产品的使用安全性已经通过公信力的独立机构的测试。GS标志虽然不是法律强制要求，但是它确实能在产品发生故障而造成意外事故时，使制造商受到严格的《德国产品安全法》的约束。所以GS标志是强有力的市场工具，能增强顾客的信心及购买欲望。虽然GS是德国标准，但欧洲绝大多数国家都认同。而且满足GS认证的同时，产品也会满足欧共体的CE标志的要求。和CE不一样，GS标志并无法律强制要求，但由于安全意识已深入普通消费者，一个有GS标志的电器在市场可能会较一般产品有更大的竞争力。

GS认证和CE认证的差别：

第一，自愿性认证与强制性认证；

第二，适用德国安全法检测与适用欧洲标准EN检测；

第三，由经德国政府授权之独立之第三方进行检测并核发GS标志证书，与在具备完整技术文件（包含测试报告）的前提下可自行宣告CE；

第四，必须缴年费与无须缴年费；

第五，由授权测试单位来核发GS标志，公信力及市场接受度高，与工厂对产品符合性的自我宣告，公信力及市场接受度低。

4.3.3 国家（地区）的标准组织及其质量标准

1）国家标准的含义

国家标准是指“由国家标准团体制定并公开发布的标准”（ISO/IEC第2号指南）。

2）主要国家标准组织及其质量标准

（1）美国标准。现行的美国标准体系，实际上由3个子体系组成，即以美国国家标准学会（ANSI）为协调中心的国家标准体系、联邦政府机构的标准体系和非政府机构（民间团体）的标准体系。

（2）日本标准。日本标准是日本工业标准调查会（DISC）负责制定的。

（3）德国标准。德国主要的标准制定组织是德国标准化学会（Deutsches Institut fur Normung，DIN）。DIN是一个非政府组织。

（4）欧盟标准。新的标准统一框架将制定欧洲产品统一标准的任务授予欧洲标准委员会（CEN）、欧洲电子标准委员会（CENELEC）和欧洲电信标准协会（ETSI），它们仅负责开发欧洲信息及通讯产品的技术标准。

欧盟的安全标准主要涉及以下几个方面：卫生标准、安全标准、劳保标准、环保标准。

（5）加拿大标准。加拿大标准协会（Canada Standards Association，CSA）成立于1919年，是一个独立的私营机构，是加拿大主要的标准制定和产品认证机构，其职能是通过产品鉴别、管理系统登记和信息产品化来发展和实施标准化。

3）纺织品质量标准体系

目前，国际上比较有影响，同时对我国纺织品出口有制约作用的标准主要有：

(1) 美国国家纺织品 ANSI 标准、美国材料与试验协会标准(ASTM)和美国染化工作者协会标准(AATCC)。

(2) 国际标准化组织制定的国际标准(ISO),这是国际上能够普遍接受的中档标准。

(3) 欧盟标准 EN,由德国国家标准 DIN、英国国家标准 BS 和法国国家标准 NF 的一部分组成,这些国家标准中的某些部分就是欧盟标准。

(4) 其他的国家标准,如日本国家标准 PS,俄罗斯国家标准 FOOT。

(5) 国际生态纺织品标准(Oeko-Tex Standard 100)根据国际生态纺织品研究和检验协会于 2002 年颁布的“Oeko-Tex Standard 100”的指标,明确规定在纺织服装中不能使用某些化学物质(如过敏性染料、有害的偶氮染料)和某些金属元素材料(如铅和铅合金)。“Oeko-TeX Standard 100" 被纺织界称为是迄今为止最严格的纺织品生态标准。

(6) 一些国际大型采购商如沃尔玛(Wal-mart)、迪斯尼(Disney)、麦当劳自己制定的商业标准等。

(7) 欧盟 2002/61/EC 和 2002/371/EC 指令。

4.3.4 我国的质量标准体系及组织

1) 我国的质量标准体系

国家质量监督检验检疫总局(AQSIQ)是我国的质量标准归口管理部门。该局下设国家标准化管理委员会,主管中国的标准制定工作;下设国家认证认可监督管理委员会,负责管理我国强制认证方面的工作;下设技术性贸易壁垒通报咨询中心,负责定期联系设在日内瓦的世贸组织技术贸易壁垒办公室。

2) 我国标准的分类及标准代号

商品标准种类多而复杂,因而从不同的角度有不同分法。按适用范围分为:国家标准、行业标准、地方标准、企业标准;按法律约束性分为:强制性标准、推荐性标准、标准化指导性技术文件;按标准的性质分为:技术标准、管理标准、工作标准;按标准化的对象和作用分为:基础标准、产品标准、方法标准、安全标准、卫生标准、环境保护标准。

3) 我国国家标准的制定程序

我国国家标准制定程序划分为九个阶段:预备阶段、立项阶段、起草阶段、征求意见阶段、审查阶段、批准阶段、出版阶段、复审阶段、废止阶段。

4) 我国安全认证

(1) CCC 认证内容。中国质量认证中心(CQC)是我国最大的专业性认证机构,也是我国唯一的同时具有产品认证、质量管理体系认证、环境管理体系认证资格的综合性认证机构。

CCC 即中国强制认证(China Compulsory Certification),是国家认证认可监督管理委员会根据《强制性产品认证管理规定》(中华人民共和国国家质量监督检验检疫总局令第 5 号)制定的。CCC 对涉及的产品执行国家强制的安全认证。主要内容概括起来有以下几个方面:

第一,按照世贸有关协议和国际通行规则,国家依法对涉及人类健康安全、动植物生命安全和健康,以及环境保护和公共安全的产品实行统一的强制性产品认证制度。国家认证认可监督管理委员会统一负责国家强制性产品认证制度的管理和组织实施工作。

第二，国家强制性产品认证制度的主要特点是，国家公布统一的目录，确定统一适用的国家标准、技术规则和实施程序，制定统一的标识，规定统一的收费标准。凡列入强制性产品认证目录内的产品，必须经国家指定的认证机构认证合格，取得相关证书并加施认证标志后，方能出厂、进口、销售和在经营服务场所使用。

第三，国家对强制性产品认证使用统一的“CCC”标志。中国强制认证标志将逐步取代原来实行的“长城”标志和“CCIB”标志。

第四，国家统一确定强制性产品认证收费项目及标准。

（2）CCC认证标志。

目前的CCC认证标志分为四类：①CCC+S安全认证标志；②CCC+EMC电磁兼容类认证标志；③CCC+S&E安全与电磁兼容认证标志；④CCC+F消防认证标志。

4.3.5 SA 8000社会责任认证体系

社会责任管理体系（Social Accountability 8000，SA 8000），是国际上规范企业道德行为和社会责任的一种标准。该体系以保护劳动环境、条件和劳工权利等为主要内容，要求企业在童工、强制劳动、健康与安全、结社自由及集体谈判权利、歧视、惩戒性措施、工作时间、报酬和管理体系等九个方面满足相应的条件。SA 8000标准的适用范围是世界各地、任何行业、不同规模的公司。

1）SA 8000标准主要内容

（1）劳工标准。其包括：①禁用童工；②强迫性劳动，公司不得使用或支持使用强迫性劳动，也不得要求员工在受雇起始时交纳“押金”或寄存身份证件；③自由权，公司应尊重所有员工结社自由和集体谈判权；④禁止歧视；⑤惩戒性措施，公司不得从事或支持体罚、精神或肉体胁迫以及言语侮辱的行为。

（2）工时与工资。公司应在任何情况下都不能经常要求员工一周工作超过48小时，并且每7天至少应有一天休假；每周加班时间不超过12小时，除在特殊情况下及短期业务需要时不得要求加班；且应保证加班能获得额外津贴。

公司支付给员工的工资不应低于法律或行业的最低标准，并且必须足以满足员工的基本需求。为员工提供安全健康的工作环境；为所有员工提供安全卫生的生活环境。公司高管层应根据本标准制定符合社会责任与劳工条件的公司政策。

2）SA 8000对中国出口贸易发展的影响

第一，对企业的影响：尽管从成本角度看竞争力将降低，但从获取认证可以突破国外壁垒的角度看，对企业以后的发展是有帮助的。

第二，对贸易的影响：SA 8000规定的标准对我国多数出口相关企业来说很难达到，很多发达国家的企业一般也不易完全达到。如果一国要求其进口产品的生产企业达到SA 8000的要求，否则不准进口，则将对贸易产生很大的影响。

第三，对投资的影响：中国近年来吸引外资的步伐较快，除了潜在的经济发展速度和市场之外，廉价的劳动力也是外商投资的动力之一。如果将劳工标准提高到SA 8000规定的水平，对外资的吸引力将降低，跨国公司也会担心其分包商不能达标而不愿来中国投资，这对中国吸引外资将产生消极作用。

第四，对国民经济发展的影响：我国是一个劳动力资源丰富的大国，劳动密集型产业的发展对我国国民经济的增长和解决就业问题具有重要意义。若企业全面达到SA 8000的标准，则劳动力优势可能会丧失甚至变成劣势。过多剩余劳动力得不到安置必将对我国国民经济的稳定和发展造成不良的影响。

◆ 本章小结

本章主要介绍了外贸商品的分类和归类、我国的质量标准体系及组织，这是做好外贸跟单工作的基础性工作，要树立产品质量是企业生命的意识，提高外贸订单与认证之间的认知能力。

◆ 基础训练

一、选择题

1. 在商品的国际分类体系中，商品分类的基本原则包括(　　)等。

A. 科学性原则　　B. 系统性原则

C. 功能性原则　　D. 实用性原则

2. 在以下图标中，属于我国认证的图标是(　　)。

A.　　B.

C.　　D.

3. SA 8000 是美国规范企业道德行为和社会责任的一种民间标准，但对我国某些出口加工企业具有一定的影响和约束性，以下不属于其主要内容的有(　　)。

A. 劳工权利　　B. 劳动环境

C. 劳动条件　　D. 休息自由

4. 燃烧时有烧纸味，燃烧后灰烬极少且呈柔软黑灰状态的纺织纤维是(　　)。

A. 棉　　B. 羊毛

C. 丝　　D. 涤纶

5. 欧美客商下达生产订单前，通常会按国际上通行的某一标准进行“验厂”，这种衡量企业道德行为和社会责任的标准是(　　)。

A. ISO 9000　　B. ISO 14000

C. SA 8000　　D. Oeko-Tex Standard 100

二、判断题

1. 我国海关进出口商品分类目录有十位数编码。(　　)

2. 俄罗斯马戏团到我国巡回表演，其表演用的马匹在报关时，商品编码在协调制度的第一类：活动物中查找。(　　)

3. 根据国际生态纺织品研究和检验协会于 2002 年颁布的“Oeko-Tex Standard 100”的指标，明确规定在纺织服装中不能使用某些化学物质（如过敏性染料、有害的偶氮染料）和某些金属元素材料（如铅和铅合金）。“Oeko-TeX Standard 100”被纺织界称为是

迄今为止最严格的纺织品生态标准。 ( )

三、名词解释

商品

四、简答题

1. 简述HS编码中章的编排原则。
2. 简述我国海关商品编码的基础和编码的结构。
3. 简述我国产品质量标准的分类。
4. 简述国家强制性产品认证制度的主要特点。
5. 简述GS与CE认证的差别。

◆ 实操演练

【背景资料】

江苏泰兴市某企业出口汽车风扇，将该产品以第87章出口报关，因没有出口许可证，结果延误了船期，造成了一定的损失。

【实操要求】

对本案例做出精析，并说明此案例给我们什么启示。

【模拟时间】

完成本业务操练时间以不超过10分钟。

第5章

外贸跟单的管理

【学习目标】

通过本章的学习，了解生产企业的组织结构；熟悉客户的管理在跟单工作中地位的认知能力；掌握精益生产和准时制生产等常见的生产管理方式。

5.1 生产企业的组织结构和生产管理方式

5.1.1 生产企业的组织结构

企业的组织结构主要的形式有：直线制、职能制、直线—职能制、事业部制、模拟分权制、矩阵结构制等。

1）直线制

直线制是一种传统而简单的组织形式。其特点是企业中各级行政部门从上到下实行垂直领导，下属部门只接受一个上级部门的指令。各部门负责人对所属部门内的工作负责。其组织结构如图5—1所示。

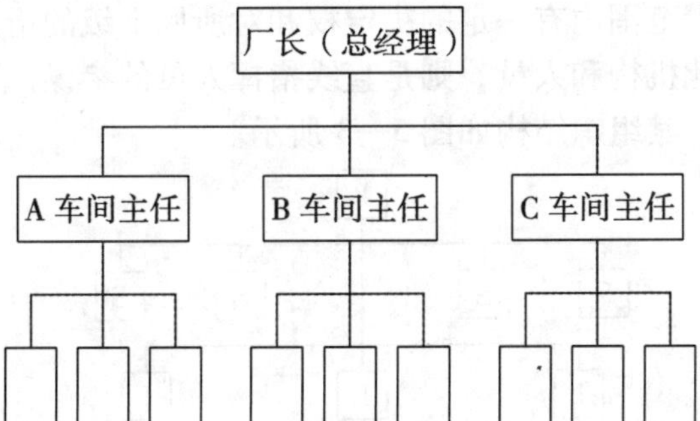

图5—1 直线制组织结构示意图

直线制组织结构的优点是：结构比较简单，责任分明，命令统一。缺点是：它要求部门负责人通晓多种知识和技能，亲自处理各种业务。

直线制组织形式只适用于规模较小，生产技术比较简单的企业，对生产技术和经营管理比较复杂的企业并不适宜。

2）职能制

职能制组织结构，是企业各级行政单位除主管负责人外，还相应地设立一些职能机构。其组织结构如图5—2所示。

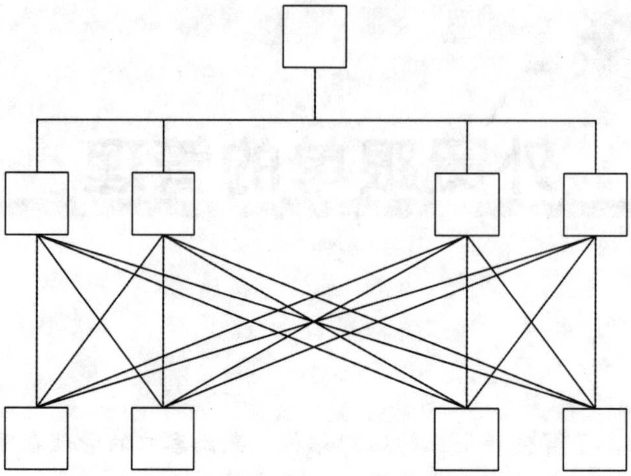

图 5—2 职能制组织结构示意图

职能制的优点是能适应现代化工业企业生产技术比较复杂，管理工作比较精细的特点；能充分发挥职能机构的专业管理作用，减轻直线领导人员的工作负担。缺点是：它妨碍了必要的集中领导和统一指挥，形成了多头领导；不利于建立和健全各级行政负责人和职能科室的责任制，在中间管理层往往会出现有功大家抢，有过大家推的现象；在上级领导与职能机构的指导和命令发生矛盾时，下级就会无所适从，影响工作的正常进行，容易造成纪律松弛，生产管理秩序混乱。现代企业一般都不采用这种制度。

3）直线—职能制

直线—职能制，也叫生产区域制，或直线参谋制。这种组织结构的形式是把企业管理机构和人员分为两类，一类是直线领导机构和人员，按命令统一原则对各级组织行使指挥权；另一类是职能机构和人员，按专业化原则，从事组织的各项职能管理工作。直线领导机构和人员在自己的职责范围内有一定的决定权和对所属下级的指挥权，并对自己部门的工作负全部责任。而职能机构和人员，则是直线指挥人员的参谋，不能对直接部门发号施令，只能进行业务指导。其组织结构如图 5—3 所示。

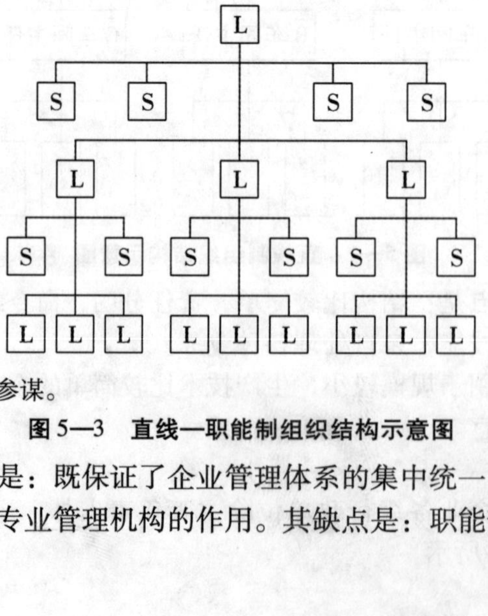

注：L——直线；S——参谋。

图 5—3 直线—职能制组织结构示意图

这一组织结构的优点是：既保证了企业管理体系的集中统一，又可以在各级行政负责人的领导下，充分发挥各专业管理机构的作用。其缺点是：职能部门之间协作和配合性较差，职能部门的许多工作要直接向上层领导报告请示才能处理，这一方面加重了上层领导的工作负担，另一方面也造成办事效率低。

5.1.2 生产管理方式

国际市场日益竞争的环境，对企业现代化管理也提出更高要求，不断关注国际上企业管理的先进理念，分别引进国际上企业管理方式，管理方式有：精益生产方式、准时制生产方式、5S管理、ERP系统、MRP模式等。

1）精益生产

（1）起源和基本思想。精益生产方式（Lean Production，LP），是继泰勒生产方式（也称“科学管理法”）和福特生产方式（也称“大量装配线方式”）之后诞生的生产方式。它的基本原理是通过查找和消除生产过程中各种各样的浪费现象，达到降低生产成本的目的。

第二次世界大战后，日本汽车工业开始起步，但其生产汽车产量无法与美国汽车工业相比拟。为了尽快改变这种局面，丰田汽车公司创造了“精益生产”的生产模式，弥补了资金、技术等方面的不足，从而赶上以美国福特汽车公司为代表的西方汽车业。自1985年起，美国麻省理工学院的Daniel Roos教授等人用了近五年的时间，对九十多家汽车生产厂进行考察，将大批量生产方式与丰田生产方式进行对比分析，于1995年，出版了《改造世界的机器》（The Machine that Changed the World）一书，将丰田生产方式定名为精益生产，并受到世人所瞩目。

以精益生产为主的一整套精益管理思想，其内涵是最大程度的简化与彻底排除浪费、删除一切非增值生产活动、维持高水准的产品品质、保持企业持续改进的活力。通常的浪费形式有7种：过多制造产品而造成的浪费；库存的浪费；品质不良返工的浪费；原材料等待造成的浪费；过多搬运造成的浪费；加工工序不合理造成的浪费；过早投产而产生的浪费。以上这些浪费形式，是造成生产成本升高的主要原因之一，也是企业管理不善的主要表现。

（2）精益生产的定义和特征。精益生产也称精良生产，其中的“精”表示精良、精确、精美，“益”表示利益、效益等。它是通过采用灵活的生产组织形式，根据市场需求的变化，及时、快速地调整生产，依靠严密细致的管理系统，排除浪费，最终达到供、产、销的最佳结合，以获得极高的生产率、极佳的产品质量。

精益生产的基本思想是“只在需要的时候，按需要的量，生产所需的产品”，其终极目标是“零浪费”。它以准时制生产（JIT）为出发点，将传统生产过程中前道工序向后道工序送货，改为后道工序根据看板向前道工序取货，看板系统是JIT生产现场控制技术的核心。精益生产以订单为驱动，通过看板，采用拉动方式把供、产、销紧密地衔接起来，使物资储备、成本库存和在制品大为减少，提高生产效率。其核心思想就是及时制造，消灭故障，消除一切浪费，达到零缺陷、零库存的目的。

精益生产的主要特征为：对外以用户为“上帝”，对内以“人”为中心，在组织机构上以“精简”为手段，在工作方法上采用团队合作和并行设计，在供货方式上采用JIT方式，在最终目标方面为“零缺陷”。

第一，以用户为“上帝”，产品面向用户，与用户保持密切联系。将用户的要求纳入产品开发过程，以多变的产品，尽可能短的交货期来满足用户的需求，真正体现用户是

"上帝"的精神。不仅要向用户提供周到的服务，而且要洞悉用户的思想和要求，才能生产出适销对路的产品。产品的适销性、适宜的价格、优良的质量、快的交货速度、优质的服务是面向用户的基本内容。

第二，以"人"为中心。人是企业一切活动的主体，应以人为中心，大力推行独立自主的小组化工作方式。充分发挥一线职工的积极性和创造性，使他们积极为改进产品的质量献计献策，使一线工人真正成为"零缺陷"生产的主力军。为此，企业对职工进行"爱厂如家"的教育，并从制度上保证职工的利益与企业的利益挂钩。应下放部分权力，使人人有权、有责任、有义务随时解决碰到的问题。还要满足人们学习新知识和实现自我价值的愿望，形成独特的、具有竞争意识的企业文化。

第三，以"精简"为手段。在组织机构方面实行精简化，去掉一切多余的环节和人员。实现纵向减少层次，横向打破部门壁垒，将层次细分工，管理模式转化为分布式平行网络的管理结构。在生产过程中，采用先进的柔性加工设备，减少非直接生产工人的数量，使每个工人都真正对产品实现增值。

第四，团队合作和并行设计。精益生产采用强调团队合作的工作方式进行产品的并行设计。团队合作是指由企业各部门专业人员组成的多功能设计团队，对产品的开发和生产具有很强的指导和集成能力。

第五，JIT 供货方式。JIT 工作方式可以保证最小的库存和最少在制品数。为了实现这种供货方式，应与供货商建立起良好的合作关系，相互信任，相互支持，利益共享。

第六，"零缺陷"工作目标。精益生产所追求的目标不是"尽可能好一些"，而是"零缺陷"。即最低的成本、最好的质量、无废品、零库存与产品的多样性。当然，这样的境界只是一种理想境界，但应无止境地去追求这一目标，才会使企业永远保持进步，永远走在他人的前头。

（3）精益生产的体系构成。如果把精益生产体系看作一幢大厦，它的基础就是在计算机网络支持下的、以小组方式工作的并行工作方式。在此基础上的三根支柱就是：

其一，全面质量管理，它是保证产品质量，达到零缺陷目标的主要措施；

其二，准时生产和零库存，它是缩短生产周期和降低生产成本的主要方法；

其三，成组技术，这是实现多品种、按顾客订单组织生产、扩大批量、降低成本的技术基础。

2）准时生产方式

准时生产方式（JIT）是指将必要的零件以必要的数量在必要的时间送到生产线。其核心是严格控制时间、控制数量、控制品种（配件），杜绝"过量生产"、"过量储备"和"无效劳动"的现象，从而实现消除库存，优化生产物流，减少浪费的目的。因此，JIT 也被称为"零库存"管理。

这种准时生产方式适应了 20 世纪 60 年代消费（需求）多样化、个性化的趋势，成为一套独具特色的生产经营管理体系。实践证明，诸多的跨国公司通过采用 JIT 生产方式，改善生产流程、提高生产效率，取得了令人瞩目的业绩。

JIT 生产方式以准时生产为出发点，追求一种无库存或库存达到最小的生产系统，从而营造获取最大利润，降低成本的氛围，为了达到这一目标可以采用以下手段：

（1）生产流程科学化。这种手段是在生产过程中科学设置生产流程，根据流程与每个环节所需库存数量和时间先后来安排库存和组织物流。尽量减少物资在生产现场的停滞与搬运，让物资在生产流程上毫无阻碍地流动。具体的做法是在工序间不设置仓库，前一工序的加工结束后，使其立即转到下一工序去，装配线与机械加工几乎平行进行。同时，在每一道工序上，合理配置设备和操作人员。

（2）资源配置合理化。资源配置的合理化是实现降低生产成本目标的主要目的之一，其中的“资源配置”具体指在生产线内外的设备、操作人员和零部件都得到最合理的调配和分派，在最需要的时候以最及时的方式到位。

就设备而言，相关设备的配置必须合理，体现效能最大化的原则。就人员而言，每一个生产作业岗位的操作人员必须是“一专多能”的多面手，一方面能够分析生产过程中的问题，另一方面能够对设备中的故障及时进行处理或排除。就零部件而言，在每一道生产作业岗位上所需的零部件供应，规格和数量都必须合乎生产要求，不能有残次品或数量不足的情况发生；否则会导致停工待料，影响整个生产交货期。

（3）生产均衡化。生产均衡化是实现适时适量生产的前提条件。所谓生产的均衡化，是指总装配线在向前工序领取零部件时应均衡地使用各种零部件，生产各种产品。为此在制订生产计划时就必须加以考虑，然后将其体现于产品生产顺序计划之中。在制造阶段，均衡化通过专用设备通用化和制定标准作业来实现。所谓专用设备通用化，是指通过在专用设备上增加一些工夹具使之能够加工多种不同的产品。标准作业是指将作业节拍内一个作业人员所应担当的一系列作业内容标准化。

3）外贸跟单与看板管理

JIT生产方式在生产控制上一般可以采用“看板”管理方式，“看板”是将总的生产作业书和各道工序的生产有机结合的一种外贸跟单方式，在整个跟单过程中发挥着重要作用。

（1）“看板”的类别。一般说来，“看板”总体上分为三大类：成品生产“看板”、半成品生产“看板”和原材料“看板”，而各“看板”还可以派生出其他的“看板”。

（2）“看板”操作原则：

①没有“看板”不能生产也不能搬送；

②“看板”按前后工序次序进行；

③“看板”后的优劣产品分别存放；

④“看板”后的劣质品必须查清原因；

⑤“看板”必须按工艺要求进行；

⑥“看板”必须有书面记录和签字。

（3）“看板”操作的形式。

其一，制作“生产计划作业书”。“生产计划作业书”也称“主生产计划表”，由跟单员在跟单工作开始前完成。其主要内容有：订单号/款号、生产数量、颜色配比、包装方法、交货时间、交货地点、检验要求和时间、纸箱外印刷字体内容等。

下达“生产计划书”后，生产工厂就会向各业务主管部门、各道工序下达生产指令。这些部门包括采购部门、财务部门、技术部门、仓库管理部门、商品检验部门等，各部门按照所承担的职责进行工作。

其二，制作“作业卡”。对每一工序的半成品进行“看板”检查，按工序建立不同的

"作业卡"。在"作业卡"中通常标明下道工序所需的零部件规格、数量和交付时间，各工序均按下道工序的"看板"指令生产，包括制造、搬运、交货和供应。

(4) 看板管理的概念。看板管理方法是在同一道工序或者前后工序之间进行物流或信息流的传递。JIT是一种拉动式的管理方式，它需要从最后一道工序通过信息流向上一道工序传递信息，这种传递信息的载体就是看板。没有看板，JIT是无法进行的。因此，JIT生产方式有时也被称作看板生产方式。

一旦主生产计划确定以后，就会向各个生产车间下达生产指令，然后每一个生产车间又向前面的各道工序下达生产指令，最后再向仓库管理部门、采购部门下达相应的指令。这些生产指令的传递都是通过看板来完成的。

相关链接5—1

看板使用实务

(1) 看板的使用方法

看板有若干种类，因而看板的使用方法也不尽相同。如果不周密地制定看板的使用方法，生产就无法正常进行，我们从看板的使用方法上可以进一步领会JIT生产方式的独特性。在使用看板时，每一个传送看板只对应一种零部件，每种零部件总是存放在规定的、相应的容器内。因此，每个传送看板对应的容器也是一定的。

①工序内看板的使用方法

工序内看板的使用方法中最重要的一点是看板必须随实物，即与产品一起移动。后工序来领取中间品时摘下挂在产品上的工序内看板，然后挂上领取用的工序间看板。该工序按照看板被摘下的顺序以及这些看板所表示的数量进行生产，如果摘下的看板数量变为零，则停止生产，这样既不会延误也不会产生过量的存储。

②信号看板的使用方法

信号看板挂在成批制作出的产品上面。如果该批产品的数量减少到基准数时就摘下看板，送回到生产工序，然后生产工序按照该看板的指示开始生产。没有摘牌则说明数量足够，不需要再生产。

③工序间看板的使用方法

工序间看板挂在从前工序领来的零部件的箱子上，当该零部件被使用后，取下看板，放到设置在作业场地的看板回收箱内。看板回收箱中的工序间看板所表示的意思是"该零件已被使用，请补充"。现场管理人员定时来回收看板，集中起来后再分送到各个相应的前工序，以便领取需要补充的零部件。

④外协看板的使用方法

外协看板的摘下和回收与工序间看板基本相同。回收以后按各协作厂家分开，等各协作厂家来送货时由他们带回去，成为该厂下次生产的生产指示。在这种情况下，该批产品的进货至少将会延迟一回以上。因此，需要按照延迟的回数发行相应的看板数量，这样就能够做到按照JIT进行循环。

(2) 用看板组织生产的过程

JIT是拉动式的生产，通过看板来传递信息，从最后一道工序一步一步往前工序拉动。生产过程共有三道工序，从第三道工序的入口存放处向第二道工序的出口存放处传递信息，第二道工序从其入口存放处向第一道工序出口存放处传递信息，而第一道工序则从其入口存放处向原料库领取原料。这样，通过看板就将整个生产过程有机的组织起来。

(3) 代替看板发出生产请求的其他目视化方法

看板的形式并不局限于记载有各种信息的某种卡片形式，在实际的JIT生产方式中，还有很多种代替看板发出生产请求的目视化方法，如彩色乒乓球、空容器、地面空格标识和信号标志等。

(4) 看板与MRP（物料需求计划）的关系

现在最为流行的MRP系统就是将JIT生产之间的看板用电脑来代替，每一道工序之间都进行联网，指令的下达、工序之间的信息沟通都通过电脑来完成。

目前国内有很多企业都在推行MRP，但真正获得成功的却很少，其中的主要原因就是企业在没有实行JIT的情况下就直接推行MRP。实际上，MRP只不过是一种将众多复杂的手工操作电脑化的软件，虽然能够大大提高生产效率，但是并不能处理JIT所提出的一些观念和方法。因此，MRP仅仅是一个工具，必须建立在推行JIT的基础之上。如果企业没有推行JIT就去直接使用MRP，那只会浪费时间和金钱。

4）制造资源计划和企业资源计划

在20世纪70年代末80年代初，美国人提出了一种现代企业生产管理模式和组织生产的方式。它是建立在物料需求计划（Material Requirement Planning）基础上的企业生产管理计划系统，被称为制造资源计划（Manufacturing Resource Planning）系统，由于二者的英文缩写是相同的，因此，将前者称为MRP，而将后者称为MRPⅡ。

在20世纪90年代初，美国Gartner Group公司根据订单对企业范围内的资源进行规划，将企业内部所有资源（如采购、生产、成本、库存、分销、运输、财务、人力资源）整合在一起，并结合财务核算系统，开发出了企业资源计划（Enterprise Resource Planning，ERP）综合管理系统。

(1) ERP系统。

①ERP系统，就是通过信息技术等手段，实现企业内部资源的共享和协同，克服企业中的官僚制约，使得各业务流程无缝平滑地衔接，从而提高管理的效率和业务的精确度，提高企业的盈利能力，降低交易成本。从管理思想、软件产品、管理系统三个层次给ERP定义：一是由美国Garter Group Inc.提出的一整套企业管理系统体系标准，其实质是在MRPⅡ基础上进一步发展而成的面向供应链（Supply Chain）的管理思想；二是综合应用客户机/服务器体系、关系数据库结构、面向对象技术、图形用户界面、第四代语言(4GL)、网络通信等信息产业成果，以ERP管理思想为灵魂的软件产品；三是整合企业管理理念、业务流程、基础数据、人力物力资源、计算机硬件和软件于一体的企业资源管理系统。

②ERP最初是一种基于企业内部“供应链”的管理思想，是在MRPⅡ的基础上扩展了管理范围，给出了新的结构。它的基本思想是将企业的业务流程看作是一个紧密连接的供应链，将企业内部划分成几个相互协同作业的支持子系统，如财务、市场营销、生产制造、质量控制、服务维护、工程技术等。ERP的核心管理思想就是实现对整个供应链的有效管理，主要体现在以下三个方面：

第一，体现对整个供应链资源进行管理的思想。现代企业的竞争已经不是单一企业与单一企业间的竞争，而是一个企业供应链与另一个企业的供应链之间的竞争，即企业不但要依靠自己的资源，还必须把经营过程中的有关各方如供应商、制造工厂、分销网络、客户等纳入一个紧密的供应链中，才能在市场上获得竞争优势。ERP 系统正是适应了这一市场竞争的需要，实现了对整个企业供应链的管理。

第二，体现精益生产、同步工程和敏捷制造的思想。ERP 系统支持混合型生产方式的管理，其管理思想表现在两个方面：一是“精益生产”的思想，即企业把客户、销售代理商、供应商、协作单位纳入生产体系，同他们建立起利益共享的合作伙伴关系，进而组成一个企业的供应链；二是“敏捷制造（Agile Manufacturing）”的思想。当市场上出现新的机会，而企业的基本合作伙伴不能满足新产品开发生产的要求时，企业组织一个由特定的供应商和销售渠道组成的短期或一次性供应链，形成“虚拟工厂”，把供应和协作单位看成是企业的一个组成部分，运用“同步工程（SE）”组织生产，用最短的时间将新产品打入市场，时刻保持产品的高质量、多样化和灵活性，这就是“敏捷制造”的核心思想。

第三，体现事先计划与事中控制的思想。ERP 系统中的计划体系主要包括：主生产计划、物流需求计划、能力计划、采购计划、销售执行计划、利润计划、财务预算和人力资源计划等，而且这些计划功能与价值控制功能已完全集成到整个供应链系统中。另一方面，ERP 系统通过定义事务处理（Transaction）相关的会计核算科目与核算方式，在事务处理发生的同时自动生成会计核算分录，保证了资金流与物流的同步记录和数据的一致性。从而实现了根据财务资金现状，可以追溯资金的来龙去脉，并进一步追溯所发生的相关业务活动，便于实现事中控制和及时做出决策。

（2）MRPⅡ。

①制造资源计划，是指企业对其生产系统和经营活动建立一种计划模型，并通过利用该模型把企业的制造资源和经营任务的需求进行平衡，从而保证企业目标的实现。这里的企业制造资源既包括企业生产系统的内部资源要素，如生产设备、人力资源、生产能源等，和生产系统的非结构化要素和相应的管理体制，也包括与生产系统发生联系的企业内部和外部资源，如产品销售和原料供应的市场资源、企业筹集资金的财政资源、企业产品开发能力和工艺加工水平的技术资源等。

②MRPⅡ的基本思想是：基于企业经营目标制订生产计划，围绕物料转化组织制造资源，实现按需要按时进行生产。具体地说，是将企业产品中的各种物料分为独立需求物料和相关需求物料，并按时间段确定不同时期的物料需求，从而解决库存物料订货与组织生产问题；按照基于产品结构的物料需求组织生产，根据产品完工日期和产品结构规定生产计划；根据产品结构的层次从属关系，以产品零件为计划对象，以完工日期为计划基准倒排计划，按各种零件与部件的生产周期反推出它们的生产与投入时间和数量，按提前期长短区别各种物料下达订单的优先级，从而保证在生产需要时所有物料都能配套齐备，不需要时不要过早积压，达到减少库存量和占用资金的目的。

③MRPⅡ的特点主要可以概况为以下几个方面：

第一，计划的一贯性与可行性。MRPⅡ是一种计划主导型管理模式，计划层次从宏观到微观、从战略到技术、由粗到细逐层优化，但始终保证与企业经营战略目标一致。它把通常的三级计划管理统一起来，计划编制工作集中在厂级职能部门，车间班组只能执行计划、调度和反馈信息。计划下达前反复验证和平衡生产能力，并根据反馈信息及时调整，处理好供需矛盾，保证计划的连贯性、有效性和可执行性。

第二，管理的系统性。MRPⅡ是一项系统工程，它把企业所有与生产经营直接相关部门的工作联结成一个整体，各部门都从系统整体出发做好本职工作，每个员工都知道自己的工作质量同其他职能的关系。这只有在“一个计划”下才能成为系统，条块分割、各行其是的局面应被团队精神所取代。

第三，数据的共享性。MRPⅡ是一种制造企业管理信息系统，企业各部门都依据同一数据信息进行管理，任何一种数据变动都能及时地反映给所有部门，做到数据共享。在统一的数据库支持下，按照规范化的处理程序进行管理和决策。改变了过去那种信息不通、情况不明、盲目决策、相互矛盾的现象。

第四，物流、资金流的统一性。MRPⅡ包含了成本会计和财务功能，可以由生产活动直接产生财务数据，把实物形态的物料流动直接转换为价值形态的资金流动，保证生产和财务数据一致。财务部门及时得到资金信息用于控制成本，通过资金流动状况反映物料和经营情况，随时分析企业的经济效益，参与决策，指导和控制经营和生产活动。

第五，模拟预见性。MRPⅡ具有模拟功能。它可以解决“如果怎样……将会怎样”的问题，可以预见在相当长的计划期内可能发生的问题，事先采取措施消除隐患，而不是等问题已经发生了再花几倍的精力去处理。这将使管理人员从忙碌的事务堆里解脱出来，致力于实质性的分析研究，提供多个可行方案供领导决策。

第六，动态应变性。MRPⅡ是一个闭环系统，它要求跟踪、控制和反馈瞬息万变的实际情况，管理人员可随时根据企业内外环境条件的变化迅速作出响应，及时调整决策，保证生产正常进行。它可以及时掌握各种动态信息，保持较短的生产周期，因而有较强的应变能力。

以上几个方面的特点表明，MRPⅡ是一个比较完整的生产经营管理计划体系，是实现制造业企业整体效益的有效管理模式。

④经济效益。据美国的调查结果，MRPⅡ用户所获得的效益主要体现在降低材料成本（11% ~40%）、提高生产率（6% ~45%）、加快资金周转（8% ~35%）、提高用户服务水平（10% ~27%）等方面。其中，MRPⅡ最能产生效益的方面为减少库存占用资金、缩短生产计划编制时间和缩短采购计划编制时间。这些效益的取得显然与企业原有的管理水平有关。对于提高管理水平大有潜力可挖的企业，所获得的效益将会更大。

除了上述效益之外，MRPⅡ给企业管理观念与管理模式现代化带来的影响更是十分深远的。不少企业通过实施MRPⅡ，使其管理思想、体制、方法、手段、制度、信息等方面都取得了长足的进步。事实表明，对于我国众多国有企业的管理从计划经济型向市场经济型、从粗放型向集约型、从手工管理向计算机管理方式的变革而言，应用MRPⅡ将是一条有效的发展途径。

（3）ERP与MRPⅡ的主要区别。

①在资源管理范围方面的差别。MRPⅡ主要侧重对企业内部人、财、物等资源的管理，ERP系统在MRPⅡ的基础上扩展了管理范围，它把客户需求和企业内部的制造活动，以及供应商的制造资源整合在一起，形成一个完整的企业供应链并对供应链上所有环节如订单、采购、库存、计划、生产制造、质量控制、运输、分销、服务与维护、财务管理、人事管理、实验室管理、项目管理、配方管理等进行有效管理。

②在生产方式管理方面的差别。MRPⅡ系统把企业归类为几种典型的生产方式进行管理，如重复制造、批量生产、按订单生产、按订单装配、按库存生产等，对每一种类型都有一套管理标准。而在80年代末、90年代初期，为了紧跟市场的变化，多品种、小批量生产以及看板式生产等则是企业主要采用的生产方式，由单一的生产方式向混合型生产发展，ERP则能很好地支持和管理混合型制造环境，满足了企业的这种多角化经营需求。

③在事务处理控制方面的差别。MRPⅡ是通过计划的及时滚动来控制整个生产过程，它的实时性较差，一般只能实现事中控制。而ERP系统支持在线分析处理OLAP（Online Analytical Processing）、售后服务及质量反馈，强调企业的事前控制能力。它可以将设计、制造、销售、运输等通过集成来并行地进行各种相关的作业，为企业提供了对质量、适应变化、客户满意、绩效等关键问题的实时分析能力。

此外，在MRPⅡ中，财务系统只是一个信息的归结者，它的功能是将供、产、销中的数量信息转变为价值信息，是物流的价值反映。而ERP系统则将财务计划和价值控制功能集成到了整个供应链上。

④在管理功能方面的差别。ERP除了MRPⅡ系统的制造、分销、财务管理功能外，还增加了支持整个供应链上物料流通体系中供、产、需各个环节之间的运输管理和仓库管理；支持生产保障体系的质量管理、实验室管理、设备维修和备品备件管理；支持对工作流（业务处理流程）的管理。

⑤在计算机信息处理技术方面的差别。随着IT技术的飞速发展，网络通信技术的应用，使得ERP系统能够对整个供应链信息进行集成管理。ERP系统采用客户/服务器（c/s）体系结构和分布式数据处理技术，支持Internet/Intranet/Extranet电子商务和电子数据交换（EDI）。此外，还能实现在不同平台上的互操作。

⑥在跨国（或地区）经营事务处理方面的差别。现在企业的发展，使得企业内部各个组织单元之间、企业与外部的业务单元之间的协调变得越来越多和越来越重要，ERP系统应用完整的组织架构，从而可以支持跨国经营的多国家地区、多工厂、多语种、多币制应用需求。

5）“5S”

（1）“5S”活动起源于日本，并在日本企业中广泛推行，它相当于我国企业开展的文明生产活动。“5S”活动的对象是现场的“环境”，它对生产现场环境全局进行综合考虑，并制订切实可行的计划与措施，从而达到规范化管理。“5S”活动的核心和精髓是修身，如果没有职工队伍修身的相应提高，“5S”活动就难以开展和坚持下去。

（2）“5S”的主要内容：

①整理（Seiri）。把要与不要的人、事、物分开，再将不需要的人、事、物加以处理，这是开始改善生产现场的第一步。其要点是对生产现场的现实摆放和停滞的各种物品进行分类，区分什么是现场需要的，什么是现场不需要的；其次，对于现场不需要的物品，诸如用剩的材料、多余的半成品、切下的料头、切屑、垃圾、废品、多余的工具、报废的设备、工人的个人生活用品等，要坚决清理出生产现场，这项工作的重点在于坚决把现场不需要的东西清理掉。对于车间里各个工位或设备的前后、通道左右、厂房上下、工具箱内外，以及车间的各个死角，都要彻底搜寻和清理，达到现场无不用之物。坚决做好这一步，是树立好作风的开始。有的日本公司提出口号：效率和安全始于整理。

整理的目的是：

第一，改善和增加作业面积；

第二，现场无杂物，通道通畅，提高工作效率；

第三，减少磕碰的机会，保障安全，提高质量；

第四，消除管理上的混放、混料等差错事故；

第五，有利于减少库存量，节约资金；

第六，改变作风，提高工作情绪。

②整顿（Seiton）。把需要的人、事、物加以定量、定位。通过前一步整理后，对生产现场需要留下的物品进行科学合理的布置和摆放，以便用最快的速度取得所需之物，在最有效的规章、制度和最简捷的流程下完成作业。整顿活动的要点是：

第一，物品摆放要有固定的地点和区域，以便于寻找，消除因混放而造成的差错。

第二，物品摆放地点要科学合理。例如，根据物品使用的频率，经常使用的东西应放得近些（如放在作业区内），偶尔使用或不常使用的东西则应放得远些（如集中放在车间某处）。

第三，物品摆放目视化，使定量装载的物品做到过目知数，摆放不同物品的区域采用不同的色彩和标记加以区别。

生产现场物品的合理摆放有利于提高工作效率和产品质量，保障生产安全。这项工作已发展成一项专门的现场管理方法——定置管理（其内容将在第三节中进一步介绍）。

③清扫（Seiso）。把工作场所打扫干净，设备异常时马上修理，使之恢复正常。生产现场在生产过程中会产生灰尘、油污、铁屑、垃圾等，从而使现场变脏。脏的现场会使设备精度降低，故障多发，影响产品质量，使安全事故防不胜防；脏的现场更会影响人们的工作情绪，使人不愿久留。因此，必须通过清扫活动来清除那些垃圾，创建一个明快、舒畅的工作环境。清扫活动的要点是：

第一，自己使用的物品，如设备、工具等，要自己清扫，而不要依赖他人，不增加专门的清扫工。

第二，对设备的清扫，着眼于对设备的维护保养。清扫设备要同设备的点检结合起来，清扫即点检；清扫设备要同时做设备的润滑工作，清扫也是保养。

第三，清扫也是为了改善。当清扫地面发现有飞屑和油水泄漏时，要查明原因，并采取措施加以改进。

④清洁（Seiketsu）。整理、整顿、清扫之后要认真维护，使现场保持完美和最佳状态。清洁，是对前三项活动的坚持与深入，从而消除发生安全事故的根源。创造一个良好的工作环境，使职工能愉快地工作。清洁活动的要点是：

第一，车间环境不仅要整齐，而且要做到清洁卫生，保证工人身体健康，提高工人劳动热情；

第二，不仅物品要清洁，而且工人本身也要做到清洁，如工作服要清洁，仪表要整洁，及时理发、刮须、修指甲、洗澡等；

第三，工人不仅要做到形体上的清洁，而且要做到精神上的“清洁”，待人要讲礼貌、要尊重别人；

第四，要使环境不受污染，进一步消除混浊的空气、粉尘、噪音和污染源，消灭职业病。

⑤素养（Shitsuke）。素养即努力提高人员的素质，养成严格遵守规章制度的习惯和作风，这是“5S”活动的核心。没有人员素质的提高，各项活动就不能顺利开展，开展了也坚持不了。所以，抓“5S”活动，要始终着眼于提高人的素质。

（3）开展“5S”活动的原则。

第一，自我管理的原则。良好的工作环境，不能单靠添置设备，也不能指望别人来创造。应当充分依靠现场人员，由现场的当事人员自己动手为自己创造一个整齐、清洁、方便、安全的工作环境，使他们在改造客观世界的同时，也改造自己的主观世界，产生“美”的意识，养成现代化大生产所要求的遵章守纪、严格要求的风气和习惯。因为是自己动手创造的成果，也就容易保持和坚持下去。

第二，勤俭办厂的原则。开展“5S”活动，会从生产现场清理出很多无用之物，其中，有的只是在现场无用，但可用于其他的地方；有的虽然是废物，但应本着废物利用、变废为宝的精神，该利用的应千方百计地利用，需要报废的也应按报废手续办理并收回其“残值”，千万不可只图一时处理“痛快”，不分青红皂白地当作垃圾一扔了之。对于那种大手大脚、置企业财产于不顾的“败家子”作风，应及时制止、批评、教育，情节严重的要给予适当处分。

第三，持之以恒原则。“5S”活动开展起来比较容易，可以搞得轰轰烈烈，在短时间内取得明显的效果，但要坚持下去，持之以恒，不断优化就不太容易。不少企业发生过一紧、二松、三垮台、四重来的现象。因此，开展“5S”活动，贵在坚持，为将这项活动坚持下去，企业应做到：首先，应将“5S”活动纳入岗位责任制，使每一部门、每一人员都有明确的岗位责任和工作标准；其次，要严格、认真地搞好检查、评比和考核工作、将考核结果同各部门和每一人员的经济利益挂钩；最后，要坚持PDCA循环，不断提高现场的“5S”水平，即要通过检查，不断发现问题，不断解决问题。因此，在检查考核后，还必须针对问题，提出改进的措施和计划，使“5S”活动坚持不断地开展下去。

5.2 客户管理

5.2.1 客户关系管理的含义和核心思想

1）客户关系管理的含义

客户关系管理（Customer Relationship Management，CRM）作为一种概念，至今还没有一个公认的定义。

2）客户关系管理的核心思想

第一，进一步延伸企业供应链管理。20世纪90年代提出的ERP系统，原本是为了满足企业的供应链管理需求，但ERP系统的实际应用并没有达到企业供应链管理的目标，这既因为ERP系统本身功能方面的局限性，也有IT技术发展阶段的局限性的原因，最终ERP系统又退回到帮助企业实现内部资金流、物流与信息流一体化管理的系统。CRM系统作为ERP系统中销售管理的延伸，借助Internet Web技术，突破了供应链上企业间的地域边界和不同企业之间信息交流的组织边界，建立起企业自己的B2B网络营销模式。

CRM与ERP系统的集成运行才真正解决了企业供应链中的下游链管理，将客户、经销商、企业销售部全部整合到一起，实现企业对客户个性化需求的快速响应。同时也帮助企业清除了营销体系中的中间环节，通过新的扁平化营销体系，缩短响应时间，降低销售成本。

第二，对企业与客户发生的各种关系进行全面管理。企业与客户之间发生的关系，不仅包括单纯的销售过程所发生的业务关系，如合同签订、订单处理、发货、收款等，还包括在企业营销及售后服务过程中发生的各种关系。如在企业市场活动、市场推广过程中与潜在客户发生的关系。

在与目标客户接触过程中，企业服务人员都要将对客户提供关怀活动的时间、服务内容（包括售后服务）、服务效果进行明确的记录，这也是对企业与客户间可能发生的各种关系进行全面管理，目的在于提升企业营销能力、降低营销成本、控制营销过程中可能导致客户抱怨的各种行为，这是CRM系统的另一个重要管理思想。

第三，客户是企业发展最重要的资源之一。企业发展需要对自己的资源进行有效的组织与计划。随着人类社会的发展，企业资源的内涵也在不断扩展，早期的企业资源主要是指有形的资产，包括土地、设备、厂房、原材料、资金等。随后企业资源概念扩展到无形资产，包括品牌、商标、专利、知识产权等。再后来，人们认识到人力资源成为企业发展最重要的资源。工业经济时代后期，信息又成为企业发展的一项重要资源，以至于人们将工业经济时代后期称之为“信息时代”。由于信息存在一个有效性问题，只有经过加工处理变为“知识”才能促进企业发展，为此，“知识”成为当前企业发展的一项重要资源，信息总监（CIO）让位于知识总监（CKO），这在知识型企业中尤显重要。在人类社会从“产品”导向时代转变为“客户”导向时代的今天，客户的选择决定着一个企业的命运，因此，客户已成为当今企业最重要的资源之一。CRM系统中对客户信息的整合集中管理体现出将客户作为企业资源之一的管理思想。在很多行业中，完整的客户档案或数据库就是一个企业颇具价值的资产。对客户资料进行深入分析并应用销售理论中的二八定律①将会显著改善企业营销业绩。

5.2.2 客户信息收集的途径与方法

1）客户信息的内容

跟单员收集客户信息应注意信息的真实性、可靠性、准确性、及时性。

2）客户信息收集的途径

（1）案桌调研。其包括：①国内外贸易指南。②国内外展览会。③国内外新闻传播媒体（报纸、刊物、广播电台、电视、网络）。④国内外展销会。⑤政府组织的各类商品订货会。⑥国内外行业协会的会员名录、产业公报。⑦国内外企业协会。⑧国内外各种厂

---

① 二八定律也叫巴莱多定律，是19世纪末20世纪初意大利经济学家巴莱多提出的。他认为，在任何一组事物中，最重要的只占其中一小部分，约20%，其余80%的尽管是多数，却是次要的。

在管理学领域，国际上有一种公认的企业定律，叫“马特莱定律”（Pareto principle），又称“二八定律”。其基本内容如下：

一是“二八管理定律”。企业主要抓好20%的骨干力量的管理，再以20%的少数带动80%的多数员工，以提高企业效率。

二是“二八决策定律”。抓住企业普遍问题中的最关键性的问题进行决策，以达到纲举目张的效应。

三是“二八融资定律”。管理者要将有限的资金投入到经营的重点项目，以此不断优化资金投向，提高资金使用效率。

四是“二八营销定律”。经营者要抓住20%的重点商品与重点用户，渗透营销，牵一发而动全身。

商联谊会或同业工会。⑨国内外政府相关统计调查报告或刊物，如工厂统计资料、产业或相关研究报告。⑩其他。各类出版物的厂商名录。

（2）直接调研。其包括：①同行交流。跟单员可通过各种途径得到竞争对手客户的资料。②客户介绍。向客户询问，客户可能会提供相关信息。③客户自行找上门。等相关客户的业务人员自行找上门。

3）客户信息收集的方法

（1）统计资料法。这是跟单员收集客户信息的主要方法，它通过企业的各种统计资料、原始记录、营业日记、订货合同、客户来函等，了解企业在营销过程中各种需求变化情况和意见反映。这些资料多数是靠人工收集和整理的，而且分散在企业各职能部门内部，需要及时整理汇总。

（2）聘请法。根据企业对信息的需求情况，聘请外地或本地的专职或兼职信息员、顾问等，组成智囊团，为企业提供专业情报，并为企业出谋划策。

（3）购买法。这是一种有偿转让信息情报的方法。随着信息革命的发展，国内外新兴起各种信息行业，如咨询公司、顾问公司等，他们负责收集、整理各种信息资料；各类专业研究机构、大学研究部门也有各种信息资料。购买法就是向这些信息服务单位有偿索取，虽然这些资料多数属于第二手资料，但省时且来源广，只要目的明确，善于挑选，也不失为重要来源。

（4）观察法。这主要是通过跟单员在跟单活动的第一线进行实地观察收集客户信息的一种方法。此法由于信息来源直接，可以减少传递者的主观偏见，所得资料较为准确，但观察法主要是看到事实的发生，难于说明内在原因。在现实生活中是处处都有信息的，只要善于观察，就能捕捉市场机会。

（5）会议现场收集法。这主要是通过各种业务会议、经验交流会、学术报告会、信息发布会、专业研讨会、科技会、技术鉴定会等，进行现场收集。

（6）加工法。企业的结构，一般都有底层、中层、顶层之分，不同的层次有不同的信息流。底层的一些数据，如日报、周报、月报等。这还不能算是高一层次所需要的信息，但当这些数据往上输送，中层进行加工，便成为一种有用的信息。例如，企业将各部门的月报加以综合分析，便可形成一种信息。

（7）网络收集法。现代信息快速通道——网络，是现代信息收集的主要方法，它具有快捷、直观、丰富等特点。互联网是主要媒体之一，企业可以自设网站征集信息，也可从别的网站下载自己需要的信息。充分利用这一资源，对企业进行信息收集大有帮助。

（8）阅读法。这主要是指从各种报纸、杂志、图书资料中收集有关信息。报刊是传播信息的媒介，只要详细阅读，认真研究，不难发现其中对自己有用的信息。据外国一所战略研究所分析，世界上有60%～70%的信息情报是来自公开的图书资料，可见从阅读中收集信息的重要性。

（9）视听法。这主要是指在广播、电视节目中去捕捉信息。广播与电视是大众传播媒介，信息传递快，除广告外还有各种市场动态报道，这些都是重要的信息源。

（10）多向沟通法。这是指与企业外部有关单位建立信息联络网，互通情报，交流信息。多向沟通可分为纵向沟通与横向沟通两大类：纵向沟通是加强企业上下级之间的信息交流，建立自上而下的信息联络网，既反映企业的情况，又能取得上级有关部门的情报资料；横向沟通是指行业内企业之间、地区之间、协作单位之间建立各种信息交换渠道，定期或不定期交换信息情报资料。

(11) 数据库收集法。许多公司开始使用从一个称作数据库的大型数据组中寻找所需客户资料的方法。银行和信用卡公司、电信公司、目录营销公司，以及其他需储存大量客户信息数据的公司，存储的数据不仅包括客户的地址，还包括他们的经营状况、员工人数、营业额以及其他信息。通过仔细地研究这些信息，公司能在如下方面受益：

第一，了解哪些客户能够承受产品升级后的价格；

第二，了解哪些客户可能会下订单给公司；

第三，了解哪些客户能够成为公司的预期客户；

第四，了解哪些客户能够成为更长期的顾客并产生价值，从而给他们以关注及优惠；

第五，了解哪些客户打算终止下订单并采取一定的措施阻止客户退出。

5.2.3 客户的分类整理和联络跟踪

1) 客户分类整理的原则

成功而有效的客户分类整理，应当考虑四个方面的条件，或者说，应当遵循四条基本准则。

(1) 客户可衡量性。它是指客户分类必须是可以识别的和可以衡量的，即分类出来的客户不仅范围比较明晰，而且能大致判断该市场的大小。因而据以分类的各种特征应是可以识别和衡量的。凡是企业难以识别、难以衡量的因素或特征，都不能据以分类。否则，客户的分类整理将会因无法界定和度量而难以描述，分类也就失去了意义。所以，恰当地选择分类衡量十分重要。

(2) 客户的反应差异性。它是指分类出来的各类客户，对企业营销组合中任何要素的变动都能灵敏地作出差异性的反应。如果几类客户对于一种营销组合按相似的方式作出反应，就不需要为每一类客户制定一个单独的营销组合。例如，如果所有分类的客户按同一方式对价格变动作出反应，就无需为每一分类客户规定不同的价格策略。也就是说，这样的客户分类是不成功的。成功的客户分类应当是：某一客户分类会立即对价格变动作出反应，另一个客户分类却会对生产速度的变化作出更大的反应而不太在意价格变化。同时，对分类的客户，应当统筹考虑他们对所有营销组合因素的各种反应，而不能以单一的变项为基础加以考虑。只有这样进行分类，才可能为分类出的客户制定出有效的营销组合方案。

(3) 客户的可开发性。它是指分类的客户应是企业的业务活动能够开发的，即分类出来的客户应是企业能够对其发生影响，产品能够展现在其面前的客户。这主要表现在三个方面：一是企业具有开发这些客户的资源条件和竞争实力；二是企业能够通过一定的传播途径把产品信息传递给客户；三是产品能够经过一定的方式抵达该客户。考虑客户的可开发性，实际上就是考虑企业业务活动的可行性。显而易见，对于不能开发或难以开发的客户进行分类是没有意义的。

(4) 客户的需求足量性。分类出来的客户总量，必须大到足以使企业实现其利润目标。在进行分类时，企业必须考虑客户的数量，他们的订单数量及金额。关键客户应是有足够市场拓展能力，并且有充足的货币支付能力，使企业能够补偿生产与行销成本，并能获得利润。为此，分类不能从销售潜力有限的客户起步。比如，波音 747 飞机的整个订单是按商用与军用、货机与客机客户加以细分的，而私人定制的客户极少，如果按私人定制的需求特征去分类，那将是极其愚蠢的。

2）客户的分类

（1）按地理位置分为国内客户和国外客户；

（2）按客户所在行业分为贸易客户和非贸易客户；

（3）按客户成交金额分，主要是以某一时期客户与企业成交的金额高低来进行分类，以便进行重点管理；

（4）按企业经营角度分为一般客户（常规客户）、合适客户（潜力客户）、关键客户（头等客户）；

（5）按企业性质分为制造商、境外进口批发商、境外零售商、境外中间商。

3）客户的跟踪

（1）客户的联络与拜访。跟单员工作的重点就是联络或访问客户，其目的在于：①创造一个与客户交流的机会，联络感情；②向客户传达资料、样品等无法表达的信息；③诱导客户决策；④对对方的信用状况（是否会下订单或多下订单等）作出判断；⑤对客户的经营风格和个人人格进行考察；⑥听取对方的要求和条件；⑦当然跟单员主要是以电话跟踪客户为主。

（2）确定联络计划。其包括：①联络重点；②预计订货品种、数量、金额；③联络频率；④联络时间；⑤定期联络。

（3）联络准备。其包括：①客户相关材料的准备；②商品资料、样品准备；③各类文书、票据准备；④名片、印章、文具的准备；⑤交通工具准备。

职场指南5—1

跟踪外贸客户的四点技巧

外贸业务中，有些有订单意向但没有落实的客户，如何跟踪这些客户呢？这里有几点老外贸人员的经验和大家分享：

就像化学反应的规律一样，在商业领域，也有其独特的规律，掌握了规律，就等于掌握了开启成功的钥匙。

（1）“狗熊掰包谷，来一个去一个”的现象。由于未掌握正确的客户信誉培养周期，造成了客户来也容易，去也容易的状况，增加了创业成本，挫伤个人创业信心，经常有创业者徘徊在是继续，还是坚持的十字路口。

（2）客户成熟期的把握是我们决策的最重要基础。就像种一棵树一样，没有对树的成长周期了解的话，树是长不活，或长不好的。一般客户的培养，光是信誉的培养周期，就高达几月，甚至一两年。日本人不但要求公司员工将对客户信誉的培养放到一个长期、不懈努力的战略高度，甚至认为培养客户的信誉高于做几单生意。创业者最容易犯的普遍错误就是轻易地相信所谓“机会”的神话，从而过早地决策客户的信誉培养的周期。

（3）美国有一个世界超级销售大王，他每年卖出的汽车高达4 000辆，享受总裁的工作待遇。他把进门来的潜在客户统统做了一个半年到一年的服务计划，他每日的工作几乎就是给潜在客户们提供世界上所有汽车的各种信息，包括服务信息（有钱怎么买车，没钱怎么买车等），目的就是长期的建立商业信誉，让客户感觉要买车只有找他了。按照“世界上没有免费的午餐”的美式商业定律，由于他“准确、有效”的努力，每日的销量就像果树到了秋天，果实往下掉一样，源源不断。

(4) 两种不同的方法的成本比较：一种是碰机会法，一种是客户信誉培养法。前者看起来像是排球中的“短、平、快”的战术，但是没有真正的底气和实力，无法长期维持；而后者就像发展高弹跳，中台扣球的球队，虽然前期投入时间长，但是底气足，实力强，结果来看成本反而低。

4) 处理客户的投诉

客户投诉时，对客户表示同情、道歉，只是礼节上的需要，客户投诉的主要目的还是要求对投诉作出妥善的处理。所以处理客户的问题是最重要的一环，其中答复对方的解决方案又是最关键的步骤。最终的答复方案应当做到简明快捷、诚恳稳妥。客户投诉的来源：一是来源于产品；二是来源于售后服务。跟单员处理客户投诉的方法主要有电话处理、书信处理、现场处理。

◆ 本章小结

本章主要介绍了生产企业组织结构，同时介绍了企业生产管理方式包括精益生产方式、准时制生产方式、5S管理、ERP系统、MRP模式等；外贸人员要提高用户管理在跟单工作中的地位和能力，培养对客户的信息收集、整理能力，并掌握处理客户投诉的能力。

◆ 基础训练

一、选择题

1. 生产企业组织结构的形式包括(　　)。

A. 直线制　　B. 职能制

C. 事业部制　　D. 模拟分权制

2. 客户分类整理的原则有(　　)。

A. 客户的可衡量性　　B. 客户的需求足量性

C. 客户的可开发性　　D. 客户的反映差异性

3. “看板”是指跟单员在跟单过程中，按工艺要求，在规定的时间内对规定数量的商品进行品质检查。一般来说，可以通过(　　)方式进行。

A. 成品生产的“看板”　　B. 外购的“看板”

C. 半成品的“看板”　　D. 原（辅）材料的“看板”

二、判断题

1. “5S”是整理（Seiri）、整顿（Seiton）、清扫（Seiso）、清洁（Seiketsu）和素养（Shitsuke）这5个词的缩写。(　　)

2. 在生产管理方式中，有精益生产方式、准时生产方式等，其中精益生产方式可以用“JIS”表示。(　　)

3. 客户信息的收集方法可以通过购买法、网络收集法、会议现场收集法、观察法等多种途径。(　　)

三、名词解释

1. 精益生产

2. JIT

四、简答题

1. 简述 ERP 与 MRPⅡ的主要区别？

2. “看板”跟单操作的形式？

◆ 实操演练

【实操内容】

客户分类的标准有哪些？如果你是爱尔兰的客户，在客户分类的标准中属于什么客户？

【模拟时间】

完成本业务操练时间以不超过 10 分钟为准。

第6章

外贸跟单实务计算

【学习目标】

通过本章的学习，掌握外贸跟单实务业务计算。

6.1 集装箱装箱量的计算

计算集装箱装箱量，是一门较复杂的技术工作。科学的装箱方法可以降低运输成本。目前在计算集装箱装箱量上，有专门的集装箱装箱计算软件，对于不同规格的货物进行最科学的计算，以达到降低运输成本的目的。本文以纸箱为例，阐述跟单员集装箱装箱量计算的一般方法。

在实务中，如果产品属于“泡货”，则按体积计算集装箱的装箱量；如果产品属于“沉货”或“重货”，则按重量计算集装箱的装箱量；若界于这两者之间，则按以下规定区别：凡货物积载因数小于1.1328立方米/吨或40立方英尺/吨的货物，称为重货；凡货物积载因数大于1.1328立方米/吨或40立方英尺/吨的货物，称为泡货；体积/0.006大于重量即定为泡货。“泡货”适合选择40英尺等大柜，而“重货”适合选择20英尺等小柜。

【实例6—1】

跟单员需考虑纸箱在集装箱内有多种不同的放置方法，根据计算得出最佳装箱方案。

出口一批T恤产品，所用包装纸箱尺寸为长580mm×宽380mm×高420mm，每箱毛重20kg，用40英尺钢质集装箱，箱内尺寸为长12 050mm×宽2 343mm×高2 386mm，内容积67.4m^3，最大载重27 380kg，计算该集装箱最多可装多少个纸箱。

（1）按体积进行计算

纸箱放置方法一：

集装箱内尺寸：长12 050mm×宽2 343mm×高2 386mm。

纸箱在集装箱内的对应位置为：长580mm×宽380mm×高420mm。

集装箱长、高、宽共可装箱量为：长20.7箱×宽6.1箱×高5.6箱。

除去纸箱误差，集装箱可装纸箱数为：长20箱×宽6箱×高5箱=600箱。

体积为55.54m^3。

纸箱放置方法二：

集装箱内尺寸：长12 050mm×宽2 343mm×高2 386mm。

纸箱在集装箱内的对应位置变动为：宽380mm×长580mm×高420mm。

集装箱长、高、宽共可装箱量为：长 31.7 箱×宽 4.0 箱×高 5.6 箱。

除去纸箱误差，集装箱可装纸箱数：长 31 箱×高 4 箱×宽 5 箱=620 箱。

体积为 57.39m³。

纸箱放置方法三：

集装箱内尺寸：长 12 050mm×宽 2 343mm×高 2 386mm。

纸箱在集装箱内的对应位置变动为：高 420mm×长 580mm×宽 380mm。

集装箱长、高、宽共可装箱量为：长 28.6 箱×高 4.0 箱×宽 6.2 箱。

除去纸箱误差，集装箱可装纸箱数为：长 28 箱×高 4 箱×宽 6 箱=672 箱。

体积为 62.20m³。

通过人工简单地按体积计算，显然“方法三”是最佳的一般性计算装箱量方案。

（2）按重量进行计算

纸箱数量=27 380÷20=1 369 箱>672 箱

所以这个集装箱最多可以装 672 箱。

【实例 6—2】

交易会等特殊场合快速估算集装箱可装纸箱数量方法。

按体积算：可装纸箱数量 Q_1=集装箱内容积×0.9 误差系数/（纸箱长×宽×高）

按重量算：纸箱的数量 Q_2≤集装箱的最大载重/每箱毛重

则集装箱装箱量为 Q_1、Q_2 两者中较小者。

一批塑料制品出口，塑料制品所用包装纸箱尺寸为长 580mm×宽 380mm×高 420mm，用 40 英尺钢质集装箱，箱内尺寸为长 12 050mm×宽 2 343mm×高 2 386mm，内容积 67.4m³，最大载重 27 380kg，迅速计算该集装箱最多可装多少个纸箱。

计算：由于塑料制品属于“泡货”，因此只要按体积算即可。

$67.4\text{m}^3\times0.9\div(0.58\text{m}\times0.38\text{m}\times0.42\text{m})=655$ 箱（60.63m^3）

以上两种解法各有特点和适用范围，“例二”一般适用于交易会等场所，它是一种快速估算集装箱内可装的纸箱数量的方法（也是估算运费的方法之一），而“例一”一般适用于比较精确确定纸箱在集装箱内放置方法，从而能够计算出集装箱内具体的纸箱数量。这里需要指出的是所有纸箱的尺寸都是规则的，并不会出现由于纸箱内装的货物太多而发生局部凸出的现象；另一方面所装的纸箱尺寸是相同的。实际上，在集装箱仓库装箱时，还有许多的装箱方法可供选择，这里仅通过介绍其中一种。跟单员需要熟练运用所学知识，设计最佳的装箱方法。

通过上述两种不同的实例解法，给我们的启发是：在合同和信用中必须有“溢短装条款”，以便在实际装箱时能够“进退自如”。

【实例 6—3】

集装箱货物海洋运费核算.

国际标准化组织为了统一集装箱的规格，推荐了三个系列十三种规格的集装箱，而在国际货物运输中经常使用的是 20 英尺和 40 英尺集装箱，其型号和具体规格如下：

1A 型：8 英尺×8 英尺×40 英尺（外径：2 438mm×2 438mm×12 191mm，内径：238mm×2 340mm×1 205mm）

1C 型：8 英尺×8 英尺×20 英尺（外径：2 438mm×2 438mm×6 058mm，内径：2 380mm×2 340mm×5 900mm）

在进出口交易中，集装箱类型的选用，对于贸易商减少运费开支起着很大的作用。货物外包装箱的尺码、重量、货物在集装箱内的配装，排放以及堆叠都有一定的讲究，需要在实践中摸索，当然，这些也和货物的种类、特性以及客户的要求有关。这里，我们以一个理论算法来确定20英尺和40英尺集装箱装箱数量计算：

20英尺集装箱的载重量为17 500kg；40英尺集装箱的载重量为24 500kg。

20英尺集装箱的有效容积为$25m^3$；40英尺集装箱的有效容积为$55m^3$。

例如：某种货物装箱方式是8台装1纸箱，纸箱的尺码是540mm×440mm×400mm，毛重为每箱53kg，试计算该货物集装箱运输出口时的装箱数量（根据20英尺、40英尺、重量和体积分别计算装箱的最大数量）。

解：如果按重量计算，每个20英尺集装箱可装数量为：

17 500÷53=330.189箱，取整数为330箱，计2 640台。

每个40英尺集装箱可装数量为：

24 500÷53=462.264箱，取整数为462箱，计3 696台。

如果按体积计算，每个20英尺集装箱可装数量为：

25÷（0.54×0.44×0.4）=263.07箱，取整数为263箱，计2 104台。

每个40英尺集装箱可装数量为：

55÷（0.54×0.44×0.4）=578.704箱，取整数为578箱，计4 624台。

由上述计算我们不难看出，以重量法计费的货物通常用20英尺集装箱；而以体积计费的货物则用40英尺集装箱更能节省运费，当然，运费的计算标准可以查货物等级表得到。

相关链接6—1

溢短装条款

溢短装条款（More or Less Clause）是指在矿砂、化肥、粮食、食糖等大宗散装货物的交易中，由于受商品特性、货源变化、船舱容量、装载技术和包装等因素的影响，准确地按约定数量交货有时存在一定困难。为了避免因实际交货不足或超过合同规定而引起的法律责任，方便合同的履行，对于一些数量难以严格限定的商品，通常是在合同中规定交货数量允许有一定范围的机动幅度，这种条款一般称为溢短装条款。它一般包括机动幅度，机动幅度的选择权以及计价方法。

在合同未明确规定数量机动幅度的情况下，卖方应严格按照合同中规定的数量履行交货义务。但如果采用信用证付款方式，根据《跟单信用证统一惯例》的规定，除非信用证中规定货物数量不得增减外，在支取金额不超过信用证金额的情况下，货物数量允许有5%的机动幅度。但此规定对交货数量以包装单位或个数计数的商品不适用。按照《跟单信用证统一惯例》的上述解释，凡是散装货物的买卖，即使信用证中未规定数量机动幅度，但只要支取金额不超过信用证规定的金额且信用证中未规定数量不得增减，那么卖方交货的数量就可以与信用证规定的数量有不超过5%的差异。如果是以包装单位或个数计数的商品交易，卖方交货的数量必须与合同规定的数量完全一致。

6.2 海洋运输费用计算

海上货物运输，按照船舶的营运方式可分为班轮运输与租船运输。班轮运输是在一定航线上，在一定的停靠港口，定期开航的船舶运输，是国际海洋货物运输的主要方式，适用于零星成交、批次较多、到港分散的货物运输；租船运输是租船人向船东租赁船舶用于运输货物的业务，又分为定程租船与定期租船。外贸企业使用较多的租船方式是定程租船，主要用于运输批量较大的大宗初级产品，如粮食、油料、矿产品和工业原料等。依货物运输时选择的船舶的营运方式不同，运费相应的分为班轮运输费用、程租船运输费用和期租船租金三种。

6.2.1 班轮运输费用

班轮运输费用是班轮公司为运输货物而向货主收取的费用。班轮运费的计算又分为件杂货物与集装箱货物的运费计算。

1）件杂货运费计算

件杂货采用班轮运输，其运费包括货物从装运港至目的港的海上运费以及货物的装卸费和附加费用。班轮运费一般是按照班轮运价表（Liner's Freight Tariff）的规定计算的。不同的班轮公司或班轮公会有不同的班轮运价表。对于基本费率的规定，有的运价表是按每项货物列出其基本费率，这种运价表称为“单项费率运价表”；有的是将承运的货物分为若干等级（一般分为20个等级），每一个等级的货物有一个基本费率，称为“等级费率表”。在实际业务中，大都采用等级费率表。目前我国所使用的运价表主要有：“中国远洋货运运价本”，简称“中远本”，主要用于国轮和期租船的班轮运输；“中国租船公司运价本”，简称“中租本”，主要适用于外国班轮和侨资班轮运输；“班轮公司运价表”，主要适用于中外合资和外国班轮公司的轮船；“香港华夏公司对美运价表”，主要适用于对美东、西海岸港口进出口货物。

（1）基本运费。班轮运费由基本运费和附加费用构成。基本运费的计算标准（Basis）主要有以下几种：

①按货物的毛重，即以重量吨（Weight Ton）为计算单位计收。1重量吨以1公吨或1长吨为计费单位，视船公司采用公制还是英制计量而定。按此方式计收运费者，班轮运价表中的货物名称后面均注有“W”字样。

②按货物的体积，即以尺码吨（Measurement Ton）为计算单位计收。1尺码吨以1立方米或40立方英尺为计费单位，也视船公司采用公制还是英制计量而定。按此方式计收运费者，运价表中均注有“M”字样。

以上两种计算运费的重量吨和尺码吨统称为运费吨（Freight Ton）。

③按货物重量或尺码从高计收，即在重量吨或尺码吨两种计算标准中选择其高者计收。运价表内用“W/M”表示。

④按货物的FOB价值的一定百分比计收，习称从价运费。按此方式计收运费者，在运价表中注有“A. V.”、“Val.”或“Ad Val.”字样。

⑤按货物重量、尺码或价值三者中选择一种最高的运费计收。运价表中用“W/M or Ad Val.”表示。

⑥按货物重量或尺码选择其高者，再加上从价运费计收。运价表中用“W/M plus Ad Val.”表示。

⑦按每件货物作为一个计费单位收费。如活牲畜按“每头”（Per Head），车辆按“每辆”（Per Unit）。

⑧临时议定运价（Open Rate），即由货主和船公司临时协商议定。通常适用于承运粮

食、豆类、矿石，煤炭等运量较大、货值较低、装卸容易、装卸速度快的农副产品和矿产品。临时议定运价的运费率一般均较低。

在实际业务中，基本运费的计算标准以按货物的毛重（W）或按货物的体积（M）或按重量、体积选择（W/M）三种方式居多。贵重物品如古玩、稀有金属、精密仪器等一般是按货物的FOB价值的一定百分比（A. V.）计收。

（2）附加运费

班轮附加费的名目繁多，主要包括：

①货物自身因素而征收的附加费：超重附加费（Heavy Lift Additional）、超长附加费（Long Length Additional）等。

②市场因素而征收的附加费：燃油附加费（Bunker Adjustment Factor，BAF）、货币贬值附加费（Currency Adjustment Factor，CAF）等。

③因港口因素而征收的附加费：港口拥挤附加费（Port Congestion Surcharge）、港口附加费（Port Surcharge）、选择港附加费（Optional Fees）、变更卸货港附加费（Alteration Surcharge）等。

④因航道因素而征收的附加费：直航附加费（Direct Addition）、绕航附加费（Deviation Surcharge）、转船附加费（Transhipment Surcharge）、洗舱费等。班轮附加费通常以基本运费的一定百分率计收，也有以每运费吨若干金额计收的。

（3）运费的具体计算方法

班轮运费采用等级费率表的具体计算方法是：先根据货物的英文名称从货物分级表（见表6—1）中查出有关货物的计费等级和其计算标准；然后再从航线费率表（见表6—2）中查出有关货物的基本费率；然后查出各项须支付的附加费率，与基本费率相加，所得的总和就是有关货物的单位运费（每重量吨或每尺码吨的运费），再乘以计费重量吨或尺码吨即得该批货物的运费总额。如果是从价运费，则按规定的百分率乘以货物的FOB价值可。班轮运费采用单项费率运价表运输的货物按表列费率计算基本费率；采用临时议定运价的需由货方和船方协商确定。

表6—1 **货物分级表**

商品	计费标准	等级
煤	M	2
铜管	W/M	12
棉花和布匹	M	10
安全化学品	W/M	12
半危险化学品	W/M	17
危险化学品	W/M	20
计算机和打印机	M	12
磁带录音机和磁带	M	12
茶	M	8
瓷砖（陶瓷）	W	7
瓷砖（马赛克）	W	7
洗发水	M	11
牙刷	M	9
牙膏	M	11
玩具（电动）	M	10
玩具（木质、金属、毛绒）	M	8
三轮车（童车）	M	9
电子管	M	7

表6—2 **件杂货（散货）上海航线费率表** 金额单位：美元

货物等级	目的港			
	香港	东京	新加坡	曼谷
7	20.00	50.00	31.50	31.00
8	20.50	50.50	32.00	31.50
9	21.00	51.00	32.50	32.00
10	21.50	51.50	33.50	32.50
11	22.00	52.50	34.50	33.50
12	23.00	53.50	35.50	34.00
13	24.00	54.50	36.00	34.50
14	24.50	55.00	37.00	35.00
15	25.50	56.00	37.50	36.00
16	26.00	57.00	38.00	36.50
17	27.50	58.50	38.50	37.00
18	28.50	59.00	39.50	38.00
19	29.50	60.00	40.00	38.50
20	30.00	60.50	41.00	39.00

备注：
所有基本港口：燃料调整附加费20%
香港：转船附加费 $52.00/FT
港口拥挤附加费10%

根据一般运价表规定：不同货物混装在一个包装内，全部货物按费率中高的计收；同一提单内有两种以上不同计价标准的货物，托运时未分列货名和数量的，计收标准和运价全部按高者计；对于无商业价值的样品或体积小于 $0.2m^3$ 或重量小于50kg的货物，可要求船公司免费运送；另外，一般运价表中还有起码运费的规定，即每份提单最低必须收取若干运费。

【实例6—4】

某公司装运50箱农业机械到汉堡港，每箱毛重120kg，体积为1 200mm×450mm×320mm，该货运费计算标准为W/M，10级，基本费率为230美元，另加燃油附加费25%，港口拥挤费15%，应付运费多少？要求写出计算公式及计算过程。

解：根据求积载系数得出运费（按M计算），即

运费 = Fb(基本运费率) × [1 + $\sum$S(附加费之和)] × Q(总货运量)

= 230×（1+25%+15%）×0.173×50 = 2 785.3（美元）

答：应付运费2 785.3美元。

【实例6—5】

某货物按运价表规定，以W/M Ad Val选择法计费，以 $1m^3$ 体积或1公吨重量为1运

费吨，由甲地至乙地的基本运费费率为每运费吨 25 美元加 1.5%。现装运一批该种货物，体积为 $4m^3$，毛重为 3.6 公吨，其 FOB 价值为 8 000 美元。求运费是多少。

解：按三种标准试算如下：

"W"：25×3.6=90（美元）

"M"：25×4=100（美元）

"Ad Val."：8 000×1.5%=120（美元）

三者比较，以"Ad Val."的运费较高。所以，该批货物的运费为 120 元。

试算时，也可以作 M/W 比较：$4m^3$ 和 3.6 公吨比较，先淘汰"W"，而后作"M"和"Ad Val."试算比较，这样可省略一次试算过程。

2）集装箱运费计算

集装箱运输是以集装箱为运输单位进行运输的一种现代化的先进的运输方式，其运费的构成和计算方法与传统的运输方式不同．以海运为例，它包括内陆或装运港市内运输费、拼箱服务费、堆场服务费、海运运费、集装箱及其设备使用费等。

内陆或装运港市内运输费（Inland Transport Charge）主要包括区域运费、无效拖运费、变更装箱地点费等。内陆或港口市内运输可以由承运人负责，也可以由货主自理。如由货主自理，有关费用负担和支付按买卖合同规定，由发货人或收货人负责。在通常情况下，在出口地发生的费用由发货人负责，在进口地发生的费用由收货人负责。

拼箱服务费（LCL Service Charge）包括拼箱货在货运站至堆场之间空箱或重箱的运输、理货、货运站内的搬运、分票、堆存、装拆箱以及签发场站收据、装箱单制作等各项服务费用。

堆场服务费（Terminal Handling Charge）也称码头服务费，包括在装船港堆场接受来自货主或集装箱货运站的整箱货和堆存、搬运至装卸桥下的费用，以及在卸货港装卸桥下的接收进口箱，将箱子搬运到堆场和在堆场的堆存费用。堆场服务费还包括在装卸港的有关单证费用。

集装箱及其他设备使用费（Fee for Use Container and Other Equipments）是指当货主使用由承运人提供的集装箱及底盘车等设备时发生的费用。它还包括集装箱从底盘车上吊上吊下的费用。

集装箱海运运费由船舶运费和有关杂费组成。目前计收方法基本上有两种：一种是按每运费吨计收运费。计算方法与传统件杂货相同，拼箱货常采用这种方法；另一种是以每个集装箱作为计费单位，按包箱费率（Box—rate）计算运费，整箱货通常按一个货柜计收运费。

集装箱的包箱费率有三种规定方法：

（1）FAK 包箱费率（Freight for All Kinds），即不分货物种类，也不计货量，只规定统一的每个集装箱收取的费率。

（2）FCS 包箱费率（Freight for Class），即按不同货物等级制定的包箱费率。货物等级也是 1～20 级，但级差较小。一般低价货费率高于传统运输费率，高价货则低于传统费率；同一等级货物，实重货运价高于体积货运价。

（3）FCB 包箱费率（Freight for Class & Basis），即按不同货物等级或货物类别以及计算标准制定的费率。同一级费率因计算标准不同，费率也不同。如 8～10 级，CY/CY 交接方式，20 英尺集装箱货物如按重量计费费率为 1 500 美元，如按尺码计费费率则为 1 450美元。

集装箱海运运费的具体计算方法：首先通过查货物等级表得出货物的等级，然后查费率表，按航线和货物等级查出整箱或拼箱的基本费率。另外还要确定所运输货物为整箱货还是拼箱货。若为拼箱，应先算出所装箱的确切数量，再按件杂货的计算方法查费率表计算；若为整箱货，直接按表中给出的单箱运费计算即可。当托运货物的数量部分装整箱，部分以拼箱方式运输时，需混合这两种计算方式。

集装箱整箱货量的计算方式有两种：一种是用集装箱的长、宽、高分别除以单件货物的长、宽、高，得出其中最大的货量计算。另一种是按经验值，仅考虑集装箱的有效容积。通常 20 英尺柜的有效容积为 $25m^3$，有效重量为 17.5 公吨，40 英尺柜得有效容积为 $55m^3$，有效重量为 27.5 公吨。一般以 M 为计算标准的轻泡货装 40 英尺柜，以 W 为计算标准的实重货装 20 英尺柜。

6.2.2 程租船运输费用

程租船运输费用主要包括程租船运费和装卸费、速遣费和滞期费等。

1）程租船运费

程租船运费是指货物从装运港至目的港的海上运费。其计算方式主要有两种：一种是按运费率（Rate of Freight）计算总运费的方法，即规定每单位重量或单位体积的运费额，同时还要规定是按装船时的货物重量（Intaken Quantity）还是按卸船时的货物重量（Delivered Quantity）计算；另一种是整船包价（Lump－sum Freight），即规定整船运费，船东保证船舶能提供的载货重量和容积，不管租方实际装货多少，一律照整船包价计收。

2）程租船的装卸费

程租船运输情况下，有关货物的装卸费用由租船人和船东协商确定后在程租船合同中作出具体规定。具体做法主要有以下四种：

（1）船方负担装货费和卸货费，又称为“班轮条件”（Gross Terms，Liner Terms 或 Berth Terms），即装卸费用采用班轮运输的做法，将货物的装卸费用包括在程租船运费内。货方即租船人负担运费，装卸费由船方负责支付。在此条件下，船货双方一般以船边划分费用。多用于木材和包装货物的运输。

（2）船方管装不管卸（Free Out，F. O.），即船方负担装货费，但不负担卸货费。

（3）船方管卸不管装（Free In，F. I.），即船方负担卸货费，而不负担装货费。

（4）船方装和卸均不管（Free In and Out，F. I. O.），即船方既不负担装货费，也不负担卸货费。这种条件一般适用于散装货。采用这一规定方法时，必要时还需明确规定理舱费和平舱费由谁负担.

3）滞期费和速遣费

程租船运输情况下，装卸货时间的长短影响到船舶的使用周期和在港费用，直接关系到船方利益。因而，在程租船合同中，除需规定装卸货时间外，还需规定一种奖励处罚措施，以督促租船人实现快装快卸。

如果租船人在规定的装卸期限内未能完成装卸作业，为了弥补船方的损失，租船人应向船方支付一定的罚款。这种罚款称为“滞期费”（Demurrage）；反之，如果租船人提前完成装卸作业，则对所节省的时间船方要向租船人支付一定的奖金。这种奖金称为“速遣费”(Dispatch Money)。后者一般为前者的二分之一。

6.2.3 期租船租金

在定期租船情况下，租船人为使用船舶而付给船舶所有人的费用称为租金（Rent）。租金率取决于船舶的装载能力和租期的长短，通常规定为按月每载重吨若干金额或整船每天若干金额。

6.3 出口商品报价核算

6.3.1 出口价格及成本核算

出口商品对外报价需根据出口成本、国际市场价格水平，结合企业的经营意图等多方面因素综合考虑，确定合理的价格。国际市场商品价格千变万化，但通常受商品固有价值的影响，所以出口企业的成本，即出口成本就成为报价的基础。

1）出口成本构成

企业出口成本包括两部分，即商品本身的成本和商品装运出口前的费用，即国内总费用。

（1）商品本身的成本分为生产成本、加工成本和采购成本三种类型。

第一，生产成本：制造商生产某一产品所需的投入。

第二，加工成本：加工商对成品或半成品进行加工所需的成本。

第三，采购成本：贸易商向供应商采购的价格，亦称进货成本。

（2）国内总费用包括：

①国内运输费：出口货物在装运前所发生的境内运输费，通常有卡车运输费、内河运输费、路桥费、过境费及装卸费。

②包装费：包装费通常包括在采购成本之中，但如果客户对货物的包装有特殊的要求，由此产生的费用就要作为包装费另加。

③仓储费：需要提前采购或另外存仓的货物往往会发生仓储费用。

④认证费：出口商办理出口许可、配额、产地证明及其他证明所支付的费用。

⑤港区港杂费：出口货物在装运前在港区码头所需支付的各种费用。

⑥商检费：出口商品检验机构根据国家的有关规定或出口商的请求对货物进行检验所发生的费用。

⑦捐税：国家对出口商品征收、代收或退还的有关税费，通常有出口关税、增值税等。

⑧贷款利息：出口商由向国内供应商购进货物至从国外买方收到货款期间由于资金的占用而造成的利息损失，也包括出口商给予买方延期付款的利息损失。

⑨业务费用：出口商在经营中发生的有关费用，如通讯费、交通费、交际费、广告费等等，又称为经营管理费。

⑩银行费用：出口商委托银行向国外客户收取货款、进行资信调查等所支出的费用。

2）出口盈亏核算

在弄清出口成本的基础上我们可以进行盈亏核算。

(1) 换汇成本的核算。换汇成本是指某出口商品换回一单位外汇所需的人民币成本。换言之，即用多少元人民币的“出口成本”可换回单位外币的“净收入外汇”。其计算公式为：

出口换汇成本=出口商品总成本（人民币）÷出口销售外汇净收入（外币）

其中，出口商品总成本（退税后）=出口商品购进价（含增值税）+定额费用-出口退税收入

出口外汇净收入为FOB净收入（扣除佣金、运、保费等劳务费用后的外汇净收入）。

【实例6—6】

某外贸公司出口某商品1 000箱，该货每箱收购人民币价100元，国内费用为收购价的15%，出口后每箱可退税7元人民币，外销价为每箱19.00美元CFR曼谷，每箱货应付海运运费1.20美元，试计算该商品的出口换汇成本。

解：(1) 出口成本=1 000×100（1+15%）-1 000×7=108 000（元）

(2) 出口销售外汇净收入=每箱外销价-海运运费

=1 000×（19.00-1.20）=17 800（美元）

(3) 出口换汇成本=出口总成本（人民币）÷出口外汇净收入（美元）

=108 000元÷17 800美元=6.067（元/美元）

即该商品的换汇成本为6.067元/美元。

(2) 盈亏率的计算。出口盈亏率是盈亏额与出口总成本的比例，用百分比表示，它是衡量出口盈亏程度的一项重要指标。其计算公式为：

出口盈亏率=（盈亏额÷出口总成本）×100%

=［出口外汇净收入（外币折成本币）-出口总成本（本币）］÷出口总成本（本币）×100%

若计算结果为正，则为盈利率；若为负，则是亏损率。

【实例6—7】

出口碳刷1 442 250只，出口总价：US＄73 000 CIF旧金山，其中运费US＄1 540，保险费US＄443。进价574 980元（含增值税17%），费用定额率6%，出口退税率9%。假设当时人民币市场汇价银行美元买入价为6.30元。试求该批商品的盈亏率。

解：(1) 出口外汇净收入（外汇折成本币）=（73 000-1 540-443）×6.30

=447 407.1（元人民币）

(2) 出口总成本（本币）=574 980+（574 980×6%）-［574 980÷（1+17%）×9%］

=565 249.57（元人民币）

(3) 出口碳刷盈亏额=447 407.1-565 249.57=-117 842.4（元人民币）

(4) 盈亏率=盈亏额÷出口总成本×100%

=-117 842.4÷56 249.57×100%=-2.095%

即该批出口商品的盈亏率为-2.095%，也就是亏损。

3) 外汇增值率的计算

外汇增值率又称创汇率，它直接反映以外汇购进原料（包括辅助原料），经加工成成品（包括未成品）出口的创汇效果。它与一般商品出口换汇的区别在于：必须先支出外汇，才能创出外汇，反映新创收的外汇和为创外汇而支出的外汇之间的比率。计算公式为：

外汇增值率=外汇增值额÷进口原料外汇支出×100%

=［成品出口外汇净收入-进口原料外汇支出（CIF价）］÷进口原料外汇支出（CIF价）×100%

若计算结果为正，则表示外汇增值；若为负，说明倒贴外汇。

【实例 6—8】

设我某公司以每公吨 252.00 美元 CIF 中国口岸进口盘条 1 000 公吨，加工成螺丝 100 万罗（Gross）出口，每罗 0.32 美元 CIF 卡拉奇纸箱装，每箱 250 罗，每箱 0.03 立方米，毛重 30kg，海运运费 W/M10 级，每运费吨 80 美元，试计算外汇增值率。

解：（1）进口原料外汇支出＝CIF 价×1 000

＝252.00×1 000

＝252 000（美元）

因产品每箱的体积与毛重相等（积载系数＝1），所以运费为：

F＝0.03×80×1 000 000÷250＝9 600（美元）

（2）成品出口外汇净收入＝FOB 总值

＝CFR 总值−F

＝0.32×1 000 000−9 600

＝310 400（美元）

（3）外汇增值率＝[成品出口外汇净收入−进口原料外汇支出(CIF 价)]÷进口原料外汇支出(CIF 价)×100%

＝（310 400−252 000）÷252 000×100%

＝23.17%

即外汇增值率为 23.17%。

4）出口商品的价格构成

了解价格的构成，掌握各部分的含义，对于正确核算出口价格是十分重要的。出口商品价格的构成包括出口成本、运费、保险费、佣金和利润。

（1）出口成本。出口成本包括商品本身的成本（采购成本）和货物直至装运出口前的所有费用，如前（国内总费用）所列，即：出口成本＝采购成本＋国内总费用。

（2）运费、保险费和佣金。运费：货物出口时支付的海运、陆运或空运费用。保险费：出口商向保险公司购买保险或信用保险所支付的费用。佣金：出口商向中间商支付的为介绍交易提供服务的酬金。

（3）预期利润。利润是交易的最终目的，是价格的重要组成部分，也是商人最为关心的要素。出口成本、运费和保险费及佣金构成了出口商的支出，预期利润为出口商的收益，因此，出口商品的价格也可以说由出口总支出和利润两部分构成，即：出口商品的价格＝出口总支出＋预期利润。

6.3.2　出口成本核算

1）出口商品成本核算

对于从事贸易的出口商而言，商品成本即为采购成本，是贸易商向供货厂商购买货物的支出。一般来讲，供货厂商所报的价格就是贸易商的采购成本。然而，供货厂商报出的价格一般包含税收，即增值税。增值税是以商品进入流通环节所发生的增值额为课税对象的一种流转税。由于出口商品是进入国外的流通领域，因此，许多国家为降低出口商品的成本，增强其产品在国际市场上的竞争力，往往对出口商品采取增值税款全额或按一定比例退还的做法。在实施出口退税制度的情况下，出口商在核算价格时，为了增加其产品在售价上的竞争力，往往会将含税的采购成本中的出口退税部分予以扣除，从而得出实际购货成本。我国实行出口商品零税制，目前对不同的商品实施不同的退税率。

【实例 6—9】

某出口公司采购一批 SWB32S 火车牌足球，每只足球的购货成本是 165 元人民币，其中包括 17% 的增值税，若足球出口可以有 8% 的退税，求每只足球的实际购货成本。

解：实际成本＝购货成本－出口退税额

购货成本＝净价（不含税价）＋增值

＝净价＋净价×增值税率

＝净价×（1＋增值税率）

购货净价＝购货成本÷（1＋增值税率）

出口退税额＝净价×出口退税率

＝购货成本÷（1＋增值税率）×出口退税率

实际购货成本＝购货成本－出口退税额

＝购货成本－购货成本÷（1＋增值税率）×出口退税率

＝购货成本×（1＋增值税率－出口退税率）÷（1＋增值税率）

所以 SWB32S 火车牌足球的实际购货成本为：

实际购货成本＝165×（1+17%－8%）÷（1+17%）＝153.7179＝153.72（元/只）

2）单位出口商品国内总费用

出口货物涉及的各种国内费用在报价时大部分还没有发生，因此该费用的核算实际是一种估算。其方法有两种：

第一种方法是将货物装运前的各项费用根据以往的经验进行估算并叠加，然后除以出口商品数量获得单位商品装运前的费用，即：单位出口商品国内总费用＝国内总费用÷出口商品数量。

第二种方法是因为该类费用在货价中所占比重较低，而且项目繁杂而琐碎，贸易公司根据以往经营各种商品的经验，采用定额费用率的做法。所谓定额费用率，是指贸易公司在业务操作中对货物装运前发生的费用按公司年度支出规定一个百分比，一般为公司购货成本的 3%～10% 左右。实际业务中，该费率由贸易公司按不同的商品、交易额大小、竞争的激烈程度自行确定。

【实例 6—10】

假设某出口公司出口某冷冻水产品 17 吨，每吨的进货价格为 5 600 元人民币，估计该批货物国内运杂费共计 1 200 元，出口商检费 300 元，报关费 100 元，港区港杂费 950 元，其他各种费用共计 1 500 元，另银行手续费为 800 元，求该水产品国内费用。

解：上例中已估算了装运前各项费用，故采用第一种方法：

每吨冷冻水产品国内费用＝各项装运前费用之和÷出口数量

＝（1 200+300+100+950+1 500+800）÷17

＝285.2941（元/吨）

若采用第二种方法，假定定额费率为进货价的 5.5%，则：

每吨货物国内总费用＝5 600×5.5%＝308（元/吨）

究竟用哪一种方法确定单位产品国内费用，应以所采数据的准确性、价格的竞争性及定价策略等综合考虑决定。在实践中，因出口费用涉及项目繁杂，单位众多，各项费用不易精确估算，故而常用定额费率的方法加以核算。

6.3.3 出口报价核算及还价核算

1）出口报价核算

了解了出口价格各要素核算方法及要点后，我们就可以着手进行出口报价的核算了。所谓出口报价是出口商向国外客户出售某商品报出的价格。在计算价格时，首先需要明确价格的构成，即所报价格将有哪些部分组成，然后则需要清楚了解各组成部分的计算方法，也就是出口成本、各项费用以及利润的计算依据，最后将各部分加以合理的汇总即可。实际业务中，经常报FOB、CIF和CFR价格，这三种价格核算分别为：

（1）FOB价格的核算。

FOB价＝出口成本+预期利润

＝实际购货成本+单位产品国内总费用+预期利润额

或 ＝实际购货成本+单位产品国内总费用+预期利润额+佣金

（2）CFR价格核算。

CFR价格＝出口成本+出口运费+预期利润额

或 ＝实际购货成本+单位产品国内总费用+单位产品出口运费+预期利润额+佣金

（3）CIF价格核算。

CIF价＝出口成本+出口运费+运输保险费+预期利润额

或 ＝实际购货成本+单位产品国内总费用+单位产品出口运费+运输保险费+预期利润额+佣金

【实例6—11】

某食品进出口公司收到日本商人求购17吨冷冻水产（计一个20英尺集装箱）的询盘，经了解该级别水产品每吨的进货价格为5 600元人民币（含增值税率17%）；出口包装费每吨500元；该批货物国内运杂费计1 200元；出口商检费300元；报关费100元；港区港杂费950元；其他各种费用共计1 500元。该食品进出公司向银行贷款的年利率为8%；预计垫款时间2个月；银行手续费率为0.5%（按成交价格计），出口冷冻水产的退税率为3%；可海洋运费从装运港青岛至日本神户一个20英尺冷冻集装箱的包箱费率是2 200美元，用户要求按成交价的110%投保，保险费率0.85%；日本商人要求在报价中包括3%的佣金，若该食品进出口公司的预期利润是10%（以成交金额计），人民币对美元汇率为6.30∶1，试报出每吨水产出口的FOB、CFR和CIF价格。为保持数据的相对准确性，运算过程保留四位小数，最终报价保留两位小数。

解：实际购货成本＝购货价格－出口退税额

＝购货成本×（1+增值税率－退税率）÷（1+增值税率）

＝5 600×（1+17%－3%）÷（1+17%）

＝5 600×1.14÷1.17

＝5 456.4103（元/吨）

费用：

国内费用＝500+（1 200+300+100+950+1 500）÷17+5 600×8%÷6

＝812.902（元人民币/吨）（注：贷款利息通常根据进货成本来核算）

银行手续费＝报价×0.5%

客户佣金＝报价×3%

出口运费＝2 200÷17＝129.4118美元＝815.2943（元）

出口保费＝CIF价×110%×0.85%

利润＝报价×10%

FOB 报价：

FOBC3＝实际购货成本+国内费用+佣金+银行手续费+预期利润

＝5 456. 4103+812. 902+报价×3%+报价×0. 5%+报价×10%

FOBC3＝（5 456. 4103+812. 902）÷（1-3%-0. 5%-10%）

＝6 269. 3123÷0. 865÷6. 30

＝1 150. 44（美元/吨）

CFR 报价：

CFRC3＝实际购货成本+国内费用+出口运费+佣金+银行手续费+预期利润

＝5 456. 4103+812. 902+815. 2943+报价×3%+报价×0. 5%+报价×10%

CFRC3＝（5 456. 410+812. 902+815. 2943）÷（1-3%-0. 5%-10%）

＝7 084. 60636÷0. 865÷6. 30

＝1 300. 05（美元/吨）

CIF 报价：

CIFC3＝实际购货成本+国内费用+出口运费+佣金+银行手续费+出口保险费+预期利润

＝5 456. 4103+812. 902+815. 2943+报价×3%+报价×0. 5%+报价×110%×0. 85%+报价×10%

CIFC3＝（5 456. 4103+812. 902+815. 2943）÷（1-3%-0. 5%-110%×0. 85%-10%）

＝7 084. 6063÷0. 85565÷6. 30

＝1 314. 25（美元/吨）

通过以上计算，17 吨冷冻水产品的出口报价如下：

US $1 150. 44PER METRIC TON FOBC3 QINGDAO

US $1 300. 05PER METRIC TON CFRC3 KOBE

US $1 314. 25PER METRIC TON CIFC3 KOBE

2）还价核算

在进出口业务中，作为一个出口商，在对外报价后十分愿意收到肯定的回复。然而，交易中很少碰上不还价的对手，在激烈的市场竞争环境中，讨价还价常常是交易磋商中的主要内容。在进出口交易中，无论出口商还是进口商，在收到对方的报价后立即接受成交，即一锤定音的情况很少见。那么，在收到对方还价后，进行还价核算，以便对还价做出合理反应，进行再还价，或接受就显得很重要了。出口商可以采取以下几个方面的对策：

第一，降低采购成本。采购成本在价格构成中占比例最大，通过降低供货价格来调整报价，达到降低报价目的则显得很重要。当然，降低采购价格不能一厢情愿，而需要经过同供货商艰苦的谈判。

第二，减少公司的利润以满足客户的降价要求。这虽然是最直接和最简便的方法，但它牺牲的是出口商自身的利润，因而往往是出口商最不愿意采取的对策。

第三，努力说服客户接受原价，不作让步。追求利润是买卖双方经营的目标，利润太低，出口商自然不愿意，但利润太高也会吓跑客户，失去成交的机会。因此，要详细了解客户的需求和市场的竞争状况，谨慎地采取这一对策。

第四，减少运输费用和保险费支出。目前经营外运和保险的公司较多，竞争激烈，经营灵活。通过谈判，运费和保险费也是可以调整的。另外，增加数量，也可摊薄出口成本，使价格下降。

总而言之，无论采用什么对策，正确的还价核算都是必要的。

在出口还价核算时，出口商首先考虑的是在客户还价后，自己是否还有利润？利润是多少？计算利润额时可以单一商品利润或一个品种、一个集装箱或整个订单的利润额为基础，即单价法和总价法。总价法比较直观且比较精确。除了计算利润额以外，有时出口商还会进行利润率的核算。核算利润率的主要目的是为了将经过还价后的利润和报价利润率进行比照。

【实例 6—12】

当该食品进出口公司向日本商人报出冷冻水产品的价格后，随即收到日本商人的还价，每吨 CIF 神户的接受价是 990 美元，其中包括 3% 的佣金，请根据还价计算：

(1) 如果接受还价，该食品进出口公司每出口 1 吨冷冻水产品可以获利多少元人民币？总利润额为多少？利润率为百分之几（精确至元）？

(2) 如果该食品进出口公司 10% 的利润率不得减少，在其他国内费用保持不变的情况下，公司能够接受的供货价格应为每公吨多少元人民币？

解：有关数据如下：

报价数量：17 吨（计一个 20 英尺集装箱）。

购货价格：每吨 5 600 元人民币（含增值税率 17%），出口退税率为 3%。

国内费用：运杂费共计 1 200 元，出口包装费每吨 500 元，出口商检费共 300 元，报关费共 100 元，港区港杂费共 950 元，其他各种费用共计 1 500 元。贷款年利率为 8%，垫款时间 2 个月。银行手续费率为 5%（按成交价格计）。

出口运费：2 200 美元。

保险：按 CIF 价格的 110% 投保，保险费率 0. 85%。

佣金：3%。

预期利润：10%（以成交金额计）。

汇率：6. 30 元人民币兑换 1 美元。

报价如下：

实际购货成本＝5 600−5 600÷（1+17%）×3%＝5 600−143. 5897＝5 456. 4103（元/吨）

国内费用＝500+（1 200+300+100+950+1 500）÷17+5 600 ×8%÷6

＝812. 9020（元人民币/吨）（注：贷款利息通常根据采购成本来计算）

银行手续费＝报价×0. 5%

客户佣金＝报价×3%

出口运费＝2 200÷6. 30÷17＝20. 5415（元）

出口保费＝CIF 报价×110%×0. 85%

利润＝报价×10%

CIFC3＝实际购货成本+国内费用+出口运费+客户佣金+出口保险+预期利润

＝5 456. 4103+812. 9020+20. 5415+报价×3%+报价×0. 5%+报价×110%×0. 85%+报价×10%

CIFC3＝（5 456. 4103+812. 9020+20. 5415）÷（1−3%−0. 5%−110%×0. 85%−10%）

＝7 336. 9593÷0. 85565÷6. 30

＝1 361. 07（美元/吨）

还价核算：

(1) 按照客户提出的价格990美元CIFC3%神户，食品进出口公司可望获取的

利润额=销售收入-实际购货成本-国内费用-出口运费-银行手续费-保险费-佣金

=1 990×6.30-5 456.4103-812.902-1 067.6471-1 990×6.30×(0.5%+110%×0.85%+3%)

=5 200.0406-556.10465

=4 643.93595

=4 644（元/吨）

总利润额=4 644×17=78 948（元）

利润率=468÷12 537×100%=3.73%

(2) 如果该食品进出口公司10%的销售利润保持不变的话，每吨冷冻水产品的国内采购价格为：销售收入-销售利润-保险费-佣金-银行费用-国内费用-出口运费+退税收入。

这里要注意的是国内费用中的银行利息为：采购价格×8%÷6；而退税收入则为：采购价格÷(1+17%)×3%。

采购价格=[1 990×6.30×(1-10%-1.1×0.85%-3%-0.5%)-738.2353-1 067.6470]÷[1+(8%÷6)-(3%÷1.17)]

=8 921.40175÷0.98769

=9 032.59

=9 033（元/吨）

6.4 进口商品成本核算

1）进口货物成本的计算

FOB进口货物成本=FOB进口合同价+运费+保险费+进口国内总费用+进口税费

CFR进口货物成本=CFR进口合同价+保险费+进口国内总费用+进口税费

CIF进口货物成本=CIF进口合同价+进口国内总费用+进口税费

2）进口合同价格

进口合同价格在进口合同成立之前是一种估价，是买卖双方通过磋商可以取得一致意见的合同价格，有时也是进口方争取以此为基础交易的价格。在合同成立后，就是合同写明的商品价格。

3）进口国内总费用

进口国内费用包括的内容有：①卸货费、驳船费、码头建设费、码头仓租费等费用；②进口商品的检验费和其他公证费用；③银行费用，如开证费及其他手续费；④报关提货费；⑤国内运费、仓租费；⑥从开证付款至收回货款之间所发生的利息支出；⑦其他费用。

其核算与出口国内费用核算相同。在FOB条件下进口运输和保险由进口方办理，并支付运费和保费，其计算方法与出口中运输和保险费的核算方法相同。但进口货物交纳进口关税和海关代征的商品流转税，如增值税、消费税等。

4）货物进口关税的计算

海关在征收关税的工作中，要做到依率计征，除了要对进出口货物进行税则归类，确定应按哪个税号的适用税率征税外，还要正确审定计征关税的计税价格，计税价格即海关

完税价格，是海关计征关税的依据。

（1）进口货物完税价格。进口货物完税价格由海关以进口货物的成交价格为基础审核确定。一般包括货价、货物运抵中华人民共和国海关境内输入地点起卸前的运费和保费。通常以CIF价为基础。若货物在交易的过程中，卖方付给我方正常的折扣，则应在成交价格中扣除。

进口货物采用CFR价格术语成交，应加保险费组成完税价格。其公式为：

完税价格=CFR÷（1+保险费率）

进口货物采用FOB价格术语成交，应加保险费和运费组成完税价格，其公式为：

完税价格=（FOB价+运费）÷（1+保险费率）

（2）进口货物应纳关税计算。完税价格确定后，查出适用的税率就可以直接进行计算了。其公式为：

应纳关税额=应纳税进口货物数量×完税后价格×适用关税税率

5）应纳消费税的计算

从国外进口应税消费品，海关要征收消费税。消费税的计算执行从量税和从价税两种计算方法。

（1）从价定率消费税征收。我国消费税采用价内税，即计税价格组成中包括消费税税额。因此：

单位货物应纳消费税税额=组成计税价格×适用消费税税率

组成计税价格=关税完税价格+关税+消费税

其中，关税完税价格即上述进口货物完税价格，故公式可整理为：

组成计税价格=［关税完税价格×（1+适用关税税率）］÷（1-适用的消费税税率）

（2）实行从量定额征收应税消费税，以海关核定的应税消费进口数量为计税依据，计算公式为：

应纳消费税额=应纳税进口数量×适用定额税率

6）应纳增值税的计算

增值税属于价外税，其大小由组成应纳增值税价格与适用的增值税税率计算所得，即：

应纳增值税额=组成计税价格×适用税率×应税进口数量

组成计税价格=关税完税价格+关税+消费税

若进口货物为非应税消费品，则不征消费税。

【实例6—13】

我国A公司进口雪茄烟100箱，每箱价格为人民币1 500元FOB伦敦，设每箱运费为人民币100元，保险费率为1%，要求计算该批货物应纳关税税额、消费税额、增值税率。

解：查得海关税则，雪茄烟进口关税为65%，消费税率40%，增值税率17%。

进口关税完税价格=（FOB价+运费）÷（1+保险费率）

=（1 500+100）÷（1+1%）=1 616.1616（元）

应纳关税额=应纳进口货物数量×单位完税价格×适用税率

=100×1 616.1616×65%

=105 050.51（元）

组成消费税计税价格＝［关税完税价格×（1+适用关税税率）］÷（1-适用消费税税率）

＝［1 616.1616×（1+65%）］÷（1-40%）

＝4 444.4444（元）

应纳消费税额＝组成消费税计税价格×适用消费税率×应纳进口数量

＝4 444.4444×40%×100

＝177 777.78（元）

组成增值税计税价格＝关税完税价格+关税+消费税

＝［关税完税价格×（1+适用关税税率）］÷（1-适用消费税税率）

＝［1 616.1616×（1+65%）］÷（1-40%）

＝4 444.4444（元）

应纳增值税额＝组成增值税计税价格×适用税率×应纳税进口数量

＝4 444.4444×17%×100

＝7 5555.56（元）

7）进口总成本

将以上各项加总即得：

进口总成本＝FOB 合同价+运费+保险费+进口货物国内总费用+关税+消费税+增值税

＝CFR 合同价+保险费+进口货物国内总费用+关税+消费税+增值税

＝CIF 合同价+进口货物国内总费用+关税+消费税+增值税

若在上例中，国内总费用采用定额费率的方法确定为是合同价格的3%，则：

CIF 价＝FOB 合同价+运费+保险费＝（FOB 合同价+运费）÷（1+保险费率）

CIF 总价＝（1 500+100）÷（1+1%）×100＝161 616.16（元）

进口货物国内总费用＝1 500×100×3%＝4 500（元）

进口货物总成本＝161 616.16+4 500+105 050.51+177 777.78+75 555.56＝524 500.01（元）

若进口是通过中间商进行的，还要加上佣金。

6.5 保险费、佣金和利润核算

1）保险费核算

在出口交易中，在以 CIF（或 CIP）术语成交的情况下，出口方就需要进行保险费的核算。保险费是按照货物的保险金额乘以一定的百分比（保险费率）来计算的。有关公式如下：

保险费＝保险金额×保险费率

保险金额＝CIF（或 CIP）货价×（1+保险加成率）

保险加成率亦称投保加成率，由买卖合同确定，一般为10%、20%和30%，实践中使用最多的是10%，一般不超过30%。因此：

保险费＝CIF（或 CIP）货价×（1+保险加成率）×保险费率

由于保险金额一般是以 CIF 或 CIP 价格为基础加成确定的，因此，在已知货价和运费（即 CFR 或 CPT 价）时，可按下列公式计算：

CIF（或 CIP）＝CFR（或 CPT）价÷［1-（1+投保加成率）×保险费率］

【实例6—14】

某公司向日本出口钢材，已知CFR价为每公吨520美元，现改报CIF价，投保一切险，投保加成10%，试计算CIF价和保险费。

解：查表钢材为指明货物，其每公吨保险费计算如下：

（1）查一般货物费率表，到日本的一切险费率为0.25%。

（2）查指明货物费率表，钢材加费费率为0.3%。

实际保险费率=0.25%+0.30%=0.55%

CIF=520÷［1-（1+10%）×0.55%］=523.1652（美元）

保险费=保险金额×保险费率

=523.1625×（1+10%）×0.55%

=3.1625（美元）

2）佣金核算

佣金（Commission）是买方或卖方付给中间商的报酬。包含佣金的价格称含佣价，价格中不包括佣金则称为净价，净价与含佣价之间的换算关系是：

净价=含佣价-佣金

佣金=含佣价×佣金率=报价×佣金率

净价=含佣价-含佣价×佣金率=含佣价×（1-佣金率）

含佣价=净价÷（1-佣金率）

具体到某一价格术语：

FOB含佣价=FOB净价÷（1-佣金率）

CFR含佣价=CFR净价÷（1-佣金率）

CIF含佣价=CIF净价÷（1-佣金率）

但CIF有其特殊性，所以上述CIF含佣价的公式也可以表述如下：

CIF含佣价=CIF净价÷［1-佣金率-（1+投保加成率）×保险费率］

【实例6—15】

设CFR为840美元，加成10%投保，保险费率为1.2%，如客户要求改报CIFC5，试求其含佣价格。

解：CIFC5=CFR÷［1-（1+投保加成率）×保险费率-佣金率］

=840÷［1-（1+10%）×1.2%-5%］

=896.67（美元）

3）利润核算

价格中所包含的利润大小往往根据商品、行业、市场需要以及企业的价格策略来决定，因此，它并没有一定的标准。利润作为商人自己的收入，其核算方法由商人自己决定。在实践中，商人决定利润的方法有两种：一是商人根据以往经营的经验按某一固定的数额作为单位商品的利润；二是以一定的百分比作为经营的利润率来核算利润额，在用利润率来核算利润额时，应当注意计算的基数，可以用某一成本（生产成本、购货成本或出口成本）作为计算利润的基数，也可以用销售价格作为计算利润的基数，即：

利润额=出口成本×利润率

或 =出口报价×利润率

【实例 6—16】

某贸易公司单位产品的出口包括运费在内的总支出总成本为 100 美元，假设预期利润率为 15%，计算出口价格和利润额。

解：(1) 以出口成本为计算利润的基数，那么：

出口价格＝出口成本+利润额

＝出口成本+出口成本×利润率

＝出口成本×（1+利润率）

＝100×（1+15%）＝115（美元）

利润额＝100×15%＝15（美元）

(2) 以出口销售价格为计算利润的基数，那么：

出口价格＝出口成本+利润率＝出口成本+出口价格×利润率

出口价格＝出口成本÷（1－利润率）

＝100÷（1－15%）＝117.65（美元）

利润额＝出口报价×利润率

＝117.65×15%＝17.65（美元）

由此可见，计算利润的基础不同，出口报价和利润大小也不同。因此公司在进行价格核算时应特别注意本公司的利润核算依据，以免报价失误，造成损失。

◆ 本章小结

本章主要介绍了外贸跟单中的相关计算，特别是集装箱装箱量、海洋货物运输费用、进出口商品成本的计算。

◆ 基础训练

1. 深圳某公司对英国出口茶叶 200 箱（每箱净重 30kg），价格条款 C. I. F. 伦敦每箱 50 英镑，向中国人民保险公司投保 F. P. A. 平安险，以 CIF 价格加成 10% 作为投保金额，保险费率为 0.6%。问保险金额及保险费多少？

2. 某合约的 CIFC5% 价值为 12 000 港元，按发票金额的 110% 投保水渍险和战争险，总保险费率为 0.8%。试计算保险费。

3. 已知某商品出口报价 CIF 香港 2 000 港元，现外商要求改报 CIFC4% 香港；并保持卖方净收入不变，应报价多少？

4. 某外贸公司出口木雕一个，收入外汇 6 000 美元，该木雕的进价为人民币 16 000 元，另外又支付了商品流通费 1 400 元，税金 600 元，请计算：

(1) 该木雕的出口换汇成本。

(2) 该木雕的出口盈亏率（注：1USD＝6.30RMB）。

5. 某出口企业出口一批商品，国内进货价共 10 000 元人民币，加工费支出 1 500 元人民币，商品流通费是 1 000 元人民币，税金支出为 100 元人民币，该批商品出口销售外汇净收入为 2 000 美元，如果外汇汇率为 USD100＝RMB630.36～635.68，试计算：

(1) 该批商品的出口总成本是多少？

（2）该批商品的出口销售换汇成本是多少？

（3）批该商品的出口销售盈亏率是多少？

6. 某出口公司对外报某商品“每桶150美元FOB青岛”，国外要求改按CIFC3洛杉矶报价，已知每桶运费为15美元，加成为1.1，保险费率为1%，问应报多少？

◆ 实操演练

【实操要求】

作答第1～5题，要求写出具体计算步骤。

【模拟时间】

完成本业务操练时间以不超过30分钟为准。

【实操内容】

1. 某外贸生产企业按合同如期完成链条生产订单后，跟单员赵刚根据下列资料准备订舱：每个木箱尺寸为270mm×270mm×270mm，毛重为35kg，共有1 060箱。根据以上资料，赵刚应该选择何种规格（尺寸和载重）的集装箱最为经济？为什么？

2. 北京某公司从日本进口一批商品，经海关审定其成交价格为FOB大阪150 000美元，运费5 000美元，保险费率0.3%，适用最惠国税率为28%，请计算该批商品进口关税（适用汇率为1美元=6.30元人民币）。

3. —批钢制五金配件出口，产品所用包装纸箱尺寸为长360mm×宽200mm×高120mm.每箱毛重为23kg，用20英尺钢质集装箱运输，箱内尺寸为长5 917mm×宽2 336mm×高2 249mm，内容积31m^3，最大载重22 140kg，请计算该集装箱最多可装多少个纸箱。

4. 某公司出口某种商品共200箱。该商品的内包装为塑料袋，每袋重1kg，外包装为纸箱，每箱100袋，箱的尺寸为400mm×400mm×250mm。经查该商品为5级货，运费计收标准为M。查运价表，该商品每运费吨的基本运费为300港元，另加转船附加费15%，燃料附加费30%，港口拥挤附加费5%。请计算该公司为这批货支付的运费。

5. 山东明美外贸公司与新西兰客商签订了一份旅游鞋出口合同，总金额为USD20 000.00（CIF奥克兰），支付方式为即期付款信用证。2009年4月山东明美外贸公司收到了该信用证，信用证规定的投保加成率为20%，保险险种为CIC险中的一切险和战争险，综合保险费率为0.5%。请计算保险金额、保险费。

第7章

外贸跟单业务法规与制度

【学习目标】

通过本章的学习，了解《合同法》的基本内容；熟悉出口收汇核销管理、出口货物退（免）税管理办法、加工贸易货物管理制度；掌握我国对外贸易管理制度。

7.1 合同法

7.1.1 合同的含义

合同是平等主体的自然人、法人、其他组织之间设立、变更、终止民事权利义务关系的协议。依法成立的合同对当事人具有法律约束力。当事人行使权利、履行义务应当遵循诚实信用原则。当事人应当按照约定履行自己的义务，不得擅自变更或者解除合同。

7.1.2 合同的订立

1）合同有效成立的条件

交易一方的发盘一经对方有效接受，合同即告成立。但合同是否具有法律效力，还要视其是否具备了一定的条件。不具备法律效力的合同是不受法律保护的。因此，了解和掌握合同有效成立的条件非常重要。概括起来，合同应具备下述条件才算有效成立：

（1）当事人必须在自愿和真实的基础上达成协议。“契约自由”是合同法的基本原则。合同成立必须是在双方当事人自愿基础上进行。一方自愿发价，另一方明确表示愿意承诺，双方自愿表示达成协议的诚意，承诺履行合同责任与义务。这种合同不是单方面的行为，而是一种在双方意思一致的基础上产生的行为。这样的合同是合法的，受法律保护的。如果一方采取强制、威胁、暴力、诈骗手段迫使对方就范，订立的合同在法律上是无效的。

（2）买卖双方当事人应具有法律行为的资格和能力。

其一，自然人订立合同的资格和能力。各国法律对于哪些人具有订立合同的资格和能力，哪些人没有订立合同的资格和能力，都有具体的规定。我国《民法通则》把公民的民事能力分为三类：①有完全民事行为能力的人：18周岁以上的公民是成年人，具有完全民事行为能力，可以独立进行民事活动，包括订立各种合同。②限制民事行为能力的人：包括两种人，即10周以上的未成年人和不能完全辨认自己行为的精神病人，他们签订的合同由其法定代理人代理，或者征得法定代理人的同意。③无民事行为能力的人：包括不满10周岁的未成年人和不能辨认自己行为的精神病人，他们签订的合同是无效的。

其二，法人的行为能力。法人是拥有独立的财产、能够以自己的名义享受民事权利和承担民事义务并且依照法定程序成立的法律实体。法人是由自然人组织起来的，它必须通过自然人才能进行活动和订立合同。

(3) 合同必须以双方互惠有偿为原则。国际货物买卖是互为有偿的交换，英美法系称此有偿交换为“对价”，法国法称之为“约因”。其含义是：在合同中一方所享有的权利，以另一方所负有的义务为基础，双方应互有权利与义务，卖方交付约定的实物，买方必须受领货物并支付价金，如其中任何一方不按合同履行责任与义务，都负有向对方赔偿损失的责任。

(4) 合同的标的和内容必须合法。英美法国家和大陆法国家都承认，“契约自由”和“意思自主”是合同法的基本原则。契约自由是指任何有订约能力的人，都可以按照他们的意愿自由地订立合同，即可自由地决定是否订立合同，自由地选择订约对象，自由地同订约方商定合同的内容，但同时各国也都对契约自由加以一定的限制。各国法律都要求当事人所订立的合同必须合法，并规定凡是违反法律、违反善良风俗与公共秩序的合同一律无效。

(5) 合同的形式必须符合法律规定的要求。各国法律对合同成立的形式要求不同。联合国《国际货物销售合同公约》对国际货物买卖合同的形式，原则上不加以限制，无论采用书面方式还是口头方式，均不影响合同的效力。《合同法》也有类似的规定，其第 10 条规定：“当事人订立合同，有书面形式、口头形式和其他形式。法规、行政法规规定采用书面形式的，应当采用书面形式。当事人约定采用书面形式的，应当采用书面形式。”

2) 书面合同的签订

买卖双方经过磋商，一方的发盘被另一方有效接受，交易即达成，合同即告成立。但在实际业务当中，按照一般习惯做法，买卖双方达成协议后，通常还要制作书面合同将各自的权利和义务用书面方式加以明确，即签订合同。

(1) 书面合同的类型。在国际贸易中，书面合同的格式和名称不尽相同，形式很多，均无特定的限制。一般常用的有销售合同、购货合同、成交确认书、协议、备忘录、意向书、订单等。我国对外贸易业务中，主要采用的书面合同是销售合同、销售确认书两种。

①正式合同（Contract）。它是带有“合同”字样的法律契约。包括销售合同和购货合同。合同的文字解释要清楚，经济责任要明确，并对双方要有约束性，签订手续完备。

②确认书（Confirmation）。确认书较正式合同简单些，是买卖双方在通过交易磋商达成交易后，寄给双方加以确认的列明达成交易条件的书面证明。经买卖双方签署的确认书，是法律上有效的文件，对买卖双方具有同等的约束力。确认书包括销售确认书和购货确认书。

③协议（Agreement）。协议在法律上是合同的同义词。只要协议对买卖双方的权利和义务作出明确、具体和肯定的规定，即使书面文件上被冠以“协议”或“协议书”的名称，一经双方签署确认，即与合同一样对买卖双方具有约束力。

(2) 书面合同的作用。

①作为合同成立的证据。在法律上，当双方当事人在交易（合同）的履行过程中发生争端或纠纷时，提供以书面形式签订的合同是证明双方存在合同关系的一种最有效、最

简便的方法，也可作为仲裁员和法官进行仲裁和作出判决的一个有力的证据。因此，签订书面合同，为将来争议的解决提供了一种法律的依据。

②作为履行合同的依据。无论是口头还是书面达成的协议，如果没有一份包括各项条款的合同，则会给履行带来许多不便。所以在业务中，双方都要求将各自应享受的权力和应承担的义务用文字规定下来，作为正确履行合同的依据。

③作为合同生效的条件。在国际贸易实务中，有时合同的生效是以书面签订合同作为条件的。买卖双方达成协议所交换的信件、电报、电传也常常可构成书面合同。特别是在一方当事人要求签订确认书时，只有当签订确认书后，合同才告成立。否则在此之前，即使双方已对交易条件全部取得了满意的结果，也不存在法律上有效的合同。

（3）书面合同的格式。书面合同的格式一般由下列三部分组成：

①约首。约首是指合同的序言部分，其中包括合同的名称、订约双方当事人的名称和地址（要求写明全称）。除此之外，在合同序言部分常常写明双方订立合同的意愿和执行合同的保证。该序言对双方均具约束力。因此，在规定该序言时，应慎加考虑。

②本文。本文是合同的主体部分，具体列明各项交易的条件或条款，如品名、品质规格、数量、单价、包装、交货时间与地点、运输与保险条件、支付方式以及检验、索赔、不可抗力和仲裁条款等。这些条款体现了双方当事人的权利和义务。

③约尾。约尾一般列明合同的份数、使用的文字及其效力、订约的时间和地点及生效的时间。合同的订约地点往往要涉及合同准据法的问题，因此要慎重对待。我国的出口合同的订约地点一般都写在我国。有的合同将“订约时间和地点”在约首写明。

7.1.3 订立合同的形式

双方当事人之间就合同的主要条款进行协商、议定，最终确定和认可其内容，这就是合同的订立。《合同法》第十三条规定：“当事人订立合同，采取要约、承诺方式。”因此，合同的订立包括要约和承诺两个阶段。

1）要约

所谓要约，就是指希望和他人订立合同的意思表示。要约的特征表现为以下几方面：

第一，要约是以订立合同为目的的意思表示，表现为要约人主动要求与受要约人订立合同。

第二，要约的内容应具体确定，即要约的内容应当包括合同得以成立所必需的条款。

第三，表明经受要约人承诺，要约人即受该意思表示的约束，要约一经受要约人接受，合同即可成立。

根据合同法的规定，在要约生效之前，要约人可以通过撤回的方式阻止要约生效，使尚未生效的要约不生效。撤回要约的通知应当在要约到达受要约人之前或者与要约同时到达受要约人，撤回要约的通知应当不迟于要约到达受要约人。而且，在要约生效之后受要约人发出承诺通知之前，要约人可以通过撤销的方式使已经生效的要约不再继续生效，即撤销要约。但是，撤销要约的通知应当在受要约人发出承诺通知之前到达受要约人。需要注意的是，根据《合同法》第十九条规定，有下列情形之一的，要约不得撤销：第一，要约人确定了承诺期限或者以其他形式明示要约不可撤销；第二，受要约人有理由认为要约是不可撤销的，并已经为履行合同做了准备工作。

此外，根据《合同法》第二十条规定，导致要约失效的情形有：第一，拒绝要约的通知到达要约人；第二，要约人依法撤销要约；第三，承诺期限届满，受要约人未作出承诺；第四，受要约人对要约的内容作出实质性变更。

2）承诺

所谓承诺，是受要约人同意要约的意思表示。承诺是针对要约的回应，因此，承诺的特征表现为以下几方面：

第一，承诺应由受要约人作出。

第二，承诺是由受要约人向要约人作出的。

第三，承诺的内容应当与要约的内容一致。受要约人对要约的内容作出实质性变更的，为新要约。有关合同标的、数量、质量、价款或者报酬、履行期限、履行地点和方式、违约责任和解决争议方法等的变更，是对要约内容的实质性变更。承诺对要约的内容作出非实质性变更的，除要约人及时表示反对或者要约表明承诺不得对要约的内容作出任何变更的以外，承诺有效，合同的内容以承诺的内容为准。

第四，作为有效承诺的要件之一，承诺应当在要约确定的期限内到达要约人。同要约可以撤回一样，承诺同样可以撤回。撤回承诺的通知应当在承诺通知到达要约人之前或者与承诺通知同时到达要约人。但是，承诺不得撤销。

承诺意味着受要约人同意要约的意思表示，标志着合同的成立。《合同法》第二十五条规定，承诺生效时合同成立。关于承诺生效的时间，《合同法》第二十六条规定，承诺通知到达要约人时生效。

7.1.4 合同的效力

（1）依法成立的合同，自成立时生效。

（2）有下列情形之一的，合同无效：①一方以欺诈、胁迫的手段订立合同，损害国家利益；②恶意串通，损害国家、集体或者第三人利益；③以合法形式掩盖非法目的；④损害社会公共利益；⑤违反法律、行政法规的强制性规定。

（3）合同中的下列免责条款无效：①造成对方人身伤害的；②因故意或者重大过失造成对方财产损失的。

（4）下列合同，当事人一方有权请求人民法院或者仲裁机构变更或者撤销：①因重大误解订立的；②在订立合同时显失公平的。一方以欺诈、胁迫的手段或者乘人之危，使对方在违背真实意思的情况下订立的合同，受损害方有权请求人民法院或者仲裁机构变更或者撤销。

7.1.5 合同的履行

（1）当事人应当按照约定全面履行自己的义务。

（2）当事人就有关合同内容约定不明确，依照规定仍不能确定的，适用下列规定：

其一，质量要求不明确的，按照国家标准、行业标准履行；没有国家标准、行业标准的，按照通常标准或者符合合同目的的特定标准履行。

其二，价款或者报酬不明确的，按照订立合同时履行地的市场价格履行；依法应当执行政府定价或者政府指导价的，按照规定履行。

其三，履行地点不明确，给付货币的，在接受货币一方所在地履行；交付不动产的，在不动产所在地履行；其他标的，在履行义务一方所在地履行。

其四，履行期限不明确的，债务人可以随时履行，债权人也可以随时要求履行，但应当给对方必要的准备时间。

其五，履行方式不明确的，按照有利于实现合同目的的方式履行。

其六，履行费用的负担不明确的，由履行义务一方负担。

(3) 撤销权自债权人知道或者应当知道撤销事由之日起一年内行使。自债务人的行为发生之日起，五年内没有行使撤销权的，该撤销权消灭。

合同生效后，当事人不得因姓名、名称的变更或者法定代表人、负责人、承办人的变动而不履行合同义务。

7.1.6 其他规定

1）争议、仲裁和裁决

当买卖双方当事人在履行合同时因一方的违约而发生争议时，当事人不愿和解、调解或者和解、调解不成的，可以根据仲裁协议向仲裁机构申请仲裁。涉外合同的当事人可以根据仲裁协议向中国仲裁机构或者其他仲裁机构申请仲裁。当事人没有订立仲裁协议或者仲裁协议无效的，可以向人民法院起诉。当事人应当履行发生法律效力的判决、仲裁裁决、调解书；拒不履行的，对方可以请求人民法院执行。

2）提起诉讼或申请仲裁的期限

因国际货物买卖合同和技术进出口合同争议提起诉讼或者申请仲裁的期限为四年，自当事人知道或者应当知道其权利受到侵害之日起计算。因其他合同争议提起诉讼或者申请仲裁的期限，依照有关法律的规定。

7.2 出口收汇核销管理

2003年8月5日，国家外汇管理局发布了新的《出口收汇核销管理办法》（以下简称《办法》）。为确保贯彻执行《办法》的有关规定，规范各级外汇管理局和外汇指定银行办理出口收汇核销业务的操作，方便出口单位办理出口收汇核销手续，国家外汇管理局制定了《出口收汇核销管理办法实施细则》和《出口收汇核销管理操作规程》，自2003年10月1日起执行。

7.2.1 出口收汇核销管理办法

1）出口外汇核销管理机构

出口收汇核销实行属地管理原则，出口单位应当在其注册所在地外管局备案登记、申领核销单和办理出口收汇核销手续。

2）出口单位备案登记手续

其一，出口单位取得出口经营权后，办理“中国电子口岸”入网认证手续，并到外管局办理备案登记，外管局为出口单位建立出口收汇核销档案。

其二，出口单位的备案信息发生变更时，及时到外管局办理变更登记手续，外汇管理局需在“中国电子口岸”变更该出口单位IC卡权限；出口单位因终止经营或被取消对外贸易经营资格的，到外管局办理注销登记手续，外管局需在“中国电子口岸”注销该出口单位IC卡权限。

其三，出口单位应当凭“中国电子口岸”企业操作员IC卡及其他规定的凭证向外管局申领核销单。外管局向出口单位核发核销单后，将核销单电子底账数据传送至“中国电子口岸”数据中心。

其四，出口单位终止经营或被取消对外贸易经营资格或发生合并、分立的，按以下规定办理出口收汇核销业务：

①出口单位因终止经营或被取消对外贸易经营资格不再经营出口业务的，将未使用的核销单退回外管局注销，对已经报关出口的核销单按规定继续办理核销手续。

②出口单位因合并、分立不再经营出口业务的，将未使用的核销单退回外管局注销。外管局应当对其已发放未使用的核销单实施“禁用”处理。

③出口单位因合并、分立继续经营出口业务的，按照合并、分立协议的约定继续承担原出口单位的出口收汇核销业务。

其五，出口单位到海关报关前，通过“中国电子口岸出口收汇系统”向报关地海关进行核销单的口岸备案。

3）出口收汇核销业务管理

第一，海关对出口单位提交的核销单和其他报关材料审核无误并对核销单电子底账进行核对后，为出口单位办理通关手续。海关在核销单上加盖“验讫章”并对核销单电子底账数据进行“已用”核注，结关后出口单位申请向出口单位签发注有核销单编号的报关单。核销单号码和报关单号码应当一一对应。海关为出口单位签发报关单后，将核销单的签注情况和报关单的电子底账传送至“中国电子口岸”数据中心。

第二，对出口单位从境外或特殊经济区域或境外商户在境内经营离岸银行业务的银行开立的离岸账户收回的出口货款，以及深加工结转项下转出方从转入方收回的出口货款等，银行按照规定为出口单位办理出口收汇的结汇或入账手续，向出口单位出具核销专用联。

第三，出口单位出口货物后，在不迟于预计收汇日期起30天内，持核销单、报关单、核销专用联及其他规定的核销凭证，到外管局进行出口收汇核销报告。

对预计收汇日期超过报关日期180天以上（含180天）的远期收汇，出口单位在报关后60天内到外管局办理远期收汇备案。

第四，代理出口项下，由代理方办理申领核销单、出口报关、出口收汇以及出口收汇核销报告等手续。

第五，外管局受理出口单位的出口收汇核销报告后，对其提供的核销凭证或数据的真实性进行审核。出口单位报告的数据不齐全的，要求其补充；出口单位报告的数据与海关、银行传送的数据不一致的，要求出口单位到相关部门办理核对、修改和补办手续。海关、银行在接到出口单位的相关申请后5个工作日内予以处理。

第六，外管局审核出口单位提供的核销凭证时，对凭证齐全、数据无误且出口与收汇或进口差额未超过规定标准的，根据不同贸易方式予以核销；对出口与收汇或进口差额超过规定标准的，审核规定的差额证明材料无误后为出口单位办理差额核销；对出口与收汇或进口差额超过规定且未能提供规定的差额证明材料的，符合有关规定的予以差额备查，不符合备查条件且超过规定的核销期限的纳入逾期未核销管理。

第七，外管局为出口单位办理出口收汇核销手续后，按规定将核销单退税专用联退还出口单位。实行自动核销的出口单位另行规定。

第八，对出口单位由于客观原因无法办理正常核销的应收汇核销出口数据，外管局可以按照规定进行出口收汇核销备查。

第九，出口单位发生出口项下退赔外汇的，持规定的证明材料向外管局申请，经外管局审核无误，冲减其出口收汇实绩后，凭外管局核发的“已冲减出口收汇/核销证明”到银行办理付汇手续。

7.2.2 出口收汇核销管理实施细则

出口单位取得出口经营权后，应当到海关办理“中国电子口岸”入网手续，并到有关部门办理“中国电子口岸”企业法人 IC 卡和“中国电子口岸”企业操作员 IC 卡电子认证手续。

出口单位办理核销备案登记时，应当向外汇局提供下列材料：

（1）单位介绍信、申请书。

（2）“进出口企业资格证书”或“外商投资企业批准证书”或“台港澳侨投资企业批准证书”正本及复印件。

（3）“企业法人营业执照”（副本）或“企业营业执照”（副本）及复印件。

（4）“组织机构代码证”正本及复印件。

（5）“海关注册登记证明书”正本及复印件。

（6）外汇局要求提供的其他材料。

外汇局审核上述材料无误后，为出口单位办理登记手续，建立出口单位电子档案信息。出口单位在外汇局备案登记的电子档案信息内容发生变更时，应当在办理工商、海关等部门的变更登记手续后一个月内，持有关部门变更通知，到外汇局办理变更登记手续，外汇局需在“中国电子口岸”变更该出口单位 IC 卡权限。

7.2.3 出口收汇核销单管理

出口收汇核销单（以下简称核销单）的发放实行逐级核发，专人负责制。国家外汇管理局向各分局核发核销单，各分局向所辖中心支局核发核销单，各中心支局向所辖支局核发核销单，各外汇局向所辖出口单位核发核销单。

出口单位在到外汇局领取核销单前，应当根据业务实际需要先通过“中国电子口岸出口收汇系统”向外汇局提出领取核销单申请，然后由本单位核销员持本人“中国电子口岸”操作员 IC 卡及其他规定的凭证到外汇局领取核销单。

外汇局根据出口单位申请的核销单份数和出口收汇核销考核等级向出口单位发放核销单，并将核销单电子底账数据传送至“中国电子口岸”数据中心。

外汇局可以根据出口单位的出口收汇核销考核等级和日常业务经营状况调整发单数量，对出口收汇核销考核中被评定为“出口收汇荣誉企业”和“出口收汇达标企业”实行按需发单，对“出口收汇风险企业”和“出口收汇高风险企业”以及其他严重违反外汇管理规定的出口单位应控制发单。

出口单位在领取核销单时，应当办理签领手续。空白核销单长期有效。出口单位在核销单正式使用前，应当加盖单位名称及组织机构代码条形章，在骑缝处加盖单位公章。核销单发生全额退关、填错等情况的，出口单位应当在三个月内到外汇局办理核销单注销手续。

出口单位终止经营或被取消对外贸易经营资格或发生合并、分立的，按以下规定办理出口收汇核销业务：

第一，出口单位因终止经营或被取消对外贸易经营资格不再经营出口业务的，应当在一个月内将未使用的核销单退回外汇局注销，对已经报关出口的核销单应当按规定继续办理核销手续。外汇局应当对其停止发单，对已发放未使用且未退回外汇局的核销单实施“禁用”处理。

第二，出口单位因合并、分立不再经营出口业务的，应当在一个月内将未使用的核销单退回外汇局注销。外汇局应当对其已发放未使用且未退回外汇局的核销单实施“禁用”处理。

第三，出口单位合并、分立后继续经营出口业务的，应当在一个月内将未使用的核销单退回外汇局注销，并应当按照合并、分立协议的约定继续承担原出口单位的出口收汇核销业务。

第四，出口单位发生严重违反外汇管理规定行为或其他特殊情况的，外汇局可以对其已领未用的核销单实施“禁用”处理。

7.2.4　出口报关核销手续

出口单位到海关报关前，应当通过“中国电子口岸出口收汇系统”向报关地海关进行核销单的口岸备案。出口单位填写核销单应当准确、完整，并与出口收汇报关单证明联（以下简称报关单）上记载的有关内容一致。

出口单位报关时应当如实向海关申报成交方式，按成交方式申报成交价格、数量、运费、保费以及加工贸易合同协议号等内容，保证报关数据的真实性和完整性。

对监管方式为需要使用核销单报关出口的，海关应当审核出口单位提交的核销单和其他报关材料，并核对核销单电子底账无误后，为出口单位办理通关手续。

海关为出口单位办理通关手续时，应当在核销单“海关核放情况”栏加盖“验讫章”，并对核销单电子底账数据进行“已用”核注，结关后应出口单位申请向出口单位签发注有核销单编号的报关单，同时将核销单电子底账的核注情况和报关单电子底账等数据通过“中国电子口岸”数据中心传送至国家外汇管理局。

海关签发报关单时，核销单号码和报关单号码应当一一对应。出口单位在报关出口后通过“中国电子口岸出口收汇系统”将已用于出口报关的核销单向外汇局交单。

7.2.5　出口收汇核销

货物出口后，出口单位应当按照出口合同约定的收汇时间和方式以及报关单注明的成交总价，及时、足额地收回货款。即期收汇项下应当在货物报关出口后 180 天内收汇，远期收汇项下应在远期备案的收汇期限内收汇。

对于下列外汇的结汇或入账，银行可以向出口单位出具出口收汇核销专用联（以下简称核销专用联）：

（1）对于直接从境外或境内特殊经济区域收回的出口货款，银行应当按照结售汇管理规定为出口单位办理结汇手续或办理进入出口单位的经常项目外汇账户（以下简称入账）手续后，出具核销专用联。

（2）对于出口货物保险或出口信用保险所得的理赔款，银行应当在凭核销单正本、理赔协议办理结汇或入账手续后，出具核销专用联，并在核销专用联上注明“出口货物保险理赔款”或“出口信用保险理赔款”。

(3) 对于通过福费廷业务方式取得的外汇资金，银行应当在按规定为出口单位办理结汇或入账手续后，出具核销专用联，并在核销专用联上注明“福费廷业务”。

(4) 银行在为出口单位办理出口押汇的结汇或出口信用证下远期汇票贴现业务、打包放款的入账手续时不得出具核销专用联，应当在出口货款收回并办理有关手续后，出具核销专用联。

(5) 对于从境外进口商在境内经营离岸银行业务的银行开立的离岸账户收回的货款，银行应当在按规定办理结汇或入账后，出具核销专用联，并在核销专用联上注明“境内离岸账户划转”。

(6) 对于深加工结转业务项下转出方收回的外汇，银行应当在为转出方办理结汇或入账后，出具核销专用联，并在核销专用联上注明“深加工结转收汇”字样及转入方单位名称。

(7) 对于出口买方信贷项下的出口收汇，银行应当在凭出口合同、境外借款人同意支付的指令或信用证等支付依据或境内贷款银行的委托付款附言或摘要为出口单位办理结汇或入账手续后，出具核销专用联，并在核销专用联上注明“出口买方信贷，境内划转”。

(8) 对于以外币现钞结算的出口收汇，出口单位应当向银行办理结汇，不得自行保留或存入银行。对于携入现钞金额达到规定入境申报金额的，银行应当凭出口合同、发票、核销单、海关签章的携带外币入境申报单正本为出口单位办理结汇手续，并在申报单上签注结汇金额、日期、加盖戳记后出具核销专用联，同时应当在核销专用联上注明“外币现钞结汇”。对于携入现钞金额未达到规定入境申报金额的，银行应当凭出口合同、发票、核销单和结汇申请办理现钞结汇，并在核销专用联上注明“外币现钞结汇”。边境贸易和包机贸易出口业务项下出口收汇除外。

(9) 出口保理项下，银行未向出口单位提供融资服务或提供有追索权的融资服务的，银行应当在出口单位从境外收回出口货款后，按规定为其办理结汇或入账手续，并向出口单位出具核销专用联。

银行向出口单位提供无追索权的融资服务的，银行可以在向出口单位提供融资资金并按规定为出口单位办理结汇或入账手续后，以融资金额为准向出口单位出具核销专用联，并在核销专用联上编写核销收汇专用号码，同时在核销专用联上注明“出口保理融资业务”。待银行从境外收回货款后，扣除融资资金及利息后，出具余款的核销专用联，并在核销专用联上注明“出口保理余款”以及保理项下的相关费用和融资利息以及涉外收入申报单号码和原核销收汇专用号码。

(10) 对于直接从境外或境内特殊经济区域收回的出口货款，需由境内银行转汇的，在办理境内原币划转手续时，由解付行出具核销专用联。转汇行应当在交易附言中注明“转汇”字样。

(11) 其他外汇局规定可以出具核销专用联的，按有关规定办理。

职场指南 7—1

怎样办理出口货物收汇核销?

(1) 出口企业（包括代理企业），应在报关前向当地外汇管理局领取“出口收汇核销单”。

(2) 填写并在报关时向海关交验“核销单”。办理海关手续后，海关将盖有“放行章”的报关单及“核销单”退还出口企业。

(3) 出口企业将有关单据和“核销单”交银行收汇，并将该“核销单”存根联和报关单送原签发外汇管理局，由其核对有关单据后，核销该笔收汇。从 2001 年 8 月起，企业在货物出口报关后，可以利用口岸电子执法系统在网上进行交单，不再需要专门到外汇管理局办理交单（出口收汇核销单存根），待企业实际收汇后，企业可持出口收汇核销单、出口货物报关单、发票等国家规定的出口收汇核销的专用有效凭证，按月集中到外汇管理局一次性办理核销。

(4) 为了简化手续，对于经外汇管理部门批准自寄单据（指不通过银行交单而索汇）项下的出口，向银行结汇时不必提交“核销单”；信用证、托收方式出口，可以不凭“核销单”向银行交单议付，但须多提供一联注有核销单编号的发票。外商投资企业的出口货物，可每月定期办理收汇核销手续。

7.3 出口货物退（免）税管理办法

7.3.1 出口退税

出口退税是指一个国家或地区对已报送离境的出口货物，由税务机关将其在出口前的生产和流通的各环节已经缴纳的国内税金（增值税、消费税）等间接税税款退还给出口企业的一项税收制度：出口货物以不含税的价格进入国际市场，避免本国出口产品遭遇国际双重征税。对出口实行零税率，是国际通行的做法，各国普遍采用此项政策，来增强本国产品的国际竞争力。

为规范出口货物退（免）税管理，根据《税收征收管理法》、《税收征收管理法实施细则》、《增值税暂行条例》、《消费税暂行条例》以及国家其他有关出口货物退（免）税规定，制定本管理办法。

7.3.2 出口货物退（免）税管理的概念

税务机关应当按照办理出口货物退（免）税的程序，根据工作需要，设置出口货物退（免）税认定管理、申报受理、初审、复审、调查、审批、退库和调库等相应工作岗位，建立岗位责任制。出口商自营或委托出口的货物，除另有规定者外，可在货物报关出口并在财务上做销售核算后，凭有关凭证报送所在地国家税务局（以下简称税务机关）批准退还或免征其增值税、消费税。

7.3.3 出口货物退（免）税认定管理

对外贸易经营者按《中华人民共和国对外贸易法》和商务部《对外贸易经营者备案登记办法》的规定办理备案登记后，没有出口经营资格的生产企业委托出口自产货物（含视同自产产品，下同），应分别在备案登记、代理出口协议签订之日起 30 日内持有关资料，填写“出口货物退（免）税认定表”，到所在地税务机关办理出口货物退（免）税认定手续。

特定退（免）税的企业和人员办理出口货物退（免）税认定手续按国家有关规定执行。

已办理出口货物退（免）税认定的出口商，其认定内容发生变化的，须自有关管理机关批准变更之日起30日内，持相关证件向税务机关申请办理出口货物退（免）税认定变更手续。

出口商发生解散、破产、撤销以及其他依法应终止出口货物退（免）税事项的，应持相关证件、资料向税务机关办理出口货物退（免）税注销认定。

对申请注销认定的出口商，税务机关应先结清其出口货物退（免）税款，再按规定办理注销手续。

7.3.4 出口货物退（免）税申报及受理

出口商应在规定期限内，收齐出口货物退（免）税所需的有关单证，使用国家税务总局认可的出口货物退（免）税电子申报系统生成电子申报数据，如实填写出口货物退（免）税申报表，向税务机关申报办理出口货物退（免）税手续。逾期申报的，除另有规定者外，税务机关不再受理该笔出口货物的退（免）税申报，该补税的应按有关规定补征税款。

出口商申报出口货物退（免）税时，税务机关应及时予以接受并进行初审。经初步审核，出口商报送的申报资料、电子申报数据及纸质凭证齐全的，税务机关受理该笔出口货物退（免）税申报。出口商报送的申报资料或纸质凭证不齐全的，除另有规定者外，税务机关不予受理该笔出口货物的退（免）税申报，并要当即向出口商提出改正、补充资料和凭证的要求。

税务机关受理出口商的出口货物退（免）税申报后，应为出口商出具回执，并对出口货物退（免）税申报情况进行登记。

出口商报送的出口货物退（免）税申报资料及纸质凭证齐全的，除另有规定者外，在规定申报期限结束前，税务机关不得以无相关电子信息或电子信息核对不符等原因，拒不受理出口商的出口货物退（免）税申报。

7.3.5 出口货物退（免）税审核、审批

税务机关应当使用国家税务总局认可的出口货物退（免）税电子化管理系统以及总局下发的出口退税率文库，按照有关规定进行出口货物退（免）税审核、审批，不得随意更改出口货物退（免）税电子化管理系统的审核配置、出口退税率文库以及接收的有关电子信息。

税务机关受理出口商出口货物退（免）税申报后，应在规定的时间内，对申报凭证、资料的合法性、准确性进行审查，并核实申报数据之间的逻辑对应关系。根据出口商申报的出口货物退（免）税凭证、资料的不同情况，税务机关应当重点审核以下内容：

其一，申报出口货物退（免）税的报表种类、内容及印章是否齐全、准确。

其二，申报出口货物退（免）税提供的电子数据和出口货物退（免）税申报表是否一致。

其三，申报出口货物退（免）税的凭证是否有效，与出口货物退（免）税申报表明细内容是否一致等。重点审核的凭证有：

①出口货物报关单（出口退税专用）。出口货物报关单必须是盖有海关验讫章，注明“出口退税专用”字样的原件（另有规定者除外），出口报关单的海关编号、出口商海关代码、出口日期、商品编号、出口数量及离岸价等主要内容应与申报退（免）税的报表

一致。

②代理出口证明。代理出口货物证明上的受托方企业名称、出口商品代码、出口数量、离岸价等应与出口货物报关单（出口退税专用）上内容相匹配并与申报退（免）税的报表一致。

③增值税专用发票（抵扣联）。增值税专用发票（抵扣联）必须印章齐全，没有涂改。增值税专用发票（抵扣联）的开票日期、数量、金额、税率等主要内容应与申报退（免）税的报表匹配。

④出口收汇核销单（或出口收汇核销清单，下同）。出口收汇核销单的编号、核销金额、出口商名称应当与对应的出口货物报关单上注明的批准文号、离岸价、出口商名称匹配。

⑤消费税税收（出口货物专用）缴款书。消费税税收（出口货物专用）缴款书各栏目的填写内容应与对应的发票一致；征税机关、国库（银行）印章必须齐全并符合要求。

在对申报的出口货物退（免）税凭证、资料进行人工审核后，税务机关应当使用出口货物退（免）税电子化管理系统进行计算机审核，将出口商申报出口货物退（免）税提供的电子数据、凭证、资料与国家税务总局及有关部门传递的出口货物报关单、出口收汇核销单、代理出口证明、增值税专用发票、消费税税收（出口货物专用）缴款书等电子信息进行核对。审核、核对重点是：

第一，出口报关单电子信息。出口报关单的海关编号、出口日期、商品代码、出口数量及离岸价等项目是否与电子信息核对相符。

第二，代理出口证明电子信息。代理出口证明的编号、商品代码、出口日期、出口离岸价等项目是否与电子信息核对相符。

第三，出口收汇核销单电子信息。出口收汇核销单号码等项目是否与电子信息核对相符。

第四，出口退税率文库。出口商申报出口退（免）税的货物是否属于可退税货物，申报的退税率与出口退税率文库中的退税率是否一致。

第五，增值税专用发票电子信息。增值税专用发票的开票日期、金额、税额、购货方及销售方的纳税人识别号、发票代码、发票号码是否与增值税专用发票电子信息核对相符。

在核对增值税专用发票时应使用增值税专用发票稽核、协查信息。暂未收到增值税专用发票稽核、协查信息的，税务机关可先使用增值税专用发票认证信息，但必须及时用相关稽核、协查信息进行复核；对复核有误的，要及时追回已退（免）税款。

第六，消费税税收（出口货物专用）缴款书电子信息。消费税税收（出口货物专用）缴款书的号码、购货企业海关代码、计税金额、实缴税额、税率（额）等项目是否与电子信息核对相符。

税务机关在审核中，发现的不符合规定的申报凭证、资料，税务机关应通知出口商进行调整或重新申报；对在计算机审核中发现的疑点，应当严格按照有关规定处理；对出口商申报的出口货物退（免）税凭证、资料有疑问的，应分别以下情况处理：

其一，凡对出口商申报的出口货物退（免）税凭证、资料无电子信息或核对不符的，应及时按照规定进行核查。

其二，凡对出口货物报关单（出口退税专用）、出口收汇核销单等纸质凭证有疑问的，应向相关部门发函核实。

其三，凡对防伪税控系统开具的增值税专用发票（抵扣联）有疑问的，应向同级税务稽查部门提出申请，通过税务系统增值税专用发票协查系统进行核查。

其四，对出口商申报出口货物的货源、纳税、供货企业经营状况等情况有疑问的，税务机关应按国家税务总局有关规定进行发函调查，或向同级税务稽查部门提出申请，由税务稽查部门按有关规定进行调查，并依据回函或调查情况进行处理。

出口商提出办理相关出口货物退（免）税证明的申请，税务机关经审核符合有关规定的，应及时出具相关证明。

出口货物退（免）税应当由设区的市、自治州以上（含本级）税务机关根据审核结果按照有关规定进行审批。税务机关在审批后应当按照有关规定办理退库或调库手续。

7.3.6 违章处理

出口商有下列行为之一的，税务机关应按照《中华人民共和国税收征收管理法》第六十条规定予以处罚：

（1）未按规定办理出口货物退（免）税认定、变更或注销认定手续的；

（2）未按规定设置、使用和保管有关出口货物退（免）税账簿、凭证、资料的。

出口商拒绝税务机关检查或拒绝提供有关出口货物退（免）税账簿、凭证、资料的，税务机关应按照《税收征收管理法》第七十条规定予以处罚。

出口商以假报出口或其他欺骗手段骗取国家出口退税款的，税务机关应当按照《税收征收管理法》第六十六条规定处理。

对骗取国家出口退税款的出口商，经省级以上（含本级）国家税务局批准，可以停止其六个月以上的出口退税权。在出口退税权停止期间自营、委托和代理出口的货物，一律不予办理退（免）税。

出口商违反规定需采取税收保全措施和税收强制执行措施的，税务机关应按照《中华人民共和国税收征收管理法》及《中华人民共和国税收征收管理法实施细则》的有关规定执行。

职场指南7—2

出口退税报关单丢失后应怎样补办？

出口企业如果丢失海关签发的“出口退税报关单”而要求海关补办时，应向海关交验当地主管退税的县级以上税务机关出具的该批货物尚未办理出口产品退税的证明，经海关查核该批货物确已出口，才能给予补签的“出口退税报关单”上签注“补办”字样。

7.4 加工贸易货物管理制度

7.4.1 出口加工区加工贸易管理办法

1）概念

出口加工区是经国务院批准设立的，由海关实行封闭监管的特定区域。出口加工区的加工贸易，是指出口加工区内企业从境外或从境内采购原材料、零部件、元器件、包装物料等，经加工、装配后将制成品复运出境的生产经营活动。

出口加工区内企业，是指符合我国产业发展要求，按国家有关法律、法规或规章规定，在出口加工区内依法成立，且具有独立法人资格的企业。其中，外商投资企业须按国家关于外商投资管理的法律法规办理有关手续。

2）出口加工区加工贸易业务管理

商务部是出口加工区加工贸易的政策业务主管部门。出口加工区管理委员会（以下简称管委会）负责出口加工区加工贸易业务管理工作，出口加工区所在省、自治区、直辖市、计划单列市、新疆生产建设兵团及哈尔滨、长春、沈阳、南京、广州、成都、西安、武汉市商务主管部门（以下简称省级商务主管部门）归口管理其加工贸易业务。

出口加工区内企业开展加工贸易业务，须凭企业设立的有效批准文件，向管委会提交开展加工贸易业务的书面申请报告，对有特殊规定的项目，须提供有关部门出具的相关批准文件。申请报告要说明企业开展加工贸易业务的方式和内容，并附需要进口的加工生产用设备、料件或需要出口的制成品清单。

管委会收到企业申请后，要按照国家有关规定进行审核，对符合条件的加工贸易业务，在 10 个工作日内签发“出口加工区加工贸易业务批准证”和所附清单（格式附后），海关凭加盖管委会印章的“出口加工区加工贸易业务批准证”为企业进行注册备案。

出口加工区内企业在海关办理注册备案后，方可在管委会批准的范围内开展加工贸易业务。如需开展超出原批准范围的加工贸易业务，须按规定到管委会办理核准手续。

管委会要在每年 1 月 15 日前将上一年度出口加工区审批情况汇总，并报省级商务主管部门，省级商务主管部门将相关材料报商务部。

3）出口加工区货物进出区管理

出口加工区与境外之间进、出的货物，除国家另有规定外，不实行进出口配额、许可证件管理。国家禁止进、出口的商品，不得进、出出口加工区。出口加工区外禁止开展的加工贸易业务也不得在出口加工区内开展，法律、法规另有规定的除外。出口加工区内不得开展拆解、翻新业务。

在出口加工区可以开展我国出口机电产品的售后维修业务。企业在出口加工区开展机电产品维修业务前，除须按规定到管委会办理核准手续外，还需向管委会提供维修产品属原产于中国，企业属生产该产品的生产厂商或由该生产厂商授权或委托开展维修业务的相关证明材料。

出口加工区企业与区外境内企业之间的货物往来（包括出口加工区货物内销），按照进出口货物的有关规定办理，涉及进出口许可证件管理的，须向管理部门提供相关证件。区内企业在加工生产过程中产生的边角料、残次品和废品按有关规定处理。

4）出口加工区货物出区深加工结转管理

出口加工区货物出区深加工结转是指区内加工贸易企业（以下简称转出企业）将本企业生产的产品直接转入其他出口加工区等海关特殊监管区域内或区外加工贸易企业（以下简称转入企业）进一步加工后复出口的经营活动。未经实质性加工的保税料件，不得进行出口加工区货物出区深加工结转。

转出企业在开展出口加工区货物出区深加工结转前，应事先将结转料件等情况报管委会，管委会审核后为企业出具出口加工区深加工结转业务批准证和所附清单，海关凭加盖管委会印章的出口加工区深加工结转业务批准证为转出企业办理货物出区深加工结转备案手续。

转入企业在其他出口加工区等海关特殊监管区域的，开展深加工结转转入业务之前，需按上款规定凭加盖所在区管委会印章的出口加工区深加工结转业务批准证在海关办理结转手续。

在海关特殊监管区域外的转入企业，应按照现行加工贸易审批管理规定，向商务主管部门提出申请，商务主管部门要审核转入企业的加工贸易企业生产能力证明，按保税进口料件方式为企业出具加工贸易业务批准证，海关凭商务主管部门出具的加工贸易业务批准证办理备案手续，结转产品如属加工贸易进口涉证商品，转入企业须向有关主管部门提供相关的进口许可证件。

转入区外的深加工结转产品应全部加工复出口，如确有特殊原因需内销的，按加工贸易内销管理有关规定办理。

7.4.2 加工贸易货物监管办法

1）加工贸易的含义

加工贸易，是指经营企业进口全部或者部分原辅材料、零部件、元器件、包装物料（以下简称料件），经加工或者装配后，将制成品复出口的经营活动，包括来料加工和进料加工。

相关链接7—1

出口货物收汇核销程序

来料加工，是指进口料件由境外企业提供，经营企业不需要付汇进口，按照境外企业的要求进行加工或者装配，只收取加工费，制成品由境外企业销售的经营活动。

进料加工，是指进口料件由经营企业付汇进口，制成品由经营企业外销出口的经营活动。

加工贸易货物，是指加工贸易项下的进口料件、加工成品以及加工过程中产生的边角料、残次品、副产品等。

加工贸易企业，包括经海关注册登记的经营企业和加工企业。

经营企业，是指负责对外签订加工贸易进出口合同的各类进出口企业和外商投资企业，以及经批准获得来料加工经营许可的对外加工装配服务公司。

加工企业，是指接受经营企业委托，负责对进口料件进行加工或者装配，且具有法人资格的生产企业，以及由经营企业设立的虽不具有法人资格，但实行相对独立核算并已经办理工商营业证（执照）的工厂。

单位耗料量，是指加工贸易企业在正常生产条件下加工生产单位出口成品所耗用的进口料件的数量，简称单耗。

深加工结转，是指加工贸易企业将保税进口料件加工的产品转至另一加工贸易企业进一步加工后复出口的经营活动。

承揽企业，是指与经营企业签订加工合同，承接经营企业委托的外发加工业务的生产企业。承揽企业须经海关注册登记，具有相应的加工生产能力。

外发加工，是指经营企业因受自身生产特点和条件限制，经海关批准并办理有关手续，委托承揽企业对加工贸易货物进行加工，在规定期限内将加工后的产品运回本企业并最终复出口的行为。

核销，是指加工贸易经营企业加工复出口或者办理内销等海关手续后，凭规定单证向海关申请解除监管，海关经审查、核查属实且符合有关法律、行政法规、规章的规定，予以办理解除监管手续的行为。

加工贸易项下的出口产品属于应当征收出口关税的，海关按照有关规定征收出口关税。海关按照国家规定对加工贸易货物实行担保制度。加工贸易货物不得抵押、质押、留置。

2）加工贸易货物的备案

加工贸易货物的备案、进出口报关、核销，应当采用纸质单证和电子数据的形式。

（1）加工贸易货物的备案手续。经营企业应当向加工企业所在地主管海关办理加工贸易货物备案手续。经营企业与加工企业不在同一直属海关管辖的区域范围的，应当按照海关对异地加工贸易的管理规定办理货物备案手续。

经营企业办理加工贸易货物备案手续，应当如实申报贸易方式、单耗、进出口口岸，以及进口料件和出口成品的商品名称、商品编号、规格型号、价格和原产地等。

（2）经营企业办理加工贸易货物备案手续，应当提交下列单证：

其一，主管部门签发的同意开展加工贸易业务的有效批准文件；

其二，经营企业自身有加工能力的，应当提交主管部门签发的“加工贸易加工企业生产能力证明”；

其三，经营企业委托加工的，应当提交经营企业与加工企业签订的委托加工合同、主管部门签发的加工企业的“加工贸易加工企业生产能力证明”；

其四，经营企业对外签订的合同；

其五，海关认为需要提交的其他证明文件和材料。

经海关审核，单证齐全有效，并且符合本办法第十条至第十二条规定的，海关应当自接受企业备案申请之日起5个工作日内予以备案，并核发加工贸易手册。需要办理担保手续的，经营企业按照规定办理担保手续后，海关核发加工贸易手册。

（3）有下列情形之一的，海关不予备案并且书面告知经营企业：

其一，进口料件或者出口成品属于国家禁止进出口的；

其二，加工产品属于国家禁止在我国境内加工生产的；

其三，进口料件属于海关无法实行保税监管的；

其四，经营企业或者加工企业属于国家规定不允许开展加工贸易的；

其五，经营企业未在规定期限内向海关报核已到期的加工贸易手册，又向海关申请备案的。

（4）经营企业或者加工企业有下列情形之一的，海关可以在经营企业提供相当于应缴税款金额的保证金或者银行保函后予以备案：

其一，涉嫌走私、违规，已被海关立案调查、侦查，案件未审结的；

其二，因为管理混乱被海关要求整改，在整改期内的。

（5）经营企业或者加工企业有下列情形之一，海关有理由认为其存在较高监管风险的，可以比照前款规定办理，并书面告知有关企业：

其一，租赁厂房或者设备的；

其二，首次开展加工贸易业务的；

其三，加工贸易手册申请两次或者两次以上延期的；

其四，办理加工贸易异地备案的。

（6）海关发现经营企业办理加工贸易货物备案手续提交的单证与事实不符的，应当按照下列规定处理：

其一，货物尚未进口的，海关注销其备案；

其二，货物已进口的，企业可以申请退运，也可以向海关提供相当于应缴税款金额的保证金或者银行保函后继续履行合同。

已经办理加工贸易货物备案的经营企业可以向海关申领加工贸易手册分册、续册。加工贸易货物备案内容发生变更的，经营企业应当在加工贸易手册有效期内办理变更手续。需要报原审批机关批准的，还应当报原审批机关批准。

7.4.3 加工贸易货物进出口、加工

经营企业进口加工贸易货物，可以从境外或者海关特殊监管区域、保税仓库进口，也可以通过深加工结转方式转入。经营企业出口加工贸易货物，可以向境外或者海关特殊监管区域、出口监管仓库出口，也可以通过深加工结转方式转出。

经营企业应当持加工贸易手册、加工贸易进出口货物专用报关单等有关单证办理加工贸易货物进出口报关手续。经营企业以加工贸易方式进出口的货物，列入海关统计。经营企业经主管部门批准，可以开展深加工结转业务，并按照海关对加工贸易货物深加工结转的管理规定办理有关手续。经营企业经海关批准可以开展外发加工业务，并按照外发加工的相关管理规定办理。

经营企业开展外发加工业务，不得将加工贸易货物转卖给承揽企业。承揽企业不得将加工贸易货物再次外发至其他企业进行加工。外发加工的成品、剩余料件以及生产过程中产生的边角料、残次品、副产品等加工贸易货物，经经营企业所在地主管海关批准，可以不运回本企业。

有下列情形之一的，海关不予批准外发加工业务：

其一，经营企业或者承揽企业涉嫌走私、违规，已被海关立案调查、侦查，案件未审结的；

其二，经营企业或者承揽企业生产经营管理不符合海关监管要求的。

经营企业和承揽企业应当共同接受海关监管。经营企业应当根据海关要求如实报告外发加工货物的发运、加工、单耗、存储等情况。

因加工出口产品急需，经海关核准，经营企业保税料件与非保税料件之间可以进行串换。保税料件与非保税料件之间的串换限于同一企业，并应当遵循同品种、同规格、同数量、不牟利的原则。来料加工保税进口料件不得串换。

经营企业因加工工艺需要，必须使用非保税料件的，应当事先向海关如实申报使用非保税料件的比例、品种、规格、型号、数量，海关核销时在出口成品总耗用量中予以核扣。

经营企业进口料件因质量问题、规格型号与合同不符等原因，须返还原供货商进行退换的，可以直接向口岸海关办理报关手续。已经加工的保税进口料件不得进行退换。

7.4.4　加工贸易货物核销

经营企业应当在规定的期限内将进口料件加工复出口，并自加工贸易手册项下最后一批成品出口或者加工贸易手册到期之日起 30 日内向海关报核。经营企业对外签订的合同因故提前终止的，应当自合同终止之日起 30 日内向海关报核。

经营企业报核时应当向海关如实申报进口料件、出口成品、边角料、剩余料件、残次品、副产品以及单耗等情况，并向海关提交加工贸易手册、加工贸易进出口货物专用报关单以及海关要求提交的其他单证。经审核单证齐全有效的，海关受理报核；海关不予受理的，应当书面告知企业原因，企业应当按照规定重新报核。

海关核销可以采取纸质单证核销和电子数据核销的方式，必要时可以下厂核查，企业应当予以配合。海关应当自受理报核之日起 30 日内予以核销。特殊情况需要延长的，经直属海关关长或者其授权的隶属海关关长批准可延长 30 日。

加工贸易保税进口料件或者成品因故转为内销的，海关凭主管部门准予内销的有效批准文件，对保税进口料件依法征收税款并加征缓税利息；进口料件属于国家对进口有限制性规定的，经营企业还应当向海关提交进口许可证件。

经营企业因故将加工贸易进口料件退运出境的，海关凭有关退运单证核销。经海关批准，经营企业放弃加工贸易货物的，按照海关对放弃进口货物的管理规定办理，海关凭接受放弃的有关单证核销。

经营企业在生产过程中产生的边角料、剩余料件、残次品、副产品和受灾保税货物，按照海关对加工贸易边角料、剩余料件、残次品、副产品和受灾保税货物的管理规定办理，海关凭有关单证核销。

经营企业遗失加工贸易手册的，应当及时向海关报告。海关在按照有关规定处理后对遗失的加工贸易手册予以核销。对经核销准予结案的加工贸易手册，海关向经营企业签发“核销结案通知书”。

经营企业已经办理担保的，海关在核销结案后按照规定解除担保。加工贸易货物备案和核销单证自加工贸易手册核销结案之日起留存 3 年。加工贸易企业出现分立、合并、破产的，应当及时向海关报告，并办结海关手续。加工贸易货物被人民法院或者有关行政执法部门封存的，加工贸易企业应当自加工贸易货物被封存之日起 5 个工作日内向海关报告。

7.4.5　法律责任

构成走私行为、违反海关监管规定行为或者其他违反海关法行为的，由海关依照海关法和《海关行政处罚实施条例》的有关规定予以处理；构成犯罪的，依法追究刑事责任。

7.5　我国对外贸易管制

7.5.1　我国对外贸易管制的框架

对外贸易管制是指一国政府为了国家的宏观经济利益、国内外政策需要以及履行所缔结或加入国际条约的义务，对本国的对外贸易活动实现有效管理而确立实行的各个制度并设立相应的机构及其活动的总称。

为了保护国家经济利益、保护民族工业，维护国际收支平衡，保护本国环境和自然资源、保障国民人身安全、调控本国经济，我国根据自身发展的需要也制定了相应的对外贸易的管理制度。

由于贸易管制是一种国家管制，贸易管制所涉及的法律渊源只限于宪法、法律、行政法规、行政规章以及相关的国际条约，其法律渊源不包括地方性法规、规章及各民族自治区政府的地方条例和单行条例。

以《对外贸易法》为核心，其他法律法规、规章制度及国际公约的相关规定为补充，形成了我国的对外贸易管制的法律体系，该体系确定了我国对外贸易管制的基本框架，主要包括海关监管制度、关税制度、对外贸易经营者的资格管理制度、进出口许可制度、出入境检验检疫制度、进出口货物收付汇管理制度以及贸易救济制度。

7.5.2 进出口贸易管制的主要内容

1）对外贸易经营者管理制度

不论是何种形式的货物进出口，均和货物的收发货人紧密相关，由此引出对外贸易管制的组成部分之一：对外贸易经营者管理制度。

对外贸易经营者，是指依法办理工商登记或者其他执业手续，依照《对外贸易法》和其他有关法律、行政法规、部门规章的规定从事对外贸易经营活动的法人、其他组织或者个人。

我国对外贸易经营者的管理实行的是备案登记制。也就是法人、其他组织或者个人在从事对外贸易经营前，必须按照国家的有关规定，按法定程序在国务院对外贸易主管部门备案登记，取得对外贸易经营资格后，方可在国家允许的范围内从事对外贸易经营活动。

对外贸易经营者可以接受他人的委托，在经营范围内代理其他人的对外进出口业务。对外贸易经营者未按照规定办理备案登记的，海关不予办理进出口货物的报关验放手续，对未经批准擅自进出口国营贸易管理货物的，海关不予放行。

2）货物进出口许可管理制度

取得对外贸易经营资格就可以从事对外贸易，外贸管制体现为对贸易客体即进出口货物的管制，又称为货物进出口许可管理制度。货物进出口许可管理制度是我国进出口许可管理制度的主体，是国家对外贸易管制中极其重要的管理制度。其管理范围包括禁止进出口货物、限制进出口货物、自由进出口的货物三大类。

（1）禁止进出口货物管理。凡列入国家公布的禁止进出口目录以及其他法律、法规明令禁止或停止进出口的货物，任何对外贸易经营者不得经营进出口。

我国政府明令禁止进口的货物包括：列入由国务院对外贸易主管部门或由其会同国务院有关部门制定的《禁止进口货物目录》的商品，国家有关法律、法规明令禁止进口的商品以及其他各种原因停止进口的商品。主要包括：

①列入《禁止进口货物目录》的商品。目前，我国公布的《禁止进口货物目录》共五批，其中：

《禁止进口货物目录》（第一批）是从我国国情出发，为履行我国所缔结或者参加的与保护世界自然生态环境相关的一系列国际条约和协定而发布的，其目的是为了保护我国自然生态环境和生态资源，如国家禁止进口四氯化碳、犀牛角和虎骨等；

《禁止进口货物目录》（第二批）均为旧机电产品类，是国家对涉及生产安全（压力容器类)、人身安全（电器、医疗设备类）和环境保护（汽车、工程及车船机械类）的旧机电产品所实施的禁止进口管理；

《禁止进口货物目录》（第三、第四、第五批）所涉及的是对环境有污染的固体废物类，包括城市垃圾、医疗废物、含铅汽油淤渣等十三个类别的废物。

②国家有关法律、法规明令禁止进口的商品。

依据《固体废物污染环境防治法》，对未列入《国家限制进口的可用作原料的废物目录》以及《自动进口许可管理类可用作原料的废物目录》的废物，不符合环保规定的废物以及受放射性污染的废旧金属禁止进口；

依据《进出境动植物检疫法》，对来自疫区或不符合我国卫生标准的动物和动物产品禁止进口。

③其他。

停止进口以 CFC—12 为制冷工质的汽车以及 CFC—12 为制冷工质的汽车空调压缩机（含汽车空调器）；

停止进口属右置方向盘的汽车；

停止进口旧服装等；

停止国产手表复进口。

我国政府明令禁止出口的货物主要有列入《禁止出口货物目录》的商品，国家有关法律、法规明令禁止出口的商品以及其他各种原因停止出口的商品。主要包括：

①列入《禁止出口货物目录》的商品。目前，我国公布的禁止出口货物目录是指《禁止出口货物目录》（第一批）和《禁止出口货物目录》（第二批）。

《禁止出口货物目录》（第一批）是从我国国情出发，为履行我国所缔结或者参加的与保护世界自然生态环境相关的一系列国际条约和协定而发布的，其目的是为了保护我国自然生态环境和生态资源。如国家禁止出口四氯化碳、犀牛角和虎骨，禁止出口有防风固沙作用的发菜和麻黄草等植物。

国家制定《禁止出口货物目录》（第二批）主要是为了保护我国匮乏的森林资源，防止乱砍滥伐，如禁止出口木炭。

②国家有关法律、法规明令禁止出口的商品。例如，依据《野生植物保护条例》，禁止出口未定名的或者新发现并有重要价值的野生植物。

③其他，如禁止出口劳改产品等。

（2）限制进出口管理。为维护国家安全和社会公共利益，保护人民的生命健康，履行中华人民共和国所缔结或者参加的国际条约和协定，国务院对外贸易主管部门会同国务院有关部门，依照《对外贸易法》的规定，制定、调整并公布各类限制进出口货物、技术目录。海关依据国家有关法律、法规对限制进出口目录货物实施监督管理。

①限制进口货物管理。目前，我国限制进口货物管理按照其限制方式划分为许可证件管理和关税配额管理。

许可证件管理系指在一定时期内根据国内政治、工业、农业、商业、军事、技术、卫生、环保、资源保护等领域的需要，以及为履行我国所加入或缔结的有关国际条约的规定，以经国家各主管部门签发许可证件的方式来实现各类限制进口的措施。

许可证件管理主要包括进口许可证、濒危物种进口、可利用废物进口、进口药品、进口音像制品、黄金及其制品进口等管理。国务院对外贸易主管部门或者国务院有关部门在各自的职责范围内，根据国家有关法律、法规及国际公约的有关规定签发上述各项管理所涉及的各类许可证件。

关税配额管理系指一定时期内（一般是一年），国家对部分商品的进口制定关税配额税率并规定该商品进口数量总额，在限额内，经国家批准后允许按照关税配额税率征税进口，如果超出限额则按照配额外税率征税进口的措施。一般情况下，关税配额税率优惠幅度很大，国家通过这种行政管理手段对一些重要商品，以关税这个成本杠杆来实现限制进口的目的，因此关税配额管理是一种相对数量的限制，没有关税配额不是不可以进口，而是进口所缴纳的关税太高，而无盈利空间。

②限制出口货物管理。对于限制出口货物管理，《货物进出口管理条例》规定：国家规定有数量限制的出口货物，实行配额管理；其他限制出口货物，实行许可证件管理；实行配额管理的限制出口货物，由国务院对外贸易主管部门和国务院有关经济管理部门按照国务院规定的职责划分进行管理。目前，我国货物限制出口按照其限制方式划分为出口配额限制、出口非配额限制。

出口配额限制系指在一定时期内为建立公平竞争机制、增强我国商品在国际市场的竞争力、保障最大限度的收汇，保护我国产品的国际市场利益，国家对部分商品的出口数量直接加以限制的措施。在我国出口配额限制有两种管理形式，即出口配额许可证管理和出口配额招标管理。

出口配额许可证管理。它是国家对部分商品的出口，在一定时期内（一般是一年）规定数量总额，经国家批准获得配额的允许出口，否则不准出口的配额管理措施。出口配额许可证管理是国家通过行政管理手段对一些重要商品以规定绝对数量的方式来实现限制出口的目的。

出口配额许可证管理是通过直接分配的方式，由国务院对外贸易主管部门或者国务院有关部门在各自的职责范围内根据申请者需求并结合其进出口实绩、能力等条件，按照效益、公正、公开和公平竞争的原则进行分配。国家各配额主管部门对经申请有资格获得配额的申请者发放各类配额证明。申请者取得配额证明后，到国务院对外贸易主管部门及其授权发证机关，凭配额证明申领出口许可证。

出口配额招标管理。它是国家对部门商品的出口，在一定时期内（一般是一年）规定数量总额，采取招标分配的原则，经招标获得配额的允许出口，否则不准出口的管理配额措施。出口配额招标管理是国家通过行政管理手段对一些重要商品以规定绝对数量的方式来实现限制出口的目的。

国家各配额主管部门对中标者发放各类配额证明。中标者取得配额证明后，到国务院对外贸易主管部门及其授权发证机关，凭配额证明申领出口许可证。

出口非配额限制系指在一定时期内根据国内政治、军事、技术、卫生、环保、资源保护等领域需要，以及为履行我国所加入或缔结的有关国际条约的规定，以经国家各主管部门签发许可证件的方式来实现的各类限制出口措施。目前，我国非配额限制管理主要包括出口许可证、濒危物种、敏感物项出口以及军品出口等许可管理。

（3）自由进出口管理。除上述国家禁止、限制进出口货物外的其他货物，均属于自由进出口范围。自由进出口货物的进出口不受限制，基于监测进出口情况的需要，国家对部分属于自由进出口的货物实行自动进出口许可管理。

①货物自动进出口许可管理。它是在任何情况下对进口申请一律予以批准的进口许可制度。这种进口许可实际上是一种在进口前的自动登记性质的许可制度，通常用于国家对这类货物的统计和监督目的，是我国进出口许可管理制度中的重要组成部分，也是目前被各国普遍使用的一种进口管理制度。

进口属于自动进口许可管理的货物，进口经营者应当在向海关报送手续前，向国务院对外贸易主管部门或者国务院有关经济管理部门提交自动进口许可申请；进口经营者凭国务院对外贸易主管部门或者国务院有关经济管理部门发放的自动进口许可证明，向海关办理报关手续。

②纺织品出口临时管理办法。由于2005年度我国对欧盟、美国的纺织品出口量剧增，故而原有的从2005年3月1日起施行的纺织品出口自动许可管理制度转为纺织品出口临时管理办法，由商务部负责全国纺织品出口临时管理工作，并根据工作需要会同海关总署和质检总局制定及调整《纺织品出口临时管理商品目录》，对列入管理商品目录的纺织品出口一律实行临时管理。

除此之外，其他自由进出口管理的货物进出境均不需要申请许可证件。

小思考7—1

2006年3月，宁波海关查获一起伪报品名出口文物大案，共查获国家禁止、限制出境文物200余件。经文物鉴定部门鉴定，涉案货物中竟含有贴金蹲狮、白雕木狮、白雕花鸟牛脚和贴金人像等国家禁止出境文物16件，这些文物均具有较高历史研究价值，如蒙混出境将给国家带来无法弥补的损失。

据了解，宁波海关在对广州某贸易公司申报出口至欧洲的一个集装箱进行查验时发现，该箱中除了已向海关申报的木家具外，还装有大量文物。经海关缉私警察深入调查，查明该货物系一外商在宁海、象山等地委托当地人在民间收购，然后集中交由广州某贸易公司负责办理出口申报业务的。该公司直接将该批文物以木家具为品名申报出口，差点造成数百件文物流出国门。

思考题：

(1) 国家为什么要对进出境货物进行管制？

(2) 国家对货物的管制分为哪几大类？

(3) 这个案件给我们提供了什么启示？

精析：

(1) 为维护国家安全、社会公共利益或者公共道德；为保护人的健康或者安全，保护动物、植物的生命或者健康，保护环境；避免出口经营秩序出现严重混乱。

(2) 国家对货物的管制包括禁止、限制、自由及自由进出口中部分实行自动许可管理的货物。

(3) 保护文物，继承中华民族优秀的历史文化遗产，加大海关监管力度，打击违法行为。

7.5.3 进出境检验检疫制度

我国出入境检验检疫制度的内容包括：进出口商品检验制度、进出境动植物检疫制度以及国境卫生监督制度。

1）进出口商品检验制度

进出口商品检验制度是根据《进出口商品检验法》及其实施条例的规定，国家质量监督检验检疫总局及其口岸出入境检验检疫机构对进出口商品所进行品质、质量检验和监督管理的制度。

商品检验机构实施进出口商品检验的内容包括商品的质量、规格、数量、重量、包装以及是否符合安全、卫生的要求。我国商品检验的种类分为四种，即法定检验、合同检验、公正检验和委托检验。

对法律、行政法规、部门规章规定有强制性标准或者其他必须执行的检验标准的进出口商品，依照法律、行政法规、部门规章规定的检验标准检验；法律、行政法规未规定有强制性标准或者其他必须执行的检验标准的，依照对外贸易合同约定的检验标准检验。

2）进出境动植物检疫制度

进出境动植物检疫制度是根据《进出境动植物检疫法》及其实施条例的规定，国家质量监督检验检疫总局及其口岸出入境检验检疫机构对进出境动植物及动植物产品生产、加工、存放过程实行动植物检疫的进出境的监督管理制度。

我国实行进出境检验检疫制度的目的是为了防止动物传染病、寄生虫病和植物危险性病、虫、杂草以及其他有害生物传入、传出国境，保护农、林、牧、渔业生产和人体健康，促进对外经济贸易的发展。

口岸出入境检验检疫机构实施动植物检疫监督管理的方式有：实行注册登记、疫情调查、检测和防疫指导等。其管理主要包括：进境检疫、出境检疫、过境检疫、进出境携带和邮寄检疫以及出入境运输工具检疫等。

3）国境卫生监督制度

国境卫生监督制度是指出入境检验检疫机构根据《国境卫生检疫法》及其实施细则，以及国家其他的卫生法律、法规和卫生标准，在进出口口岸对出入境的交通工具、货物、运输容器以及口岸辖区的公共场所、环境、生活设施、生产设备所进行的卫生检查、鉴定、评价和采样检验的制度。

我国实行国境卫生监督制度是为了防止传染病由国外传入或者由国内传出，实施国境卫生检疫，保护人体健康。其监督职能主要包括：进出境检疫、国境传染病检测、进出境卫生监督等。

动植物进出境的检疫和国境卫生的检疫都是强制性的，属于法定检验检疫的范畴，当事人必须配合检疫工作的进行。

商品进出境的检验实行的目录管理的办法，即国家质量监督检验检疫总局根据对外贸易需要，公布调整《出入境检验检疫机构实施检验检疫的进出境商品目录》（简称《法检目录》）。该目录所列明的商品称为法定检验商品，即国家规定实施强制性检验的进出境商品。

对于法定检验商品以外的进出口商品是否需要检验，由对外贸易当事人决定。对外贸易合同约定或者进出口商品的收发货人申请检验检疫时，检验检疫机构可以接受委托，实施检验检疫并制发证书。此外，检验检疫机构对法检以外的进出口商品，可以以抽查的方式予以监督管理。

对列入《法检目录》以及其他法律法规规定需要检验检疫的货物进出口时，货物所有人或其合法代理人，在办理进出口通关手续前，必须向口岸检验检疫机构报检。海关凭口岸出入境检验检疫机构签发的“中华人民共和国检验检疫出境货物通关单”（以下简称出境货物通关单）或“中华人民共和国检验检疫入境货物通关单”（以下简称入境货物通关单）验放。

出入境货物通关单是我国出入境检验检疫管理制度中，对列入《法检目录》中属进出境管理的商品在办理进出口报关手续前，依照有关规定口岸检验检疫机构接受报检后签发的单据，同时也是进出口报关的必需单据，是海关验放该类货物的重要依据之一。

入境货物通关单适用于下列情况：列入《法检目录》属于入境管理的商品；美国、日本、韩国、欧盟输入的货物；外商投资财产价值鉴定；进口可再利用的废物原料；旧机电产品进口备案；入境货物运输设备；其他未列入《法检目录》的，但国家有关法律、行政法规明确由出入境检验检疫机构负责检验检疫的货物。

出境货物通关单适用于下列情况：列入《法检目录》属于出境管理的货物；输往美国、加拿大带有木质包装的货物；输往巴西货物的木质包装；其他未列入《法检目录》的，但国家有关法律、行政法规明确由出入境检验检疫机构负责检验检疫的货物。出入境货物通关单均实行“一批一证”制度，证面内容不得更改。

7.5.4 进出口货物收付汇管理制度

合法的经营者（取得外贸经营资格）在证明了其进出口货物是合法（取得许可证件）合格（取得出入境通关单）之后，货物可以被海关放行，但外贸管制并未结束，因为货物的进出境必然会带来资金的进出境，相应的进出口货物收付汇管理制度应运而生了。

进出口货物收付汇管理是我国实施外汇管理的主要手段，也是我国外汇管理制度的重要组成部分。对外贸易经营者在对外贸易经营活动中，应当依照国家有关规定结汇、用汇。

我国对进口货物付汇管理与出口货物收汇管理均采取外汇核销形式，其目的在于防止出口单位将出口所获外汇截留境外或进口单位将资金汇往国外的逃税行为发生。

对于出口，国家外汇管理局制发出口外汇核销单，由货物的发货人或其代理人填写，外汇管理部门凭海关签注的出口外汇核销单和出口货物报关单出口收汇。

对于进口，企业在进口付汇前需向付汇银行申请国家外汇管理局统一制发的贸易进口付汇核销单，凭以办理付汇。货物进口后，进口单位或其代理人凭海关出具的进口货物报关单付汇证明联向国家外汇管理局指定银行办理付汇核销。

7.5.5 对外贸易救济制度

我国是世界贸易组织（WTO）成员国，世界贸易组织允许成员国在进口产品倾销、补贴和过激增长而对国内产业造成损害的情况下，使用反倾销、反补贴和保障措施手段以保护国内产业不受损害。

为充分利用WTO规则，维护国内市场的国内外商品的自由贸易和公平竞争秩序，我国依据WTO《反倾销协议》、《补贴与反补贴措施协议》以及《保障措施协议》以及我国《对外贸易法》的有关规定，制定颁布了《反补贴条例》、《反倾销条例》以及有关针对保障措施的有关规定。

1）反倾销措施

我国依据WTO关于《反倾销协议》以及《反倾销条例》实施反倾销措施。反倾销措施包括临时反倾销措施和最终反倾销措施。

(1) 临时反倾销措施。它是指进口方主管机构经过调查，初步认定被指控产品存在倾销，并对国内同类产业造成损害，据此可以依据 WTO 所规定的程序进行调查，在全部调查结束之前，采取临时性的反倾销措施，以防止在调查期间国内产业继续受到损害。

临时反倾销措施有两种形式：一是征收临时反倾销税；二是要求提供现金保证金、保函或者其他形式的担保。

征收临时反倾销税，由商务部提出建议，国务院关税税则委员会根据其建议作出决定，由商务部予以公告。要求提供现金保证金、保函或者其他形式的担保，由商务部作出决定并予以公告。海关自公告实施之日起执行。

临时反倾销措施实施的期限，自临时反倾销措施决定公告规定实施之日起，不超过4个月；在特殊情形下，可以延长至9个月。

(2) 最终反倾销措施。对终裁决定确定倾销成立并由此对国内产业造成损害的，可以在正常的海关税费之外征收反倾销税。征收反倾销税，由商务部提出建议，国务院关税税则委员会根据其建议作出决定，由商务部予以公告。海关自公告规定实施之日起执行。

2) 反补贴措施

反补贴与反倾销的措施相同，也分为临时反补贴措施和最终反补贴措施。

(1) 临时反补贴措施。初裁决定确定补贴成立并由此对国内产业造成损害的，可以采取临时反补贴措施。临时反补贴措施采取以担保（现金保证金或保函）或征收临时反补贴税的形式。

采取临时反补贴措施，由商务部提出建议，国务院关税税则委员会根据其建议作出决定，由商务部予以公告。海关自公告规定实施之日起执行。

临时反补贴措施实施的期限，自临时反补贴措施决定公告规定实施之日起，不超过4个月。

(2) 最终反补贴措施。在为完成磋商的努力没有取得效果的情况下，终裁决定确定补贴成立并由此对国内产业造成损害的，征收反补贴税。

征收反补贴税，由商务部提出建议，国务院关税税则委员会根据其建议作出决定，由商务部予以公告。海关自公告规定实施之日起执行。

3) 保障措施

根据 WTO《保障措施协议》的有关规定，保障措施分为临时保障措施和最终保障措施。

(1) 临时保障措施。它是指在紧急情况下，如果延迟会造成难以弥补的损失，进口国与成员国之间可不经磋商而采取临时性保障措施。临时保障措施的实施期限不得超过200天，并且此期限计入保障措施总期限。

临时保障措施应采取增加关税形式。如果事后调查不能证实进口激增对国内有关产业已经造成损害或损害威胁，则征收的关税应立即退还。

(2) 最终保障措施。它可以采取提高关税、纯粹的数量限制和关税配额形式。但保障措施应仅在防止或救济严重损害的必要限度内实施。

保障措施的实施期限一般不超过4年，如果仍需以保障措施防止损害或救济损害的产业，或有证据表明该产业正在进行调整，则可延长实施期限。但保障措施全部实施期限

(包括临时保障措施期限)不得超过8年。反补贴、反倾销和保障措施都属于贸易救济措施。反补贴和反倾销措施针对的是价格歧视这种不公平贸易行为,保障措施针对的则是进口产品激增对国内产业的影响。

小思考7—2

中国对美国肉鸡启动反倾销调查

2009年9月11日,美国总统奥巴马做出决定,从9月26日起,美国将对从中国进口的所有小轿车和轻型卡车轮胎实施为期3年的惩罚性关税。在他做出决定几个小时后,中国商务部就做出回应,商务部部长陈德铭罕见地出面表态,称中国政府保留做出进一步反应和采取相应措施的权利。商务部新闻发言人姚坚12日也称奥巴马的决定"在当前世界经济处于危机背景下开了极坏的先例"。商务部13日做出决定,对美国部分进口汽车产品和肉鸡产品启动反倾销和反补贴立案审查程序。

精析:2009年9月27日,中华人民共和国商务部发布2009年第74和75号公告,决定自即日起对原产于美国的进口肉鸡产品发起反倾销和反补贴调查。

此次反倾销和反补贴调查涉及的肉鸡产品英文名称为 Broiler Products or Chicken Products,归在《中华人民共和国进出口税则》:02071100、02071200、02071311、02071319、02071321、02071329、02071411、02071419、02071421、02071422、02071429和05040021。

商务部进出口公平贸易局负责人表示,近期国内肉鸡产业向商务部提交申请,请求对原产于美国的进口肉鸡产品发起反倾销和反补贴调查。根据《反倾销条例》和《反补贴条例》规定,商务部对该申请进行了认真审查,认为该申请已符合法定立案条件,决定自即日起对原产于美国的肉鸡产品的倾销及补贴等不公平贸易行为进行调查,并将依据法律和事实做出裁决。

商务部根据中国的反倾销、反补贴条例,启动了对进口自美国的肉鸡产品和部分汽车产品的反倾销、反补贴的立案审查程序,这标志着立案受理的开始。商务部新闻发言人姚坚指出,采取的这两项措施都是按照反倾销、反补贴条例的相关规定,以事实为依据作出的一个决定。

7.5.6 其他进出口许可管理制度

1)进口废物管理

进口废物管理是国务院环境保护行政主管部门根据《固体废物污染环境防治法》和《废物进口环境保护管理暂行规定》等法律法规,对进口废物所实施的禁止、限制以及自动许可措施的总和,其归口部门是国家环境保护总局。

(1)主管部门。国家环境保护总局是进口废物的国家主管部门,会同国务院对外贸易主管部门制定、调整并公布《限制进口类可用作原料的废物目录》及《自动进口许可管理类可用作原料的废物目录》,凡未列入上述两目录的固体废物,任何单位禁止进口。

(2)办理程序。废物进口单位或者废物利用单位直接向国家环境保护总局提出废物进口申请,由国家环境保护总局审查批准,取得国家环境保护总局签发的"进口废物批准证书"后才可组织进口(即合法进口废物的证明文件为"进口废物批准证书")。

(3)适用范围及报关规范。进口废物批准证书是废物合法进口的证明文件,也是海关验放货物的重要依据。凡列入国家《限制进口类可用作原料的废物目录》和《自动进口许可管理类可用作原料的废物目录》的废物，不论以何种方式进口均须事先申领进口废物批准证书。

列入《限制进口类可用作原料的废物目录》的废物，报关单位应主动向海关提交有效的、经国家环境保护总局签发并盖有“国家环境保护总局废物进口审批专用章”的“进口废物批准证书（第一联）”及口岸检验检疫机构出具的入境货物通关单及其他有关单据。

列入《自动进口许可管理类可用作原料的废物目录》的废物，报关单位应主动向海关提交有效的、经国家环境保护总局签发并盖有“国家环境保护总局废物进口审批专用章”的标注“自动进口许可”字样的“进口废物批准证书（第一联）”及口岸检验检疫机构出具的入境货物通关单及其他有关单据。

进口废物批准证书实行“非一批一证”管理。进口的废物不能转关（废纸除外）只能在口岸海关办理申报进境手续。

2）濒危物种进出口管理

根据《濒危野生动植物种国际贸易公约》、《森林法》、《野生动物保护法》、《野生植物保护条例》等法律法规的规定，根据《濒危野生动植物种国际贸易公约》的约束，我国依法对受保护的珍贵、濒危野生动植物及其产品实施的进出口管理，其主要归口部门是中华人民共和国濒危物种进出口管理办公室会同国家其他部门。

（1）管理部门。中华人民共和国濒危物种进出口管理办公室会同国家其他部门依法制定或调整《进出口野生动植物种商品目录》，以签发证明书的形式对该目录列明的依法受保护的珍贵、濒危野生动植物及其产品实施的进出口限制管理。

（2）适用范围。凡进出口列入《进出口野生动植物种商品目录》的野生动植物或其产品，必须严格按照有关法律、行政法规的程序进行申报和审批，并在进出口报关前取得国家濒管办或其授权的办事处签发的相应证明，才可以向海关办理进出口手续。

《进出口野生动植物种商品目录》可以分为两大部分：属于《濒危野生动植物种国际贸易公约》成员国应履行保护义务的物种及其产品和属于我国自主规定管理的野生动植物及其产品。

（3）报关规范。不论以何种方式，凡列入《进出口野生动植物种商品目录》属于《濒危野生动植物种国际贸易公约》成员国（地区）应履行保护义务的物种的进出口通关必须要事先申领“濒危野生动植物种国际贸易公约允许进出口证明书”（简称公约证明）。

不论以何种方式，凡列入《进出口野生动植物种商品目录》中属于我国自主规定管理的野生动植物及其产品进出口通关事先必须申领“中华人民共和国濒危物种进出口管理办公室野生动植物允许进出口证明书”（简称非公约证明）。

公约证明、非公约证明均实行“一批一证”制度。此外，由于受濒危管理的动植物种很多，认定工作的专业性很强，对于未列入《进出口野生动植物种商品目录》的动植物种的进出口，以及列入《目录》的非《濒危野生动植物种国际贸易公约》附录植物物种的进出口，而海关无法认定其是否为濒危物种的，由濒危物种进出口管理办公室指定机构进行认定并出具“非《进出口野生动植物种商品目录》物种证明”（简称非物种证明），报关单位凭以办理报关手续。

非物种证明按时效分为“当年使用”和“一次性使用”：“当年使用”的证明，用于未列入该目录的动植物物种的进出口，以及列入该目录的非公约附录植物物种的进口。在不涉及目录调整时，证面注明的使用单位在本关区、本年度内（截止至当年 12 月 31 日）进出口相同物种时有效。进出口企业使用“当年使用”的证明报关时，应向海关出具证明正本及复印件。海关接受报关后，将复印件连同报关单据一并存档，正本交还进出口企业报关使用，直至证明失效。

“一次性使用”的证明，用于列入上述目录的非公约附录人工培植植物物种的出口。出口企业持“一次性使用”的证明正本向海关报关。

公约证明、非公约证明和非物种证明是我国进出口许可管理制度中具有法律效力，用来证明对外贸易经营者经营合法进出口的证明文件，是海关验放该类货物的重要依据。

3）进出口药品管理

进出口药品管理是依照《药品管理法》、有关国际公约以及国家其他法规，为加强对药品的监督管理，保证药品质量，保障人体用药安全，维护人民身体健康和用药合法权益，对进出口药品实施监督管理的行政行为，其归口部门为国家食品药品监督管理局。

（1）管理形式。我国进出口药品管理实行分类和目录管理，即将药品分为进出口麻醉药品、进出口精神药品以及进口一般药品。国家食品药品监督管理局会同国务院对外贸易主管部门对上述药品依法制定并调整管理目录，以签发许可证件的形式对其进出口加以管制。

目前我国公布的药品进出口管理目录有：《进口药品目录》、《精神药品管制品种目录》、《麻醉药品管制品种目录》和《生物制品目录》，并且规定对列入《进口药品目录》中的药品的进口以及列入《精神药品管制品种目录》，《麻醉药品管制品种目录》中的药品的进出口必须经由北京市、天津市、上海市、大连市、青岛市、成都市、武汉市、重庆市、厦门市、南京市、杭州市、宁波市、福州市、广州市、深圳市、珠海市、海口市、西安市等 18 个城市的制定口岸通关，对列入《生物制品目录》以及首次在中国境内销售的药品必须经由北京市、上海市和广州市 3 个口岸城市指定的口岸进口。

（2）适用范围及报关规范。

①进口药品通关单。进口药品通关单是我国进出口许可管理制度中具有法律效力，用来证明对外贸易经营者经营列入《进口药品目录》的一般药品合法进口的证明文件，是海关验放该类货物的重要依据。药品通关单还适用于进口列入《生物制品目录》的药品、首次在中国境内销售的药品以及进口暂未列入《进口药品目录》的原料药的单位，其必须遵守《进口药品管理办法》中的各项有关规定，主动到各口岸药品检验所报检。

任何单位以任何贸易方式进口列入《进口药品目录》的药品，均应主动向海关提交有效的进口药品通关单及其他有关单据，进口药品通关单仅限在该单注明的口岸海关使用，并实行“一批一证”制度，证面内容不得更改。一般药品出口目前暂无特殊的管理要求。

②精神药品进出口准许证。精神药品进出口准许证是对外贸易经营者经营列入“精神药品管制品种目录”的管理药品合法进出口的证明文件，是海关验放该类货物的重要依据，分为“精神药品进口准许证”及“精神药品出口准许证”两种形式。

任何方式的《精神药品管制品种目录》所列药品进出口时，货物所有人或其合法代理人在办理进出口报关手续前，均须取得国家食品药品监督管理局核发的精神药品进出口准许证向海关办理报关手续。海关凭上述单证办理验放手续。

精神药品的进出口准许证实行“一批一证”制度，证面内容不得自行更改，如需更改，应到国家食品药品监督管理局办理换证手续。

③麻醉药品进出口准许证。麻醉药品进出口准许证是我国进出口许可管理制度中具有法律效力，用来证明对外贸易经营者经营列入《麻醉药品管制品种目录》管理药品合法进出口的证明文件，是海关验放该类货物的重要依据，分为“麻醉药品进口准许证”或“麻醉药品出口准许证”两种形式。

任何方式的《麻醉药品管制品种目录》所列药品进出口时，货物所有人或其合法代理人在办理进出口报关手续前，均须取得国家食品药品监督管理局核发的麻醉药品进出口准许证向海关办理报关手续。海关凭上述单证办理验放手续。

麻醉药品的进出口准许证实行“一批一证”制度，证面内容不得自行更改，如需更改，应到国家食品药品监督管理局办理换证手续。

4）黄金制品进出口管理

进出口黄金管理是指中国人民银行、商务部依据《金银管理条例》等有关规定，对进出口黄金及其制品实施监督管理的行政行为。黄金及其制品进出口管理属于我国进出口许可管理制度中限制进、出口管理范畴，中国人民银行总行为黄金及其制品进出口的管理机关，具体规定为：

第一，出口黄金及其制品，出口企业应事先向中国人民银行申领黄金产品出口准许证，黄金产品出口准许证是我国进出口许可管理制度中具有法律效力，用来证明对外贸易经营者经营黄金及其制品合法出口的证明文件，是海关验放该类货物的重要依据。

第二，进口黄金及其制品，进口企业应事先向中国人民银行申领批件，即中国人民银行授权书，中国人民银行授权书是我国进出口许可管理制度中具有法律效力，用来证明对外贸易经营者经营黄金及其制品合法进口的证明文件，是海关验放该类货物的重要依据，中国人民银行授权书当年有效，跨年度作废。

5）敏感物项和技术出口管制

敏感物项和技术是指《核出口管制条例》、《核两用品及相关技术出口管制条例》、《导弹及相关物项和技术出口管制条例》、《生物两用品及相关设备和技术出口管制条例》和《有关化学品及相关设备和技术出口管制办法》所规定的相关物项及技术。

为便于对上述物项和技术的出口管制，商务部和海关总署依据上述法规颁布了《敏感物项和技术出口许可证暂行管理办法》并联合发布《敏感物项和技术出口许可证管理目录》，规定对列入目录的物项及技术的出口统一实行“敏感物项和技术出口许可证”管理。

（1）敏感物项和技术出口许可证的适用范围。

第一，出口列入《敏感物项和技术出口许可证管理目录》范围的商品。

第二，《敏感物项和技术出口许可证管理目录》所列商品名称及描述均出自《核出口管制条例》、《核两用品及相关技术出口管制条例》、《生物两用品及相关设备和技术出口管制条例》、《有关化学品及相关设备和技术出口管制办法》和《导弹及相关物项和技术出口管制条例》等相关出口管制法规所附《出口管制清单》以及为防扩散出口管制目的国家实施临时管制的物项和技术清单。如目录所列物项和技术的商品名称及描述与相关出口管制法规所附《出口管制清单》不一致时，以相关出口管制法规所附《出口管制清单》为准。

（2）报关规范：

第一，对出口列入《敏感物项和技术出口许可证管理目录》的商品，出口经营者应主动向海关提交有效的敏感物项和技术出口许可证，对未向海关出具敏感物项和技术出口许可证出口产生的一切后果，由出口经营者负责。

第二，海关有权对出口经营者出口的货物是否属于敏感物项和技术提出质疑，出口经营者应按规定向商务部申办出口许可或不属于管制范围的相关证明。出口经营者未能出具出口许可证或相关证明的，海关将不予办理有关手续。

第三，敏感物项和技术出口许可证必须在有限期内使用，逾期自动失效。敏感物项和技术出口许可证跨年度使用时，在有限期内只能使用到次年 2 月底，其发证机构将根据商务部敏感物项和技术出口批复单提示的许可证有限期换发相应敏感物项和技术出口许可证。

第四，敏感物项和技术出口许可证实行“一证一关”制和“一批一证”制。

第五，敏感物项和技术出口许可证证面内容不得修改，如需对证面内容进行更改，出口经营者应当向商务部重新领取敏感物项和技术出口许可证。

6）音像制品进出口管理

为了加强对音像制品进口的管理，促进国际文化交流，丰富人民群众的文化生活，我国颁布了《音像制品管理条例》、《音像制品进口管理办法》及其他有关规定，对音像制品实行进口许可管制，其归口管理部门为文化部。

音像制品成品进口业务由文化部指定的音像制品经营单位经营；未经文化部指定，任何单位或者个人不得从事音像制品成品进口业务。图书馆、音像资料馆、科研机构、学校等单位进口供研究、教学参考的音像制品成品，应当委托文化部指定的音像制品成品进口经营单位报文化部办理有关进口审批手续。

音像制品进口单位凭文化部进口音像制品批准文件到海关办理母带（母盘）或者音像制品成品的进口手续，海关凭有效的“进口音像制品批准单”办理验放手续；对随机器设备同时进口以及进口后随机器设备复出口的记录操作系统、设备说明、专用软件等内容的音像制品，海关凭进口单位提供的合同、发票等有效单证验放。

“进口音像制品批准单”是我国进出口许可管理制度中具有法律效力，用来证明对外贸易经营者经营音像制品合法进口的证明文件，是海关验放该类货物的重要依据。

7）化学品首次进境及有毒化学品管理

为了保护人体健康和生态环境，加强化学品首次进口和有毒化学品进出口的环境管理，国家环境保护总局会同海关总署和原外经贸部，根据《关于化学品国际贸易资料交流的伦敦准则》，联合制定了《化学品首次进口及有毒化学品进出口环境管理规定》，同时发布了《中国禁止或严格限制的有毒化学品名录》，对首次进口化学品和进出口有毒化学品进行监督管理。

有毒化学品是指进入环境后通过环境蓄积、生物累积、生物转化或化学反应等方式损害健康和环境，或者通过接触对人体具有严重危害和具有潜在危险的化学品。

国家环境保护总局在审批有毒化学品进出口申请时，对符合规定的发给准许进出口的有毒化学品进出口环境管理施行通知单，该证用来证明对外贸易经营者经营列入《中国禁止或严格限制的有毒化学品名录》的化学品合法进出口的证明文件，是海关验放该类货物的重要依据。

“化学品首次进口”是指外商或其代理人向中国出口其未曾在中国登记过的化学品，即使同种化学品已有其他外商或其代理人在中国进行了登记，仍被视为化学品首次进口。

国家环境保护总局在审批化学品首次进口环境管理登记申请时，对符合规定的、准予化学品环境管理登记并发给准许进口的化学品进口环境管理登记证，该证是用来证明对外贸易经营者经营属首次进口的化学品（不包括食品添加剂、医药、兽药、化妆品、放射性物质）已接受国家登记管理的证明文件，是海关验放该类货物的重要依据。

8）进出口农药登记证明管理

国家农业主管部门会同国务院对外贸易主管部门依据《农药管理条例》和《在国际贸易中对某些危险化学品和农药实行事先知情同意程序国际公约》（PIC），分别制定《进出口农药登记证明管理名录》和《进出口列入事先知情同意程序（PIC）农药登记证明管理名录》对进出口农药实行目录管理，凡是进出口列入上述两目录的农药，应事先向农业部农药检定所申领进出口农药登记证明，凭以向海关办理进出口报关手续。

进出口农药登记证明是我国进出口许可管理制度中具有法律效力，用来证明对外贸易经营者经营所列入目录的农药合法进出口的证明文件，是海关验放该类货物的重要依据。

进出口农药登记证明实行“一批一证”制，证面内容不得更改，如需更改，须由农业部农药检定所换发新证。

对一些既可用作农药，也用作工业原料的商品，如果企业以工业原料用途进出口，则企业不需办理进出口农药登记证明。对此类商品，进出口通关时海关不再验核进出口农药登记证明，改凭农业部向进出口企业出具的加盖“中华人民共和国农业部农药审批专用章”的“非农药登记管理证明”验放。

9）兽药进口管理

兽药进口管理是指国家农业部依据《进口兽药管理办法》，对进口兽药实施的监督管理。

申报进口兽药、人畜共用的兽药，报关单位凭农业部指定的口岸兽药监察所在进口货物报送单上加盖的“已接受报验”的印章办理有关验放手续。

对进口的兽药，因企业申报不实或伪报用途所产生的后果，企业应承担相应的法律责任。

10）进出境现钞管理

进出境现钞管理是指国家主管部门对进出境在流通中使用的人民币和外币（包括各种面额的纸币和硬币）实施的管理。其中外币现钞的调出调入由国家外汇管理局管理，人民币现钞调出调入由中国人民银行管理。

对银行办理外币现钞进出口业务时，报关单位凭银行填制的、由外汇管理局核发的“银行调运外币现钞进出境许可证”向海关办理通关手续；对人民币现钞进出境的，报关单位凭中国人民银行货币金银局的批件向海关办理通关手续。外币现钞进出境仅限在北京、上海、福州、广州、深圳口岸报关。

◆ 本章小结

本章主要介绍了对外贸易管理的相关规定，如进出口货物和技术许可管理、外贸救济措施等。作为一名对外贸易工作人员，应了解其内容，理解国家实施对外贸易管理的意义和作用。

◆ 基础训练

一、选择题

1. 在我国调节合同当事人权益的法律是(　　)。

A.《中华人民共和国合同法》　　B.《中华人民共和国经济合同法》

C.《中华人民共和国涉外经济合同法》　　D.《中华人民共和国技术合同法》

2. 以下出口收汇核销手续应当到海关办理的是(　　)。

A. “中国电子口岸”入网手续　　B. 出口收汇核销备案登记

C. 申领出口收汇核销单　　D. 办理出口收汇核销手续

3. 税务机关受理出口商出口货物退（免）税申报后，主要审核的凭证不包括(　　)。

A. 出口货物报关单（出口退税专用）　　B. 出口许可证

C. 出口销售发票　　D. 出口收汇核销单

4. 根据《对外贸易法》的相关规定，企业要直接从事进出口业务，必须到(　　)备案登记。

A. 所在地国家税务机关

B. 商务部

C. 海关总署

D. 所在地的商务厅（委、局）或所在地的对外经济贸易合作厅（委、局）

5. 出口退税制度是指货物在报关出口后，凭有关凭证报送税务机关批准退还或免征已缴(　　)的制度。

A. 关税和所得税　　B. 增值税和所得税

C. 消费税和关税　　D. 消费税和增值税

6. 根据我国（合同法）的相关规定，(　　)有权签订对外贸易合同。

A. 自然人　　B. 法人

C. 法人与自然人　　D. 自然人或法人且需取得外贸经营权

二、判断题

1. 合同当事人按照约定履行义务的同时也有权按自己的意愿变更或者解除合同。(　　)

2. 承诺是希望和他人订立合同的意思表示。(　　)

3. 出口单位出口货物后，应在不迟于预计收汇日期起 30 天内，持核销单、报关单、核销专用联及其他规定的核销凭证，到外管局进行出口收汇核销报告。(　　)

4. 对实行配额管理的限制出口货物，出口配额申请人应当在每年 11 月 1 日至 11 月 15 日提出下一年度出口配额的申请。(　　)

5. 经营企业以加工贸易方式进出口的货物，不列入海关统计。 ( )

三、名词解释

1. 要约
2. 承诺
3. 出口退税

四、简答题

1. 简述合同有效成立的条件。
2. 简述加工贸易货物的备案。
3. 简述货物进出口许可管理制度。
4. 简述对外贸易救济制度。
5. 简述出口保税货物的基本通关程序。

◆ 实操演练

演练一：

【背景资料】

进入2008年以来，世界粮食市场的大米供应紧张，10月，某伊朗粮商找到位于云南的白象粮油食品进出口公司，要求进口20 000吨中国香米。经过磋商，谈妥了成交价格、交货期以及付款方式，伊朗粮商还具体要求包装规格为50kg/袋，麻袋包装，袋上印制清晰的“MADE IN CHINA”字样，所提交的单据中必须有中国的原产地证书。这时，白象粮油食品进出口公司经理认为自己仓库中的进口泰国产大米正好符合伊朗粮商有关数量和品质的要求，于是指示本公司外贸跟单员冯晓必须按照伊朗粮商要求：加工分装和备齐印有“MADE IN CHINA”字样的麻袋，并在出运前申领中国原产地证书（提示：解答该题时，无需考虑出口许可证或出口配额因素）。

【实操要求】

(1) 如果你是外贸跟单员冯晓，试分析本公司的做法是否可行？为什么？

(2) 我国商检局或贸促会能否给白象粮油食品进出口公司签发原产地证书？为什么？

【模拟时间】

完成本业务操练时间以不超过10分钟为准。

演练二：

【背景资料】

东莞捷特运动鞋厂承接了120 000双气垫篮球鞋加工合同，加工期为二年，成品全部返销欧洲。合同规定，外商无偿提供一台价值1.5万美元的专用设备。该合同执行期满时加工生产的鞋已经全部返销欧洲。于是，该厂在海关办理了“加工贸易手册”的核销手续。随后，该厂将这台专用设备转卖给其他工厂。

【实操要求】

该厂的做法是否正确？为什么？

【模拟时间】

完成本业务操练时间以不超过5分钟为准。

综合出口跟单操作

根据以下业务背景资料，回答（一）～（五）题的相关问题。

广东远东电器制造有限公司（以下简称“远东电器”）是一家从事电吹风生产的专业厂家。2009 年 3 月，法国“莱塞纳”公司经过实地考察和筛选，有意从“远东电器”采购家用小型电吹风，并于 4 月 7 日向“远东电器”下达了采购单，同时随附了“莱塞纳”公司的相关要求。为了完成采购单上订单任务，“远东电器”指派跟单员李羽具体负责跟单。请你以跟单员李羽的身份仔细阅读该订单，分析“莱塞纳”公司的具体要求，并一一落实，完成跟单任务。

LUCERNA TRADING CO.，LTD.

20th Floor International Bldg. No. 341 Fuyuan Road，125-Ka，Namdaeminoon Ro.，Chung-Ku 75011 Paris France

Tel：00331 43 57 0226　　Fax：00331 43 57 0287

PURCHASE ORDER

LUCERNA Purchase order No.：LU09005　　Refrence No.：CB3788N21C

Date：7th April，2009　　Signed at：Fax

Supplier：FAREAST ELECTRIC CO.，LTD

SHUNDE，GUANGDONG，CHINA

528301

Ship to：MARSEILLES，FRANCE

We plan to purchase the under-mentioned goods. All terms and conditions are as follows：

Model No.	Customer Item No.	Specification And Description	QTY	UNIT PRICE	Amount
			(PCS)	FOB Yantian	
MT201Y	378		1 800	USD2. 90/PC	USD5 220. 00
MT202Y	379		1 800	USD2. 90/PC	USD5 220. 00
MT203Y	380		1 800	USD2. 90/PC	USD5 220. 00
MT204Y	381		1 800	USD2. 90/PC	USD5 220. 00
		electric hair dryer VOLTAGE：220-240V POWER：2000W			
Total			7 200	USD2. 90/PC	USD20 880. 00

Total value in capital：SAY US DOLLARS TWENTY THOUSAND，EIGHT HUNDRED AND EIGHTY ONLY.

1. Shipment：BY SEA.

2. Delivery Time：8th June，2009.

3. Payment：20% deposit remitted before 16th Apirl，2009，balance against B/L copy by fax.

4. Insurance：By LUCERNA.

5. Discrepancy and Claim：In case of quality discrepancy，claim should be filed by the LUCERNA within 30 days after the arrival of the goods at port of destination，while for quantity discrepancy，claim should be filed by the LUCERNA within 15 days after the arrival of the goods at port of destination. It is understood that the Supplier shall not be liable for any discrepancy of the goods shipped due to causes for which the Insurance Company，Shipping Company，other transportation organization or Post Office are liable.

6. Please sign and return the Purchase Order to us by fax before 15th Apirl，2009.

7. 5% more or less in quantity and amount will be allowed.

Signature by（the Supplier）：________ Signature by（the buyer）：________

LUCERNA LUCERNA TRADING CO.，LTD.

DEAR SUPPLIER，

PLEASE FIND HEREAFTER ALL REQUIRED INFORMATION WE NEED TO START THE FOLLOW UP OF THE ORDER.

1-Payment 支付（PRO-FORMA INVOICE AND BANKING DETAILS）

-Please send us by e-mail your pro-forma invoice with shipment date，volume，p/o no.，description，quantity，prices …，name and address of Beneficiary & your Bank and Account Number.

-20% as deposit in advance by T/T，shipment based on passing our QC inspection and balance against copy of B/L by fax.

2-INSPECTION 检验

-You must send us your “the progress of work book”（进度作业书）by e-mail so that we can make the inspection in your factory 7 days before shipment.

-If necessary we will ask you to send another set of samples to the laboratory in Hong Kong for initial testing. Please wait for our instructions.

-The checker number（depends on the supplier）must be stamped（盖章）on the hangtag（吊牌），not printed，please check the stamp sample beside，diameter（直径）of the circle must be 1 cm.

检验员
03

-The price on the hangtag must be in bold face（粗体字）and clearly read. Please send us the draft（草稿）for confirmation before production.

3-SAMPLES 样品

–The samples include pre-production sample, bulk production sample. Two pieces per model of pre-production samples will be sent us before production (one to Hong Kong office and the other to French office). One piece per model bulk production samples will be sent us before shipment.

–The bulk production sample that you send must be exactly the same as production.

–Sent by speed courier (DHL) to the following address (Important for sending to France, the final airport is Bordeaux Merignac Airport, not Paris Airport):

C. D. L
74 rue Sedaine
76011 Bergerac city
France

–The cost of speed courier will be paid by supplier.

–For both, please do not forget to enclose a detailed commercial invoice indicating "samples with no commercial value".

4-CERTIFICATES 认证

–Please send us as soon as possible all the certificates of CE & ROHS, all certificates must be dated less than 2 years.

5-Marks (main & side) 唛头

The side and main marks have to be printed on each outer/export carton containing the goods that you are going to ship.

–Main marks printed in black ink to be fixed on two sides, including LUCERNA, destination, P. O. no., model no., quantity of carton, carton no..

–Side marks printed in black ink to be fixed on two sides, including G. W., N. W, carton size and original of goods.

6-Packing 包装与装箱

–1 PC per polybag and inner box, 12 PCS/CTN, standard export carton must be strong.

–Shipped by 1×40′ container.

–The recycle mark must be printed in black ink on all the inner & outer cartons and polybags.

–1 hangtag per electric hair dryer.

7-shipping documents 装运单据

-Within 2 days after shipment date, please send invoice, packing list and B/L via e-mail or fax to international department of LUCERNA.

（一）审核采购单

1. 根据上述采购单，请将下列句子译成中文：

① Please send us as soon as possible all the certificates of CE & ROHS, all certificates must be dated less than 2 years.

② The recycle mark must be printed in black ink on all the inner & outer cartons and polybags.

③ 5% more or less in quantity and amount will be allowed.

2. 请写出“ROHS”的全称。该指令是针对国际市场中哪个市场？是否具有强制性？

3. 根据该采购单和来函，法国客商是否需要对其采购的“电吹风”进行测试（请具体说明）？

（二）样品跟单

1. 根据采购单和来函，外贸跟单员李羽应该分别在何时寄出何种样品？请分别列明。

2. 根据采购单和来函，外贸跟单员李羽需要寄送的样品数量分别是多少？应该选择哪家国际快递公司寄送才符合采购商的要求？该快递费用由谁承担？

3. 外贸跟单员李羽在填写快递单据时，必须要加注什么英文信息才符合法国客商的要求？请具体写出该信息的中文含义。

4. 如果接到法国客商的样品测试要求，该样品应该寄往哪里？

（三）辅料跟单

1. 根据法国客商的订单数量（不考虑溢短装数量），配套的辅料需要外购。如果这些辅料的损耗率为1%，请分别计算具体的采购数量，并填入以下表格的相应空格中。

辅料名称	运算算式	数量
塑料袋		
内盒		
外箱		
吊牌		

2. “远东电器”完成吊牌设计草稿后，应该怎样操作才符合法国客商的要求（中英文回答均可）？

3. 根据法国客商的有关集装箱要求，应该选择哪一种尺寸的集装箱？如果该订单项下的纸箱尺寸为：500mm×330mm×580mm，则依所选定的集装箱最多可以装入多少个纸箱？合计多少个电吹风（附：40 英尺集装箱的内容积为 58m^3，20 英尺集装箱的内容积为 27m^3）？

（四）包装跟单

1. 请代外贸跟单员李羽设计“唛头”，并按法国客商的要求填入下列方框中。

Shipping Mark:	Side Mark:

2. 外贸跟单员李羽为了证明所采购的纸箱达到了我国出口标准和法国客商的“standard export carton must be strong”要求，可以采用什么简易方法予以检验（请具体说明过程）?

（五）生产跟单

1. 填写“进度作业书”。

根据法国客商的要求，外贸跟单员李羽设计制作了一份“进度作业书”，并通过电子邮件发给法国客商。如果该电吹风产品的生产时间为一个月（自所有合格辅料到达工厂仓库之日起算）。请你结合该订单的出运时间和法国客商“客检”时间要求，帮助李羽逐项填写所需的项目内容（见下表）。

远东电器制造有限公司进度作业书

采购商：法国 LUCERNA　　　　客商定单号：LU09005

编号：094562　　　　日期：4 月 16 日

品名		数量（个）	时间		
			入库	客检	船期
辅料部分	塑料袋				
	内盒				
	外箱				
	价格牌				

成品部分	MT201Y	1 800	A	E	6 月 8 日
	MT202Y	1 800	B	F	6 月 8 日
	MT203Y	1 800	C	G	6 月 8 日
	MT204Y	1 800	D	H	6 月 8 日

A ____________　　　　E ____________

B ____________　　　　F ____________

C ____________　　　　G ____________

D ____________　　　　H ____________

2. 外贸跟单员李羽跟单过程中，发现产品合格吊牌上盖有检验员自己的检验章，这样做是否符合法国客商的要求？为什么?

3. 在现有生产条件下，“远东电器”不能在合同规定的时间内完成生产任务，可以采取哪些措施予以补救？请具体列明（至少三种）。

4. 生产任务完成并检验合格后，按照我国的出口惯例，外贸跟单员李羽还必须经过哪些步骤才能将货物装船？请一一叙述。另外，按法国客商的要求，货物装船后，在什么时间内必须向法国客商传真或电邮哪些文件？请一一列明。

5. 外贸跟单员李羽根据法国客商的要求，比照我国 GB2828 标准，设计了一份简易的抽样量表（该量表得到了法国客商的确认），请你根据该抽样量表，结合本订单中各款的电吹风数量，设计简要的检查步骤，并作简要说明。

订单批量（台） N	样本大小（个） 抽取量 n	合格判定数（个） Ac	不合格判定数（个） Re
91 ~ 150	20	1	2
151 ~ 280	32	2	3
281 ~ 500	50	3	4
501 ~ 1 200	80	5	6
1 201 ~ 3 200	125	7	8
3 201 ~ 10 000	200	10	11
10 001 ~ 35 000	315	14	15

综合进口跟单操作

根据以下业务背景资料，回答第（一）、（二）题的相关问题。

北京佳美印刷有限公司（以下简称“中方”）为了进一步增强企业的竞争力，拟进口德国四色对开“海德堡”印刷机一台。经过洽谈，与德国海德堡印刷机械有限公司（以下简称“德方”）签订了合同。合同规定即期付款信用证支付，装船日期为5月10日前，德方派人负责技术安装，中方在收到德方装船通知后的两周内必须完成设备的基础设施（如预埋水、电等管道和预建机座设施）建设。同时还在合同中规定从设备安装使用之日起一年内出现的故障由德方负责免费维修。

（一）进口环节跟单

1. 如果“海德堡”印刷机到达天津新港是在6月12日（周二），同日运输工具向海关进境申报，请问中方应该在什么时候向海关报关才能免于海关的处罚？如果中方在7月2日报关，将受到怎样处罚（已知该台设备货值CIF天津新港USD 1 100 000.00，假设汇率为美元：人民币=1：6.30）？

2. 如果中方委托天津宏发报关行向海关办理印刷机入境申报手续，中方必须递交哪些基本单证？请逐一列明。

3. 假设该设备用木质材料包装入境，则在报关、报检时必须递交一张什么证书？

（二）安装和后期跟单

1. 该设备涉及“预建机座”、“机械”和“电气”部分的安装，你作为外贸跟单员为中方写出正确的安装顺序过程。

2. 德方如期在7月15日完成设备的调试并和中方签字交接。中方在7月18日投入使用，设备运行后的次年7月16日出现故障。请问该设备是否在德方的保修期内？为什么？

综合计算、案例操作

一、计算题

1. 某普通货物订单项下的纸箱尺寸为400mm×400mm×380mm，每箱毛重为35kg，共880箱。请问：如果你是外贸跟单员，在办理海运订舱手续时，应该选择何种类型的多少个集装箱，才能符合运输的要求？

2. 天津嘉美进出口公司与日本三友商社进行商务洽谈，在拟定出口合同保险条款时，日方要求按发票金额的130%投保一切险，超出中方提出的按发票金额110%投保的提议。假设合同金额为CIF大阪USD15 000.00，保险费率为0.3%，如按日方要求则中方需多付出多少美元的保险费（请分别列出计算过程，否则不得分）？

二、案例分析题

1. 2008年2月8日，山东美凤进出口公司与比利时客商签订圣诞树销售合同，合同规定的数量为18 000棵圣诞树，分两次均匀出运，不允许溢短装，装箱率为10棵/箱。2008年6月10日的集装箱装箱过程中，跟单员苏林清点不慎，实际漏装了2箱。当时他认为，反正还有第二次出口，只要届时在集装箱装箱中补足（假定第二次装运中可以容纳）即可，于是就按900箱/9 000棵圣诞树报关出口。请你运用已学过的知识加以分析，跟单员苏林的行为属于什么行为？并分析可能会产生的后果。

2. 某港商选择了上海沪江自行车厂生产的型号为HJ-12的折叠式自行车，采购意向为10 000辆。港商要求上海沪江自行车厂必须按下列要求制作样品供法兰克福博览会参展之用，样品制作费和邮寄费由港商预付：

（1）样品及包装上不能出现“Made in China”字样；

（2）样品必须在2008年4月30日前寄达英国的最终客户；

（3）样品加贴“PHILLIP”商标；

（4）样品数量为10辆。

如果你是跟单员，是否可以按港商的要求操作？请简述其理由。